21 世纪高等院校现代财会系列教材

预算会计学

主编　郑俊敏　仝自力

副主编　何满雄

经 济 科 学 出 版 社

图书在版编目（CIP）数据

预算会计学 / 郑俊敏主编. 一北京：
经济科学出版社，2011.12
ISBN 978-7-5141-1313-6

Ⅰ. ①预… Ⅱ. ①郑… Ⅲ. ①预算会计－
高等学校－教材 Ⅳ. ①F810.6

中国版本图书馆 CIP 数据核字（2011）第 243679 号

责任编辑：周胜婷　张萌
责任校对：王凡娥
技术编辑：王世伟

预算会计学

主编　郑俊敏　仝自力

经济科学出版社出版、发行　新华书店经销
社址：北京市海淀区阜成路甲 28 号　邮编：100142
总编部电话：88191217　发行部电话：88191104
网址：www.esp.com.cn
电子邮件：esp@esp.com.cn
汉德鼎印刷厂印刷
华玉装订厂装订
787×1092　16 开　18.25 印张　410 000 字
2011 年 12 月第 1 版　2013 年 11 月第 2 次印刷
ISBN 978-7-5141-1313-6　定价：36.00 元

前　言

　　《预算会计学》是21世纪高等院校现代财会系列教材。本书是在中国会计改革持续深入向前推进的背景下，基于新颁布的《事业单位会计准则》的框架，结合国际惯例，并借鉴国内外同类教材的先进经验而编写的。

　　本书围绕着本科财经类专业的培训目标，贯穿简明实用、系统全面、重点突出的理念，以预算管理研究为基础，以预算会计制度运用为目标，兼顾知识、技能与能力三者的统一；内容丰富、质量较高，既可作为本科、专科院校会计专业的教材，也可作为经济管理人员、在职会计人员更新知识及培训的参考书。

　　本教材由广东金融学院郑俊敏副教授、仝自力副教授任主编，何满雄硕士任副主编。全书共分四篇二十章。以预算会计为主线，系统、详细的介绍了财政总预算会计、行政单位和事业单位的会计核算方法。

　　本书在编写过程中得到了广东金融学院会计系领导和老师们的关心和帮助，特别是经济科学出版社王杰华教授和各位编辑给予了大力支持和悉心指导。同时，还参考了预算会计理论和实务界同行们的相关文章和著作，在此一并表示衷心的感谢！

　　限于学识和水平，书中错误和缺陷在所难免，为此，诚恳希望广大读者提出宝贵的意见或建议，我们将在再版时不断改进与完善。

编者

2011 年 11 月

目　　录

第一章　预算会计概论

"会计"是一种管理经济的有效工具。它主要是以货币为计量单位，运用专用的会计方法，对国民经济的宏观经济活动和企业单位的微观经济活动进行核算和监督的重要手段。

中国的会计体系，按其核算和监督内容不同，一般划分为两大类：一类是企业会计，是以营利为目的、以资本循环为核心、以成本核算为内容的经营型会计；一类是以经济和社会事业发展为目的、以执行政府预算为核心，适用于各级政府和各类事业、行政单位，一般不进行完整成本核算的管理型会计，即预算会计。预算会计是现代会计中与企业会计相对应的另一分支，是适用于各级政府部门、行政单位和各类非营利组织的会计体系。

第一节　预算会计的概念和组成体系

一、预算会计的概念

预算会计是以预算（政府预算和单位预算）管理为中心，以经济和社会事业发展为目的，以预算收支核算为重点，用于核算社会再生产过程中属于分配领域中的各级政府部门、行政单位、非营利组织预算资金运动过程和结果的会计体系。它包括：财政总预算会计、行政单位会计和事业单位会计。适用预算会计的事业单位，一般不直接创造物质产品，而是通过预算资金业务活动，为社会生产和人民生活服务。

预算会计涉及"国家预算"和"会计"两个概念。"国家预算"是国家制定的年度财政收支计划，分别由"中央预算"和"地方预算"两个部分构成，并分别由中央和地方人民代表大会按法定程序审批。

我国国家预算是国家为了执行其职能，有计划地将物质生产部门创造的一部分国民收入，按照国家的法令规定集中起来，形成国家预算收入。国家根据施政方针以及国民经济和社会发展计划，把集中起来的预算资金统筹兼顾进行有计划地再分配，形成国家预算支出。国家预算收入，反映着国民经济的发展规模、积累水平和国家财力。国家预算支出体现了社会再生产的规模、速度及国民经济各部门之间积累和消费之间的比例关系。

国家预算的编制只是国家预算管理的起点。国家预算收支的项目和数字，只反映了国家预算筹集和分配预算资金的客观可能性。要真正实现这一可能性，就必须加强预算执行和管理工作。为了核算和监督国家预算的实现，预算支出的使用需要借助于会计这一有效工具，因而形成了预算会计。

综上所述，预算会计是各级政府、使用预算拨款的各级行政单位和各类事业单位核算和监督各项财政性资金活动、单位预算资金的运动过程和结果以及有关经营收支情况的专业会计。它是以国家预算为基础，以货币为主要计量单位，运用专门的会计方法，对国家预算收支执行情况进行连续、系统、完整地核算和监督的经济管理活动。具体包括以下三方面的含义：

第一，预算会计的主体是各级政府及各类事业单位和行政单位。财政总预算会计的主体是各级政府；事业单位会计和行政单位会计的主体，是指会计为之服务的事业单位和行政单位。

第二，预算会计的客体或者对象，是财政性资金运动、单位预算资金的运动以及有关经营收支过程和结果。具体讲，财政总预算会计的核算对象主要是预算收入、预算支出和预算结余（或赤字）等多项财政性资金活动。行政单位会计的核算对象主要是单位预算资金的领拨、使用及其结果。事业单位会计的核算对象主要是单位预算资金及其经营收支过程和结果。

第三，从学科组成上讲，预算会计是以会计学原理为基础的一门专业会计，同其他会计一样都是以货币为主要计量单位，采用一系列科学的方法，对会计主体的经济业务进行连续、系统、完整地核算和监督的一种管理活动。

二、预算会计的特点

预算会计的特点是相对于企业会计而言的。企业会计是核算和监督社会再生产过程中生产、流通领域企业经营资金的运动及其结果。预算会计则是核算和监督社会再生产过程中分配领域里国家预算资金的运动及其结果。预算单位不是物质产品的生产单位，只是集中、分配、领取、运用预算资金的单位。预算单位一般不计算盈亏，因而预算会计也称为非营利组织会计。由于预算会计与企业会计在核算对象、任务和具体要求上都有区别，因此形成了预算会计自己的特点。预算会计的特点主要体现在以下几个方面：

1. 预算会计具有统一性和广泛性。预算会计核算和监督的对象是国家预算资金。由于预算会计是以国家预算为基础，以预算收支为重要核算内容的。这就要求预算会计的指标体系、会计科目和会计报表设置要同国家预算收支项目保持一致，与国家预算组成体系相适应，形成了一个以预算执行为中心的统一领导、分级管理的会计核算体系，必须遵循国家预算管理制度的规定，执行《政府预算收支科目》，按照统一预算收支科目核算预算收支，并且按统一规定的期限和程序，逐级编制和报送会计报表，定期反映各类、各级预算的执行情况，保证各单位的核算口径一致。只有这样才能顺利汇总全国预算收支情况，编报预算执行结果的决算报告，以满足国家预算管理的需要。所以，预算会计具有明显的统一性。

预算会计的广泛性，主要体现在其会计主体的多样性。就财政总预算会计而言，某一级政府总预算会计，它不仅反映本级政府预算收支活动及其结余情况，而且反映该级政府所属企业、事业和行政各单位同国家预算的缴拨款的关系，同时也反映着集体、个体、外资、合伙、股份制、国有及城乡居民向国家缴纳税收的情况，包含政府各部门、各单位上缴的政府性基金等。因此，从总体上看，预算会计与物质生产部门和非物质生产部门有着广泛的联系，预算会计核算的预算收支进度，广泛地反映出国民经济各部门的发展情况，具有广泛性的特点。

2．预算会计的社会性和非营利性。预算会计的核算目的，主要是提供社会公共产品和公共服务，为各项社会事业的发展、国防和行政管理等服务，更为注重社会效益，促进社会主义市场经济条件下，精神文明和物质文明的健康有序发展。

预算会计核算和监督的各项预算单位的业务活动不以营利为目的，投入的大量预算资金不要求直接回报，绝大部分采用无偿转移支付的形式，部分事业单位按照市场经济的原则允许有部分经营业务，但经营收入不能足额补偿其支出，故对事业单位采取"定额或定项补助，超支不补、节余留用"的预算管理办法，以保证事业单位计划和任务的完成。

3．会计确认基础具有多样化的特征。在预算会计核算中，采用的会计核算基础以收付实现制为主，兼用权责发生制。会计基础有"收付实现制"和"权责发生制"两种。我国《企业会计准则》规定，企业会计应采用"权责发生制"为记账基础。企业采用"权责发生制"为记账基础，有利于正确地计算盈亏。

由于适应预算会计的单位大都属于非营利组织，不要求计算盈亏，也由于预算会计的核算内容是预算资金，预算资金都是无偿的，其资金活动既没有循环，也不发生资金形态的变化，因此，预算会计核算的内容主要是核算和监督预算资金的收入、支出、领拨、使用等情况，核算工作比较单纯，采用收付实现制比较简单，也符合实际需要。另外，为了正确地反映报告期预算收入和预算支出的实际执行情况，应以各期实际收到和实际付出的款项作为其收入和支出，而不应把应收未收的收入和应付未付的支出作为报告期的收入和支出，因而，预算会计应以收付实现制为记账基础。预算单位一般不核算成本，但少部分事业单位因从事产品生产或提供有偿劳务，兼有盈利和非盈利性质，需要进行成本核算。对于实行成本核算的事业单位一般应采用"权责发生制"为记账基础，以便正确地计算其经营成果。

在实际工作中，由于预算资金的使用存在明显的限制性特征，政府类型基金的确认基础又派生出修正收付实现制及修正权责发生制两种。

4．会计核算内容及方法有其特殊性。在预算会计中，会计主体掌握和拥有资源会因外部或内部特定目的需要而受到限制，会计核算要求在资产总额等于负债与净资产总额基础上，强调固定基金与固定资产总额对应，固定资产不计提折旧；对外投资一般与投资基金相对应，以明确资金的占用情况；对专用基金强调专款专用；一般不实行成本核算，即使有成本核算，也是内部成本核算；一般没有损益的核算。

三、预算会计组成体系

国家预算按照收支管理范围分为总预算和单位预算。为了与此协调，预算会计也分为总预算会计和单位预算会计。由于总预算是由各级财政部门组织执行的，因此，总预算会计又称为财政总预算会计。单位预算由行政单位和事业单位执行，因而单位预算会计又分为行政单位预算会计和事业单位预算会计，加之中国人民银行和各国有商业银行协助国家预算收入的收纳、划分报解和库款支拨，形成了国库会计。国家税务机关、海关、农业税收管理机关负责征收国家预算收入，在此过程中，形成了收入征解会计；以及基本建设拨款会计等也属于预算会计范畴。

（一）财政总预算会计

财政总预算会计是指中央和各级地方财政部门核算和监督政府财政预算执行和财政周转金的财政性资金活动的专业会计。财政总预算会计分为中央财政会计和地方财政会计。中央财政总预算会计核算和监督中央总预算的执行情况，由财政部办理。地方财政总预算会计核算和监督地方总预算的执行情况，由各级地方财政部门办理。地方财政总预算会计再按省、市、县、乡等财政部门设置各级财政会计，分别核算和监督地方总预算的执行情况。注意，财政部门自身的行政经费开支，属于行政单位会计管理的范围，财政总预算会计不能兼办自身的行政经费单位会计核算业务。

（二）行政单位会计

行政单位会计是国家行政机关及其派出机构以及接受国家预算拨款的人民团体核算和监督本单位预算收支执行情况的专业会计。

国家行政单位是进行国家行政管理、组织经济、文化建设、维护社会公共秩序的机关单位。一般包括各级国家权力机关、行政机关、司法机关、检察机关及其派出机构，以及接受国家预算拨款的党派和人民团体等。

行政单位的会计组织形式，根据国家建制和经费领报关系划分为行政主管单位会计，二级行政单位会计和基层行政单位会计。

1．行政主管单位会计指向同级财政部门领报经费，并发生预算管理关系，且有下属单位的行政主管单位所实行的会计，也称为一级单位会计。

2．二级行政单位会计指向行政主管单位领报经费，并发生预算管理关系，且有下属单位的行政单位所实行的会计。

3．基层行政单位会计指向上级行政单位领报经费，并发生预算管理关系，且无下属单位的行政单位所实行的会计。没有下属会计单位的主管单位，在执行经费的领报制度时，视同基层单位。

（三）事业单位会计

事业单位会计是对中国境内的所有独立核算的事业单位、社会团体的预算执行情况进行核算和监督的专业会计。

事业单位是指不具社会生产职能和国家管理职能，直接或间接地为上层建筑、生产建设和人民生活服务的单位。它包括工、商、交通、农业、文化、教育、科学、卫生、社会福利、救济事业及其他事业单位。

事业单位的会计组织形式，根据国家建制、领拨关系或财务隶属关系，划分为事业主管单位会计、二级单位会计和基层单位会计。

（四）国库会计

中国人民银行和各国有商业银行办理国家金库业务，核算预算收入的收纳、划分报解和库款支拨，形成了国库会计。国家金库是各级财政的总出纳机关，国库会计所提供的会计资料是各级总预算会计预算收支的基本会计资料来源。

（五）收入征解会计

国家税务机关、海关、农业税收管理机关等系统的预算收入征解会计，负责国家工商税收、关税、农业税以及国家指定其负责征收的其他预算收入，并对预算收入的征收、减免、缴库等进行会计核算。

上述财政总预算会计、行政单位会计、事业单位会计同参与国家预算和各级总预算执行的国库会计和收入征解会计等共同组成了预算会计有机整体，形成了国家预算执行的会计网络，为贯彻执行国家预算起着重要作用。

四、预算会计的会计规范

会计规范是人们在从事会计活动时所遵循的约束性或指导性的行为准则。政府受人民委托，代表国家意志，以税收的形式向纳税人无偿地征集公共财政资源，并将其用于满足社会公共需要，对公共财政资金运动情况及其结果进行反映的会计行为也必须以相应的法律规章进行规范，以满足政府和非营利组织财务信息使用者的需要。我国预算会计现行的会计规范主要包括财务会计法律、财务会计行政法令和会计准则三个部分。

（一）财务会计法律

我国规范预算会计的法律主要有《中华人民共和国预算法》（以下简称《预算法》）和《中华人民共和国会计法》（以下简称《会计法》）。其中，《预算法》是规范预算会计主体单位财务活动行为的基本法律。各级政府、各类行政、事业单位都必须按照《预算法》的规定组织财务收支活动，并接受立法机构的监督。《会计法》是规范会计活动行为的基本法律，是其他会计法规的"母法"，任何会计规范都必须以《会计法》为基本准绳。

（二）财务会计行政法令

行政法令是根据管理社会经济活动的需要，以行政规章、条例、制度和规定等形式颁布的一种社会经济行为规范。它是根据法律制定、颁布的一种规范，也是法律规定的具体化。我国预算会计的行政法令包括：

1. 政府或政府主管部门根据法律规章制定和颁布的法律实施细则，如国务院颁布的《中华人民共和国预算法实施细则》。

2. 政府主管部门根据财务会计法律制定的财务会计制度，如财政部制定的《财政总预算会计制度》、《行政单位会计制度》、《行政单位财务制度》、《事业单位会计制度》和《事业单位财务制度》等。

3. 其他行政规章、规定，如国务院 1997 年颁布的《关于加强预算外资金管理的规定》等。

（三）会计准则

会计准则是财务会计规范的重要组成部分，是财务会计法律的具体化，是指导财务会计实务的基本规范。为了适应社会事业发展的需要，规范事业单位会计核算行为，强化事业单位会计的管理与监督职能，财政部制定了《事业单位会计准则（试行）》。该准则自 1998 年 1 月 1 日起试行。

第二节　预算会计目标

会计目标是会计所要达到的目的。在会计理论上，会计目标有受托责任观和决策有用观两种不同观点。

受托责任观强调：会计目标是以恰当的形式，有效地反映资源受托者的受托经营责任及其履行情况；而决策有用观强调：会计目标在于向信息使用者提供有助于经济决策的数量化信息。

两种观点对会计目标的分歧主要在于人们对经济环境的认识和理解的差异，差异的根本在于资本市场发展水平。从时间观念看，受托责任观是立足于过去，而决策有用观则面向未来。目前决策有用论是主流，其实，决策有用观在强调信息决策有用的同时，并不否认会计报告的受托责任，基本涵盖了受托责任观的内容。

一、预算会计的基本目标

就预算会计而言，其会计的基本目标在于为会计信息使用者提供对决策有用的信息，评价政府及各类行政、事业单位受托责任的履行情况信息。

目前，我国的预算会计规范没有专门就会计目标问题作出比较详细的阐述，有关会计目标的内容，一般在会计核算原则中的"相关性"原则作出概括性的描述。1998 年新的预算会计制度明确了预算会计的基本目标、信息使用者和提供哪些信息。《财政总预算会计制度》中指出："总预算会计信息，应当符合预算法的要求，适应国家宏观经济管理和上级财政部门及本级政府对财务管理的需要。"《行政单位会计制度》中指出："会计信息应当符合国家宏观经济管理的要求，适应预算管理和有关方面了解行政单位财务状况及收支结果的需要，有利于单位加强内部财务管理。"《事业单位会计准则（试行）》或制度也有类似的表述，即"会计信息应当符合国家宏观经济管理的要求，适应预算管理和有关方面了解事业单位财务状况及收支情况的需要，并有利于事业单位加强内部经营管理。"从上述的内容看，财政总预算会计、行政单位会计和事业单位会计的基本目标是会计信息应当符合国家宏观经济管理的要求，其信息使用者主要是财政部门、上级单位和行政单位或事业单位自己，其中，财政部门和上级单位是外部信息使用者；行政单位和事业单位会计信息使用者要求提供行政单位和事业单位财务状况和收支情况等方面的信息，但没有提出要求编制预算数和实际数相比较的会计报表。

我国企业会计目标和预算会计目标的表述均通过相关性原则说明其内容，这是不恰当的。因为相关性原则只是会计信息的质量特征，会计目标与会计信息质量特征不是同一层次的内容，会计目标决定相关性原则，显然，不能把会计目标与相关性原则画等号。正是由于我国预算会计没有专门明确会计目标，其他一系列的概念研究也就缺乏科学性和针对性。所以，我国当前的预算会计目标没有系统性，仅局限于基本目标和一般目标，而缺乏特殊目标和具体目标，需要加以完善。

总体上看，我国目前预算会计的会计目标可以定义为：提供符合国家宏观经济管理要求，适应预算管理和各级政府、各类行政、事业单位管理需要的对决策有用的信息。这些信息应能真实、完整地反映政府及事业单位的财务状况、收支结余及结余分配情况，受托责任的履行情况，以满足信息使用者的决策之需。

二、预算会计信息的需求者

预算会计信息的需求者是指与会计主体有"利害关系"、需要利用财务报告所提供的信息作出各种决策的团体和人士。鉴于各预算主体单位的环境特征，其会计信息使用者与企业组织有很大的区别；同时，预算主体单位会计的服务对象广泛，决定了预算会计信息需求者的广泛性。

1．政府各级主管部门，包括各级政府、各类行政、事业单位主管部门等。它们代表政府对所属下属政府及行政、事业单位受托责任的履行情况及财务业绩等作出评价，并据此制定有关政策。

2．立法及监督机构，如我国的各级人民代表大会及其代表、各级审计机关、事业单位的相关监督机构等。他们代表全体人民或利益关系者的利益，了解政府及各预算单位财务资源的使用情况及管理当局的廉政勤政等情况，以便作出各种相关的经济、政治决策。

3．政府及预算单位服务的对象。预算会计的服务对象是社会公众，也包括企业组织；事业单位的服务对象相对稳定，如各类学校的服务对象主要是受教育者，医院的服务对象主要是病人等。

4．资源提供者，如纳税人、服务费付款人、捐赠人等；也包括购买政府债券的债券投资者和债权人。

5．其他需求者，如经济和财务分析师、媒体、工会组织、社会福利机构、政府及预算单位的职工等。

三、预算会计目标的具体要求

1．政府会计目标的具体要求。

政府会计应向信息使用者提供评价政府受托责任履行情况，并有利于信息使用者进行经济、社会和政治决策的有用信息。具体为：

（1）能使信息使用者评价责任、说明各级政府责任的信息，如能使信息使用者确定本年收入是否足以支付本年服务和在以后年度，市民是否必须负担以前年度的服务成本；帮助使用者评估政府提供服务的成本、成果及努力程度。

（2）评估当期政府如何筹集其活动资金，满足其现金需要的信息，包括财务资金来源和使用的信息；确定各级政府财务状况所需的相关信息。

（3）评价政府的服务水准，持续筹措活动资金和履行义务能力所需的信息，包括各级政府有形资源和其他非财务资源未来使用寿命的信息，可据以评估其服务潜能的信息，披露法律、合同对资源使用的限制，资源可能损失的风险等。

2．事业单位会计目标的具体要求。

（1）组织的经济资源、债务和净资源，改变资源及资源所包含利益的交易、事项和情况对组织的影响。

（2）一个时期内组织的业绩、非企业组织净资源金额和性质变化的定期测评的信息以及提供评价其业绩最有用的信息方面的努力和成就的信息。

（3）组织怎样取得和使用现金或其他流动资源、债务的举借和偿还，以及影响组织资金流动性的其他因素。

第三节　预算会计的核算前提和一般原则

一、预算会计的核算前提

预算会计的核算前提也称为会计的基本假设，它是指在长期的会计实践中曾多次施行过，但尚未被形成具体的原则和理论，而已被人们在处理会计工作时习惯通行的做法。这是人们对会计领域中尚未肯定的事项所作的合乎情理的设想，是进行正常会计工作的基本前提和制约条件，也是会计理论的基础。预算会计假设包括：会计主体、持续经营、会计期间和货币计量与币值稳定四个假设。

1．会计主体假设。预算会计主体是指拥有经济资源，并实行独立核算的预算组织和单位。预算会计主体假设的目的在于使会计主体完全独立于执行会计业务的工作人员及其他单位和个人，使会计核算和监督的仅仅是某一特定个体的业务，而不是该特定个体以外的业务。有了这一假设，会计人员就可以明确核算的空间范围，正确、客观地核算和监督各预算单位的资金活动。

2．持续经营假设。持续经营假设是假设会计主体的各项业务活动将持续正常地进行下去，暂时不会停止。只有这样，会计处理才能按照账面价值合理地进行计算，企业债权债务才能得到合理的清偿。事实上，预算会计核算所采取的会计程序和一系列的会计处理方法都是建立在持续经营业务活动前提基础上的。就是说，一个预算会计主体通常是以正常经营业务活动作为前提条件去处理一系列经济数据、加工并传递经济信息的。若没有持续经营业务活动的前提条件，一些公认的会计处理方法将失去存在的基础，一些公认的会计处理方法也将无法采用，单位也就不能按正常的会计原则、正常的会计处理方法进行会计核算。

3．会计期间假设。预算会计核算也应当划分会计期间、分期结算账目和编制会计报表。由于国家预算是按年度编制的，因此，预算会计分期为年度、季度和月份，分别按年、按季、按月反映预算收支的执行情况。会计年度、季度、月份的起讫日期采用公历日期。

会计期间的划分直接影响会计目标的实现。会计期间的划分，使单位连续不断的经济业务活动分为若干个较短的时间段，有利于单位及时结算账目，编制会计报表，提供财务信息以满足单位内部管理及其他有关方面进行决算的需要。由于有了会计期间，才产生本期与非本期的区别，才产生了权责发生制和收付实现制的核算基础，使不同类型的会计主体可以根据自己的资金特性选择适当的记账基础。

4．货币计量与币值稳定假设。货币计量是会计的基本特征，同样，预算会计也需要以货币计量为前提，以便综合核算和监督预算单位的预算收支执行情况。同时，还要假设币值是相对稳定的，以保证会计记录保持相对稳定，而不是经常调整。

二、预算会计核算的一般原则

预算会计核算的一般原则是规范预算会计人员的工作行为，评价其工作质量的准绳。这是处理具体会计核算业务的基本依据，是对会计核算提供信息的基本要求，也是能否实现其会计目标，满足信息者需要的最根本保障。预算会计的原则一般有以下几个：

1．客观性原则。客观性原则是指预算会计核算应当以实际发生的经济业务为依据，客观、真实地记录、反映预算单位各项收支情况及其结果。会计人员不能弄虚作假，不能按照个别人的旨意胡编乱造会计数据。每一项经济业务必须取得或填制合法的书面凭证，做到明白可靠、内容真实、数字准确、手续完备，如实反映预算执行情况、财务收支状况和事业成果，保证会计信息的真实性。客观性原则是保证会计核算质量的首要条件。

2．相关性原则。相关性原则是指预算会计提供的会计信息应当符合国家宏观经济管理的要求，适应预算管理和有关方面了解预算单位财务状况及收支情况的需要，并有利于事业单位加强内部经营管理。会计核算所提供的经济信息应当有助于信息使用者作出经济决策，会计提供的信息要同经济决策相关联。

3．可比性原则。可比性原则是指预算会计的会计核算应当按照规定的会计处理方法进行。同类单位会计指标应当口径一致，以便相互比较，借以判断预算资金的使用效益，正确考核总预算和单位预算的执行情况及结果，满足信息使用者和国家宏观管理的需要。

4．一致性原则。一致性原则是指预算会计所采用的会计方法应当前后一致，不得随意、经常变更，应保持相对稳定。如确有必要变更，应将变更情况、原因和对单位财务收支情况及结果的影响在会计报告中加以说明。一致性原则的实质是要求会计核算程序和方法的相对稳定，以使同一单位不同时期所提供的会计资料能够在同一基础上进行对比分析；消除一个单位在不同时期采用不同会计核算程序和方法所带来的差异；避免因不同时期采用不同会计核算程序和方法可能带来的虚假行为。

5. 及时性原则。及时性原则是指预算会计的会计记录应按时登记，并在规定的期限内及时编制会计报告，不得拖延。如果会计信息使用者需要会计信息时，不能及时提供，过时的会计信息对会计信息使用者来说是一堆废纸，并且会严重影响会计信息使用者进行决策和管理。因此，会计核算在持续运作过程中，财会人员应及时依据原始凭证编制记账凭证，据以登记账簿，并按规定时日编报财务报告，不得拖延和积压，以提高会计信息的时效性。

6. 清晰性原则。清晰性原则是指会计记录和会计报表需要做到清晰明了，便于会计信息使用者理解。如果会计人员提供的会计信息含糊不清、模棱两可，将会影响会计信息的质量，削减会计信息的可信性和有用性。具体来说，清晰性原则要求做到：从凭证、账簿到会计报告；从数字、文字到图示；从注释、签章到审核，各个环节、各个步骤都要清晰明了、言简意赅、通俗易懂。

7. 收付实现制为主，权责发生制为辅的原则。由于预算会计所核算和监督的内容是预算单位预算收支的执行情况，不计算盈亏，因而应按实际收到的收入和实际支付的开支这一收付实现制原则来确认本期的收入和支出。但对于个别有生产产品、提供劳务，并进行内部成本核算的事业单位，需要采用权责发生制原则来确认收入和费用，且收入与费用要求必须相配比。

8. 实际成本计价原则。实际成本计价原则是指会计人员对预算单位的各项资产和负债应当按照取得或购建时的实际成本计价入账，除国家另有规定外，不得自行调整其账面价值。

9. 重要性原则。重要性原则是指预算会计报表应当全面反映预算单位的财务收支情况及其结果，对于重要的业务事项应当单独列示，对于不太重要的业务事项可合并列示。

10. 专款专用原则。专款专用原则是指预算会计核算和报表对于国家指定用途的专项资金，应当按规定的用途使用，并单独核算和反映，不能长期相互占用。这一原则是事业单位会计根据其自身特有的资金管理要求而设置的原则要求。根据《事业单位财务规则》的规定，事业单位的专用基金有修购基金、职工福利基金、医疗基金和住房基金等，这些基金均为有专门用途的资金，对于这些资金的核算和管理应贯彻专款专用的原则，不能擅自改变用途，挪作他用。

第四节 预算会计的核算对象和会计要素

一、预算会计的核算对象

预算会计的核算对象是指预算会计核算的基本内容。预算会计是核算和监督中央与地方预算以及行政事业单位收支预算执行情况的会计，其核算对象就是政府预算的执行情况。

由于具体的会计主体不同，核算对象也有差异。

（一）财政总预算会计的核算对象

财政机关是各级人民政府的一个职能部门，其主要职责是为保证政府实现其职能的需要，将国民经济中新创造的一部分国民收入以税收、国有企业利润上缴及其他收入形式集中起来，按照国民经济和社会发展计划及政府的各项方针政策的要求，通过政府预算进行再分配，用于满足事业单位完成事业计划、行政单位执行行政任务以及各项投资的需要。因而，财政总预算会计的核算对象是财政总预算资金的集中、分配及其执行情况。

各级政府财政部门负责具体执行各级总预算：一方面，按照核定的预算，从国民经济各部门取得总预算收入，包括一般预算收入和基金预算收入；另一方面，又按照核定的预算，将集中起来的预算资金再分配出去，用于各项支出，形成总预算支出。总预算收入和总预算支出的差额，形成预算收支结余。同时，在执行总预算的过程中，由一级财政部门掌管的货币资金和债权形成一级财政的资产；由发行公债、与上下级财政、与预算单位之间的应付款项形成一级财政的负债；各项结余和基金形成一级财政的净资产。因此，财政总预算会计的核算对象，在实务中表现为各级政府总预算执行过程的预算收入、预算支出和预算结余，以及在资金运动过程中所形成的资产、负债和净资产。

（二）行政单位会计的核算对象

各级权力机关、行政机关、审判机关和检察机关以及党派、政协机关等行政单位，其业务活动的目标是行使政府职能，完成行政任务。作为国家政权机构，其活动经费应由预算拨款弥补，而且实行政企分开，行政单位要与所属经济实体脱钩，不允许单位利用自身经济资源从事经营活动。因此，财政拨付的预算资金是行政单位的最主要的资金来源，行政单位的会计核算对象以预算拨款为主，全面核算和监督行政单位的经济业务活动。

行政单位为了履行其职能：一方面，从财政部门和上级单位领取行政经费并在依法行政的过程中收取预算外收入；另一方面，按照国家的有关规定和开支标准，安排人员经费、公用经费等各项经费支出；收支相抵形成行政单位的结余。同时，在行政单位资金运动过程中，由行政单位掌管的各项财产和债权形成行政单位的资产；各项应缴和暂存款项形成行政单位的负债；固定基金和结余形成行政单位的净资产。因此，行政单位会计的核算对象，在实务中表现为各级行政单位在预算执行过程中的经费收支、预算外收入及其结余，以及在行政单位资金运动过程中所形成的资产、负债和净资产。

（三）事业单位会计的核算对象

国有事业单位的主要任务是完成国家规定的各项事业计划。其经费来源，除国家拨补的预算资金外，还有单位自行组织的各项收入。特别是在市场经济体制下，事业单位在完成事业任务向社会提供各种事业服务的同时，通过市场交换取得的事业收入将在事业单位的收入中占有越来越多的比重。因此，事业单位会计核算的对象，不仅仅是预算资金的领拨、使用情况，而且还扩展为事业单位实际发生的各项经济业务，对事业单位预算执行过程及其结果进行核算和监督。

事业单位为了执行事业任务，保证业务活动的资金需要，一方面，要向财政部门或上级主管单位按照核定的预算领取经费，还要在国家规定的范围内组织创收，取得财政补助收入、事业收入和经营收入等各项收入；另一方面，事业单位要按照国家的有关规定和开支标准，安排人员经费、公用经费以及各项专业业务和经营业务的各项开支，收支相抵形成事业单位的结余资金。同时，在事业单位资金运动过程中，由事业单位掌管的财产物资、债权和其他权利形成事业单位的资产；由事业单位承担的借入、预收款项和应付、应缴款项形成事业单位的负债；各项基金和结余形成事业单位的净资产。因此，事业单位会计的核算对象，在实务上表现为各类事业单位在单位预算执行过程中的各项收入、支出和结余，以及在事业单位资金运动中所形成的资产、负债和净资产。

二、预算会计的会计要素

会计要素是会计对由于经济业务的发生所引起的价值量发生变化的项目加以归类，为每一个类别进行恰当的命名。会计要素是构成会计客体的必要因素，是对会计事项要确认的项目所作的归类。一般来说，对会计对象进行归类，即形成会计要素，对会计要素再分类，即形成各个总账账户；作为会计核算体系的重要内容，它不仅涉及会计报表的结构，而且是会计分析所要反映和思考的问题。我国过去的预算会计制度，对会计要素的确认有过几次变动：1951 年将会计要素划分为收入、支出、资产、负债和资产负债共同类五大类；1952 年取消了资产负债共同类，设立收入、支出、资产、负债四类会计要素；1965 年，随着记账方法的改革，会计要素改为三大类，即资金来源、资金运用和资金结存，这种三大类会计要素的划分，一直沿用到 1997 年；1998 年 1 月 1 日开始实行的新预算会计制度，根据新的形势要求，借鉴企业会计改革的经验和国外的通用做法，重新确定了会计要素的类别和内容，将会计要素划分为：资产、负债、净资产、收入、支出五大要素，其中结余要素列入了净资产要素之内。各要素的具体内容由制度或准则加以确定。

1. 资产。资产是指预算单位（财政、行政和事业单位）占有或者使用的，能以货币计量的各种经济资源，包括各种财产、债权和其他权利。

预算单位的资产具有如下特征：

（1）资产必须是一种经济资源。这种经济资源具有为预算单位开展业务及其他活动提供或创造客观条件的某种经济权利或经济潜力，才确认为资产。否则这种经济资源已经消耗殆尽，丧失了使用价值，就不能作为资产确认了。

（2）资产必须能够用货币计量。一种经济资源如果不能用货币计量，预算单位就难以确认和计量其经济资源的价值。一种不能确认和计量价值的经济资源不能被确认为资产。这也是会计核算的基本前提。

（3）资产必须为预算单位所占有或使用。一项资产如果要被确认为某一特定单位的资产，这个单位必须对其拥有占有权或使用权，不一定有所有权。因为预算单位占用或使用的资产基本上是国家通过不同方式拨入形成的。各单位自己组织收入所形成的那部分资产，由于组织收入过程中基本上是运用现有资产进行的，也应属于国家所有。因此，预算单位一般对其资产并没有所有权，只有占用权和使用权。一项资产如果不为一个预算单位所占有或使用，就不能被确认为该单位的资产。

（4）资产包括财产、债权和其他权利。资产包括的内容十分广泛，表现的形态各不相同。无论其存在如何，只要能为单位所占用或使用、能以货币计量、能给单位带来某些权利或利益，均应被确认为资产。

预算单位资产的一般分类：

财政部门的资产包括一级政府的财政性存款、有价证券、应收及暂付款项、预拨款项、财政周转金放款和借出财政周转金等。

行政单位的资产包括库存材料、有价证券、暂付款、固定资产、现金、银行存款、借出款等。

事业单位的资产包括流动资产、对外投资、固定资产和无形资产。

流动资产是指可以在一年内变现或者耗用的资产。包括现金、各种存款、应收且预付款项、存货等。

固定资产是指一般设备单位价值在 500 元以上，专用设备单位价值在 800 元以上，使用年限在一年以上，并在使用中基本保持原有物质形态的资产。

无形资产是指不具有实物形态而能为单位提供某种权利的资产。包括专利权、土地使用权、非专利技术、著作权、商标权、商誉等。

对外投资指预算单位利用货币资金、实物和无形资产等方式，向其他单位的投资。包括债券投资和其他投资（没有股票投资，因预算单位不允许用国家拨款进行股票投资）。企业会计将对外投资分为短期投资和长期投资，预算会计则没有分开。

行政事业单位的资产通常不使用"拥有或控制"这一企业会计常用的确认标准，而使用"占用或使用"这一标准来确认资产。因为行政事业单位的资产具有取得的无偿性和使用的非经营性或非盈利性的特点（除开事业单位的附属企业和已纳入企业会计核算体系的事业单位），特别是行政单位的资产尤其是固定资产通常由政府直接提供，而不需由行政单位用其业务收入去购买。

预算会计中资产有限定性和非限定性之分。资产的限定性，是指资产的提供者（包括拨款人和赠与人）对所提供的资产规定一定的限制，拨款人和赠与人通常是以通过法规、行政命令或协议等方式对其所提供的资产附加限制，接受资产的非营利组织必须予以遵守。从时间角度看，限定性有暂时性限定和永久性限定之分。与此相对应，其他资产可归为非限定性资产。资产的限定性是非营利组织区别于营利组织的一个独特方面。

2．负债。负债是指预算单位所承担的、能以货币计量、需要以资产或者劳务偿还的债务。包括借入款项、应付账款、预收账款、其他应付款、各种应缴款项等。

国家预算单位毕竟不同于企业，它不是生产物质产品的纯经营单位。预算单位利用借款开展组织收入活动应格外慎重，应严格控制负债规模。对于结算中的负债，预算单位应及时组织清理，保证按时进行结算；对于有关借入款项和应缴款项，预算单位要保证在规定的期限内偿还和缴纳。

政府财政部门是分配资金的部门，在年度预算执行过程中，本级财政与下级财政之间，本级财政与预算单位之间都会存在尚待结算的事项，加上政府发行公债向社会借入资金，向国外金融机构借款，这都形成了各级财政的负债事项，包括应付及暂收款项、按法定程序及核定的预算举借的债务、借入财政周转金等。

行政单位的负债，包括应缴但尚未缴纳的预算内资金收入和按一定方式应缴但尚未缴纳的预算外资金收入以及不同主体之间尚未结算的暂存款项。

事业单位的负债，包括借入款项、应付账款、预收账款、其他应付款以及各种应缴款项。

预算会计主体的负债主要表现为流动负债。如财政总预算会计的负债主要表现为高信用的国债以及因财政周转金的融通而形成的借入财政周转金和因体制结算而形成的与上级往来等流动负债；由于国家规定行政事业单位都不得以发行债券的方式来筹集长期资金，同时银行也一般只对其提供短期借款而基本上很少提供长期贷款，所以行政事业单位的负债主要是流动负债。因而非营利组织基本不存在资本结构问题及利用杠杆作用问题，但是这却是以盈利为目的的经营性组织——企业必须要考虑的问题。

3. 净资产。净资产是指预算单位的总资产减去负债后的余额。它是属于各级政府、各级各类预算单位所有的资产的净值。

财政总预算会计的净资产，是属于一级政府的，包括各项结余，如一般预算结余、基金预算结余、专用基金结余、预算周转金及财政周转基金等。

行政单位会计的净资产包括固定基金和结余。

事业单位会计的净资产包括固定基金、专用基金、事业基金和结余资金。

预算会计中资产与负债的差额采用"净资产"称谓，这与国际通行的用法一致。

具体地说，与企业所有者权益相比较，非营利组织的净资产要素，具有以下基本特征：

（1）非营利组织不存在现实的所有者，其净资产不体现企业那样的所有者权益。

（2）出资者，如拨款人、捐款人，是非营利组织净资产名义上的所有者，他们不要求出售、转让或索偿其所提供的资财，也不要求凭借其所提供的资财获得经济上的利益。

（3）实际上，非营利组织由于不以营利为目的，客观上也无法为其资财的提供者带来经济上的利益。

（4）现实中，非营利组织的一些资财提供者通常对其所提供资财的使用、维持规定某些限定，即非营利组织的某些净资产具有限定性。同资产的限定性一样，对净资产的限定也可分为暂时性限定与永久性限定。

4. 收入。收入是指预算单位开展业务活动或根据有关规定取得的非偿还性资金。

财政总预算会计的收入是国家为实现其职能，根据法令和法规所取得的非偿还性资金，是一级财政的资金来源。它包括一般预算收入、基金预算收入、专用基金收入、资金调拨收入、财政周转金收入等。

行政单位会计的收入是指行政单位为了完成公务活动，从财政部门或上级单位取得的各项拨款，以及按规定取得的收入。它包括拨入经费、拨入专项资金、其他收入和附属机构缴纳款等。

事业单位会计的收入是事业单位为开展业务活动，依法取得的非偿还性资金。它包括财政补助收入、上级补助收入、事业收入、经营收入、附属单位缴款、其他收入和基本建设拨款收入等。

非营利组织的收入要素与营利组织的收入要素有着显著的差别，非营利组织的收入具有以下特殊性：从性质看，非营利组织取得的收入是为了补偿支出，而不是为了营利；提供产品或劳务等活动的价格或收费标准不完全按照市场经济价值规律来决定，甚至无偿提供或免费服务。即非营利组织就其所提供的产品或劳务通常取得较低的收入或者甚至不取得收入；政府拨款一方面是为非营利组织的存续发展，另一方面含有补贴性质。即有些拨款属于对低价格、低收费服务的一种弥补。从口径看，非营利组织的收入是大口径的而完全不同于营利组织小口径的收入概念。非营利组织的收入不仅包括业务收入，还包括投资利益、利息收入、捐赠收入和政府性的各类拨款等。从限定看，非营利组织的收入有限定性与非限定性之分。如，接受的捐款，若捐款人关于这笔款项有规定的使用要求或期限，那么这笔接受的捐赠收入就属于限定性的收入。

5．支出。支出是预算单位为实现其职能或完成公务活动所发生的各项耗费或支出。

财政总预算会计的支出是指一级财政为实现其职能，对财政资金的再分配。它包括一般预算支出、基金预算支出、专用基金支出、财政周转金支出、资金调拨支出。

行政单位会计的支出是指行政单位为完成公务所发生的各项实际耗费和支出。包括经费支出、专项资金支出、其他支出、拨出经费、拨出专项资金及补助支出等。

事业单位会计的支出是指事业单位为开展业务活动和其他活动所发生的各项资金耗费及损失和用于基本建设项目的开支。包括事业支出、经营支出、对附属单位补助、上缴上级支出、基本建设支出等。

非营利组织的支出要素在设计上，需要与收入要素相配合。同时支出与企业会计的费用相比在许多方面有特殊性。具体包括：

（1）从功能和目的看，非营利组织的支出有着财政资金再分配以及按照预算向所属单位拨出经费的性质。

（2）从口径看，与收入的大口径相一致，非营利组织的支出也是大口径的。非营利组织的支出不仅包括费用性支出（狭义费用），还包括资本性支出。

（3）从限定看，与限定收入与非限定性收入的区分相一致，非营利组织的支出也可分为限定性支出和非限定性支出，这也是资财提供者的规定要求使然。

（4）从确认看，非营利组织的支出的确认有的采用权责发生制，有的采用收付实现制。而费用的确认基本采用权责发生制。

（5）从成本核算看，非营利组织的产品、劳务、项目等，需要单独核算成本的，可以另外单独核算处理，这并不否认支出要素的内涵与外延。

以上五大会计要素中，资产、负债和净资产为静态会计要素，收入、支出为动态会计要素。结余是预算单位在一定期间收入与支出相抵后的差额。由于预算单位不以营利为目的，其收入与支出的确认口径与企业收入与费用的确认口径有着明显的差别。预算单位的结余与企业利润相比，有着明显的特殊性，主要表现如下：

（1）预算单位的收入与支出通常也有差额，这个差额并不表现为利润（或亏损），而表现为结余（或负结余）。但预算单位并不追求这个余额，而是客观予以反映，以提供有用的会计信息。

（2）在性质上，预算单位的结余表现净资产的变动，其属性为净资产，而企业的利润表现为所有者权益的变动。

（3）企业利润存在分配问题并且（正）利润必须履行纳税义务。预算单位的结余一般不存在分配问题。预算单位正结余不需履行纳税义务，负结余实质上是对净资产的冲减。

（4）预算单位的结余没有明确的方向性，而企业利润表现为贷方余额。

（5）预算单位的结余有限定性与非限定性之分。限定性结余是限定性收入与限定性支出相抵后的结余，非限定性结余是非限定性收入与非限定性支出相抵后的结余。

三、预算会计的会计等式

会计等式也叫会计平衡式或会计方程式。基于会计要素的资产、负债和净资产三者的增减变化，其间相互联系有一定的规律可循，形成了会计的基本方程式，即会计等式。它是复式记账赖以建立的基础，也是设计会计报表结构的基本依据，一个预算单位拥有的资产与其负债和净资产表现为同一资金的两个方面，即有一定数额的资产，就必须有一定数额的负债和净资产，资产与负债和净资产之间相互依存，并且数额相等，用会计等式表示为：

$$资产＝负债＋净资产$$

资产、负债、净资产是用来说明单位财务状况的三个静态要素，"资产=负债+净资产"是单位预算资金的静态反映。

预算单位在开展业务活动中，必然会取得一定数额的收入，也必然会发生一定数额的支出，收入和支出相抵后的余额为结余。收入、支出、结余三者之间的关系，用公式表示为：

$$收入－支出＝结余$$

此式表明，收入与支出有着对应关系。结余是收支相抵后的结果，这结果并不是预算会计主体追逐的目标，也不是用以衡量预算会计主体工作的好坏，但预算会计主体一定时期的结余使其净资产增加，如结余为负数则发生相反方向的影响。因此，各会计要素的综合平衡式为：

$$资产＝负债＋原净资产＋收入－支出$$
$$资产＝负债＋原净资产＋结余$$
$$资产＝负债＋新净资产$$

任何一个预算单位在其业务活动和经营活动过程中，随着收支业务的发生，必然要引起资产、负债、净资产不断地发生变化。然而，不管它们怎么变化，始终不会破坏上述会计平衡式。从这个意义上讲，会计平衡式是永远恒等的。

预算会计的资产负债表就是根据以上会计等式编制的，等式的左边是资产和支出，统称为资产部类，列在资产负债表的左边；等式的右边是负债、净资产和收入，统称为负债部类，列在资产负债表的右边；两边的内容按照各自的具体项目排列，资产部类合计等于负债部类合计。不管预算单位发生什么经济活动，这平衡关系是永远成立的。

第五节　预算会计的职能和作用

一、预算会计的职能

预算会计的职能是随着经济的发展和财政职能的转变而变化的。在计划经济和供给型财政条件下，预算会计的职能主要是核算、报账，因而可以用核算、核算和监督予以概括。随着社会主义市场经济的建立和经济、社会的发展，财政的职能发生了重大转变，预算会计的职能也随之相应拓宽和发展，它的事前预测、事中控制、事后反映监督以及参与决策的职能逐步得到加强。因此，在社会主义市场经济条件下，预算会计具有核算、反映、监督、预测、调控和参与决策的职能。主要表现为：

1．传统的核算、核算和监督职能。核算和监督是会计的基本职能。不论是什么样的经济环境，对预算主体发生的经济业务，通过会计记录和账务处理，记录其预算资金活动及结果，反映预算执行情况，监督财经纪律执行情况，提供相应的会计信息，都是主体的会计目标。所以，预算会计的基本职能是核算和监督。

2．预测及决策管理职能。预算会计主体根据预算会计核算及反映的结果，结合社会环境的变化，以及国民经济的发展，对未来的预算收支活动趋势和结构变化作出较为准确的预测，以利于会计主体采取正确的决策措施，编制客观科学的预算，更好地管理内部资金，满足预算主体实现职能的需要。在社会主义市场经济条件下，能够对预算资金收支活动和结果及其结构的变动进行事前预测显得尤为重要。

3．宏观经济调控职能。预算会计的核算结果是财政发挥资源配置、公平分配和稳定经济职能过程的重要依据，其核算过程是政府发挥宏观调控职能的重要保证。

4．参与政策决策职能。财政作为代表政府管理再分配预算资金的行政机关，为政府决策提供必要的资料，并参与政策决策。预算会计在这方面将发挥其独特的作用。因而，参与政策决策是预算会计的一项重要职能。

二、预算会计的作用

1．根据国家预算管理的需要，及时、全面、完整地反映预算执行情况，按规定及时提供会计报表，为各级政府进行宏观决策提供所需的会计信息。

2．分析预算执行情况，提高预算管理水平。通过预算会计所提供的会计信息，采用相应的信息分析方法，从中找出存在的问题，以供各级政府、各部门、各单位及时掌握预算执行综合情况，总结经验，使有限的财政资金为社会提供更好的公共产品和公共服务，取得较好的社会效益。

3．科学划分政府收支分类，完善推广部门预算编制。加强对预算内外资金的监督管理，按国家颁布的预算收支科目进行管理，建立科学的支出标准和预算定额，加强财政性资金支出的管理。扩大财政直接支付的范围，逐步扩大会计集中核算和国库直接支付的范围。对财政支出过程中形成的各项货币资金和财产物资，保护社会主义公共财产不受损害，制止贪污、浪费等违法违纪现象的发生。

第六节　预算会计的基本核算方法

预算会计核算方法是指以统一的货币单位为量度标准，连续、系统、完整地对各级政府财政性资金的分配活动以及行政、事业单位预算资金活动进行计量、记录、计算和核算的方法。它主要包括：设置会计科目和账户、复式记账、填制和审核会计凭证、登记账簿、编制会计报表等。

一、会计科目

1．会计科目的概念。预算会计的核算对象是财政性资金运动，而财政性资金运动具体体现在各级政府财政性资金的分配活动以及行政事业单位预算资金活动的复杂性。对预算会计的核算对象——财政资金的集中和分配进行的分类，称为会计要素。会计要素是对会计对象的基本分类。为了提供更为具体的会计信息，还需要对会计要素作进一步的具体分类，从而分为若干个项目。每一个项目都可设置一个会计科目。

会计科目是对预算会计的核算对象即会计要素，按其经济内容或用途所作的进一步的科学分类。会计科目是设置账户的依据，也是逐级汇总与检查国家预算资金活动情况和执行结果的统一项目标准。预算会计的会计科目，是在预算会计制度所确定的会计要素框架内，按照预算管理的要求和会计核算的需要，对财政资金集中和分配活动以及行政事业单位的资金活动所作的分类名称。

预算会计分为财政总预算会计和单位预算会计，由于其管理内容和核算要求不完全相同，为了使预算单位会计提供的会计信息口径一致，相互可比，应按照一定的原则统一制定会计科目。在我国，会计科目是由财政部统一制定的。

财政部在预算会计制度中分别规定了财政总预算会计、事业单位会计、行政单位会计的会计科目。国务院有关部门和各省、自治区、直辖市财政部门可以根据本部门、本地区的实际情况作必要的补充规定。基层单位应按照上级规定执行，不得改变会计科目的名称、编号、核算内容和对应关系。

2．预算会计科目设置的基本原则。

（1）按照《中华人民共和国预算法》、《中华人民共和国会计法》，充分体现财政资金和单位资金的运动规律和特点。

（2）既要继承，又要借鉴，以继承为主。

（3）着眼于经济宏观调控，立足于财政资金运行的整体，视点放在基层。

（4）要充分体现各预算单位的主体地位。收入按来源，支出按用途统一核算，综合平衡。

（5）有利于向主管部门和有关方面及时提供会计信息。

3．会计科目的分类。预算会计科目按其核算层次分为总账科目和明细账科目两种。总账科目是对会计要素的总括分类，它是设置总账账户、进行总分类核算的依据和规范。财政部统一制定的会计科目只是预算会计的总账科目，都是一些概括性、综合性的科目，对于总括反映预算资金的收支与结存是完全必要的。但正因其概括性强，从而使它们不能详细地反映每笔预算收支的具体情况，所以有必要根据预算收支核算的要求，分别在总账科目下，设置必要的明细科目。明细科目是对总账科目的详细再分类，它是说明总账科目的更具体、更详细的内容的。按照财政部门规定，明细科目可以由各地区、各部门根据需要自行设置。

预算会计按其使用部门分为财政总预算会计科目、行政单位会计科目和事业单位会计科目三大类，各类会计科目按其反映的经济内容分为五类：资产类、负债类、净资产类、收入类和支出类科目。

（1）财政总预算会计科目。财政部制定的统一会计科目，非经财政部同意，各地区、各部门不得自行减并或更改。对其中在本地区、本部门不需要的科目，可以不必使用；各地区、各部门如对财政部统一制定的会计科目感到有所不足时，可以根据需要予以补充，但不得与财政部统一制定的会计科目相抵触。

各会计科目的编号，主要便于编制会计凭证、登记账簿、查清账目和实行会计电算化。各单位在使用会计科目编号时，应与会计科目名称同时使用。可以只用会计科目名称，不用编号；但不得只用科目编号不写会计科目名称。会计科目编号不得打乱重编，在某些会计科目之间留有一定的空号，供各单位根据实际需要增设会计科目之用。

现行财政总预算会计科目设置如表1-1所示。

表1-1　　　　　　　　　　　　　财政总预算会计科目

类别	科目名称	编号	核算内容
一、资产类	国库存款	101	核算各级总预算会计在国库的预算资金（含一般预算和基金预算）存款
	其他财政存款	102	核算各级总预算会计未列入"国库存款"科目反映的各项财政性存款
	财政零余额账户存款	103	核算财政国库支付机构在银行办理的财政直接支付业务
	有价证券	104	核算各级政府按国家统一规定用各项财政结余购买有价证券的库存款
	在途款	105	核算决算清理期和库款报解整理期内发生的上下年度收入支出业务及需要通过本科目过渡处理的资金数
	暂付款	111	核算各级财政部门借给所属预算单位或其他单位临时急需的资金
	与下级往来	112	核算与下级财政的往来待结算款项
	预拨经费	121	核算财政部门预拨给行政事业单位尚未列为预算支出的经费
	基建拨款	122	核算拨付给建设银行、基建财务管理部门的基本建设拨款和贷款数
	财政周转金放款	131	核算财政有偿资金的拨出、贷付及收回情况
	借出财政周转金	132	核算上级财政部门借给下级财政部门周转金的借出和收回的情况
	待处理财政周转金	133	核算经审核已经成为呆账，但尚未按规定程序报批核销的逾期财政周转金转入和核销情况

类别	科目名称	编号	核算内容
二、负债类	暂存款	211	核算各级财政临时发生的应付、暂收和收到不明性质的款项
	与上级往来	212	核算与上级财政的往来待结算款项
	借入款	222	核算中央财政和地方财政按照国家法律、国务院规定向社会以发行债券等方式举借的债务
	借入财政周转金	223	核算地方财政部门向上级财政部门借入有偿使用的财政周转金
三、净资产类	预算结余	301	核算各级财政预算收支的年终执行结果
	基金预算结余	305	核算各级财政管理的政府性基金收支的年终执行结果
	专用基金结余	307	核算总预算会计管理的专用基金收支的年终执行结果
	预算周转金	321	核算各级财政设置的用于平衡季节性预算收支差额而周转使用的资金
	财政周转基金	322	核算各级财政部门设置的有偿使用资金
四、收入类	一般预算收入	401	核算各级财政部门组织的纳入预算的各项收入
	基金预算收入	405	核算各级财政部门管理的政府性基金预算收入
	专用基金收入	407	核算财政部门按规定设置或取得的专用基金收入
	债务收入	408	核算省级财政部门作为债务主体，发行地方政府债券收到的发行收入等
	债务转贷收入	409	核算省级以下财政部门（不含省级）收到的来自上级财政部门转贷的债务收入
	补助收入	411	核算上级财政部门拨来的补助款
	上解收入	412	核算下级财政上缴的预算上解款
	调入资金	414	核算各级财政部门因平衡一般预算收入从预算外资金结余以及其他渠道调入的资金
	财政周转金收入	425	核算财政周转金利息及占用费的收入情况
五、支出类	一般预算支出	501	核算各级总预算会计办理的应由预算资金支付的各项支出
	基金预算支出	505	核算各级财政部门用基金预算收入安排的支出
	专用基金支出	507	核算各级财政部门用专用基金收入安排的支出
	债务还本支出	508	核算各级财政部门发生的债务还本支出
	债务转贷支出	509	核算地方各级财政部门对下级财政部门转贷的债务支出
	补助支出	511	核算本级财政对下级财政的补助支出
	上解支出	512	核算解缴上级财政的款项
	调出资金	514	核算各级财政部门从基金预算的地方财政税费附加收入结余中调出，用于平衡一般预算收支的资金
	财政周转金支出	524	核算借入上级财政周转金支付的占用费及周转金管理使用过程中按规定开支的相关费用支出情况

（2）行政单位会计科目。行政单位的会计科目，是汇总和检查行政单位预算资金活动情况和结果的全国统一的总账科目，未经财政部同意任何单位不得减并，不需用的会计科

目可以不用，各级行政单位必须按照财政部统一规定的科目编号、科目名称使用会计科目，各行政单位在全国统一的总账科目下，可根据需要自行设置明细科目。

现行行政单位会计科目设置如表1-2所示。

表 1-2　　　　　　　　　　　　　行政单位通用会计科目表

类别	科目名称	编号	核算内容
一、资产类	现金	101	核算行政单位的库存现金
	银行存款	102	核算行政单位存入银行和其他金融机构的各种存款
	有价证券	103	核算行政单位购买的有价证券的库存数
	暂付款	104	核算行政单位各项暂付、预付和应收款项
	库存材料	105	核算行政单位库存的行政用物资材料
	固定资产	106	核算行政单位固定资产的原价
	零余额账户用款额度	107	核算预算单位在授权支付额度内办理授权支付业务
	财政应返还额度	115	核算财政直接支付或授权支付预算指标数与当年财政直接或授权支付实际数的差额
二、负债类	应缴预算款	201	核算行政单位代收的属于财政预算收入的应缴款项
	应缴财政专户款	202	核算行政单位应缴财政专户的预算外资金收入款项
	暂存款	203	核算行政单位在其行政业务活动中发生的各种暂存、预收和应付等待结算款项
三、净资产类	固定基金	301	核算行政单位固定资产所占用的基金
	结余	303	核算行政单位各项收入与支出相抵后的余额
四、收入类	拨入经费	401	核算行政单位按照经费领报关系收到的由财政部门或上级单位拨入的行政经费
	预算外资金收入	404	核算行政单位经财政专户拨回或确认留用的预算外资金收入
	其他收入	407	核算行政单位除上述各项收入以外的收入
五、支出类	经费支出	501	核算行政单位在行政业务活动中发生的各项支出
	拨出经费	502	核算行政单位按核定预算将财政或上级单位拨入的经费按预算级次转拨给下属预算单位的资金
	结转自筹基建	505	核算行政单位经批准用预算经费以外的资金安排基本建设所筹集并转给建设银行的资金

（3）事业单位会计科目。事业单位应按《事业单位会计制度》和《事业单位会计准则（试行）》的规定设置和使用会计科目，不需用的科目可以不用。《事业单位会计制度》统一规定的会计科目编号，各单位不得打乱重编。

现行事业单位会计科目设置如表 1-3 所示。

表 1-3　　　　　　　　　事业单位通用会计科目及核算内容

类别	科目名称	编号	核算内容
一、资产类	现金	101	核算事业单位的库存现金
	银行存款	102	核算事业单位存入银行和其他金融机构的各种存款
	零余额账户用款额度	103	核算事业单位财政授权支付业务
	应收票据	105	核算事业单位因从事经营活动销售而收到的商业汇票
	应收账款	106	核算事业单位因提供劳务、开展有偿服务及销售产品等业务应收取的款项
	预付账款	108	核算按照合同规定预付给供应单位的款项
	其他应收款	110	核算事业单位除应收票据、应收账款、预付账款以外的其他应收、暂付款项
	材料	115	核算事业单位库存的物资材料以及达不到固定资产标准的工具、器具、低值易耗品等
	产成品	116	核算事业单位生产并已验收入库产品的实际成本
	对外投资	117	核算事业单位通过各种方式向其他单位的投资
	固定资产	120	核算事业单位固定资产的原价
	无形资产	124	核算事业单位的专利权、非专利技术、著作权、商标权、土地使用权、商誉等各种无形资产的价值
二、负债类	借入款项	201	核算事业单位从财政部门、上级主管部门、金融机构借入的有偿使用的款项
	应付票据	202	核算事业单位对外发生债务时所开出、承兑的商业汇票
	应付账款	203	核算事业单位因购买材料、物资或接受劳务供应而发生的应付给供应单位的款项
	预收账款	204	核算事业单位因购买材料、物资或接受劳务单位预收的款项
	其他应付款	207	核算事业单位应付、暂收其他单位或个人的款项
	应交预算款	208	核算事业单位按规定应缴入国家预算或个人的款项
	应交财政专户款	209	核算事业单位按规定代收的应上缴财政专户的预算外资金
	应交税金	210	核算事业单位应缴纳的各种税金
三、净资产类	事业基金	301	核算事业单位拥有的非限定用途的净资产
	固定基金	302	核算事业单位因购入、自制、调入、融资租入（有所有权）、接受捐赠以及盘盈固定资产所形成的基金
	专用基金	303	核算事业单位按规定提取、设置的有专门用途的资金的收入、支出及结存情况
	事业结余	306	核算事业单位在一定期间除经营收支、专款收支外各项收支相抵后的余额
	经营结余	307	核算事业单位在一定期间各项经营收入与经营支出相抵后的余额
	结余分配	308	核算事业单位当年结余分配的情况和结果

续表

类别	科目名称	编号	核算内容
四、收入类	财政补助收入	401	核算事业单位按照核定的预算和经费领报关系收到的由财政部门或上级单位拨入的各类事业经费
	上级补助收入	403	核算事业单位收到上级单位拨入的非财政补助资金
	拨入专款	404	核算事业单位收到财政部门、上级单位或其他单位拨入的有指定用途，并需要单独报账的专项资金
	事业收入	405	核算事业单位收到的从财政专户拨核的预算外资金
	财政专户返还收入	406	核算事业单位开展专业业务活动及辅助活动所取得的收入
	经营收入	409	核算事业单位在专业活动及辅助活动之外开展非独立核算经营活动所取得的收入
	附属单位缴款	412	核算事业单位收到附属单位按规定缴来的款项
	其他收入	413	核算事业单位除上述各项收入以外的收入
五、支出类	拨出经费	501	核算事业单位按核定的预算拨付所属单位的预算资金
	拨出专款	502	核算主管部门或上级单位拨给所属单位的需要独立报账的专项资金
	专款支出	503	核算由财政部门、上级单位和其他单位拨入的指定项目或用途并需要独立报账的专项资金的实际支出数
	事业支出	504	核算事业单位开展各项专业业务活动及其辅助活动发生的实际支出
	经营支出	505	核算事业单位在专业业务活动及其辅助活动之外开展非独立核算经营活动发生的各项支出以及实行内部成本核算单位已销产品实际成本
	成本费用	509	核算实行内部成本核算的事业单位应列入劳务（产品、商品）成本的各项费用
	销售税金	512	核算事业单位提供劳务或销售产品应负担的税金及其附加费用
	上缴上级支出	516	核算附属于上级单位的独立核算单位按规定的标准或比例上缴上级单位的支出
	对附属单位补助·	517	核算事业单位用非财政预算资金对附属单位补助发生的支出
	结转自筹基建	520	核算事业单位经批准用财政补助收入以外的资金安排自筹基本建设，其所筹集并转存建设银行的资金

二、预算会计的记账方法

所谓记账方法，就是运用一定的记账符号和记账规则，通过编制会计分录，记录经济业务于账簿之中的一种手段。记账方法按其记录是否完整分为单式记账法和复式记账法。现代会计采用复式记账法作为会计记账方法。

复式记账法是指对每笔经济业务发生所引起的一切变化，都以相同的金额在两个或两个以上的账户中进行相互联系的登记。采用复式记账法能够把每笔业务相互联系地、全面地记入有关账户中，从而完整地、系统地反映各单位资金运动的来龙去脉。

在我国，复式记账法又分为增减复式记账法、收付复式记账法和借贷复式记账法。以前我国预算会计一直采用收付复式记账法。而现行《事业单位会计准则（试行）》第八条规定"会计记账采用借贷记账法"。

1. 借贷记账法的概念。借贷记账法是以"借""贷"作为记账符号，运用复式记账原理，用来反映经济活动中资金增减变动情况的一种复式记账方法。

预算会计的借贷记账法，其基本内容与企业会计的借贷记账法相同。但由于预算会计的核算对象、会计要素、会计科目的设置与企业会计有不同之处，因而有其自身的特点。主要表现在：预算会计的会计要素分为资产、负债、净资产、收入、支出五大类，并根据"资产+支出=负债+净资产+收入"的会计等式，建立相应的复式记账体系。"资产+支出"也称为资产部类，"负债+净资产+收入"也称为负债部类，即资产部类=负债部类，它是编制预算主体单位资产负债表的依据。

2. 借贷记账法的账户设置及其结构。借贷记账法的账户设置与会计的"资产+支出=负债+净资产+收入"平衡式有联系，根据各会计要素核算内容的特点设置相应的账户。账户结构是指账户反映经济业务活动所引起的账户内容的增减变化，即哪方记增加，哪方记减少，余额在哪方。不同性质的账户结构是不同的。账户性质是按会计对象的经济内容和用途分类，预算会计可以简括为资产部类和负债部类两个基本部分，按照平衡公式左边的资产及支出的有关具体项目（科目）设置的账户，一般都属于借方余额型账户，借方登记增加，贷方登记减少。按照平衡公式右边的负债、净资产及收入的有关具体项目（科目）设置的账户，一般都属于贷方余额型账户，贷方登记增加，借方登记减少。按照收入的具体项目（科目）设置的账户，类似于净资产的账户，贷方登记增加，借方登记减少，只是在期末结账后无余额。按照支出的具体项目（科目）设置的账户，类似于资产账户，借方登记增加，贷方登记减少，只是在期末结账后无余额。在借贷记账法下，账户的结构如表1-4和表1-5所示。

表1-4   资产部类账户

借方	贷方
期初余额×××××	
本期增加额	本期减少额
本期发生额合计	本期发生额合计
期末余额×××××	

表1-5   负债部类账户

借方	贷方
	期初余额×××××
本期减少额	本期增加额
本期发生额合计	本期发生额合计
	期末余额×××××

资产部类账户的期末余额可用下列公式计算：

期初借方余额＋本期借方发生额合计－本期贷方发生额合计＝期末借方余额

负债部类账户的期末余额可用下列公式计算：

期初贷方余额＋本期贷方发生额合计－本期借方发生额合计＝期末贷方余额

在借贷记账法下，各类账户的记账方向如表1-6所示。

表 1-6　　　　　　　　　　　　各类账户的记账方向

账户类别	借方	贷方	余额方向
资产类	＋	－	借方
负债类	－	＋	贷方
净资产类	－	＋	贷方
收入类	－	＋	平时余额在贷方，年终结账后一般没有余额
支出类	＋	－	平时余额在借方，年终结账后一般没有余额

3．借贷记账法的记账规则。记账规则是不以人们主观意志决定的，而是由记账方法各组成要素有机结合构成的方法体系本身的内在要求决定的。记账规则可以作为某种记账方法记录经济业务的指导，也可以用来作为事后检查记账、算账是否正确的依据。因此，记账规则的科学与否直接体现某种记账方法的科学与否。

根据复式记账原理，结合借贷记账法下的账户结构，对于任何一项经济业务，都可以按照资金运动的方向，一方面记入一个或几个账户的借方，另一方面必然要记入一个或几个账户的贷方，而且记入借方和贷方的数额又必然是相等的。简言之，就是"有借必有贷，借贷必相等"。即不论是资金投入单位的业务，还是退出单位的业务，或是资金在单位内部循环与周转的业务，都是一方面记入有关账户的借方，另一方面记入有关账户的贷方，借方与贷方的数额必然相等。

根据各账户的结构图，按照借贷记账法的记账规则要求，预算主体单位发生的所有经济业务可归纳为四种情况：

（1）引起资产类账户一增（借）一减（贷）；

（2）引起负债类账户一增（贷）一减（借）；

（3）引起资产类账户增加（借），引起负债类账户增加（贷）；

（4）引起资产类账户减少（贷），引起负债类账户减少（借）。

在运用借贷记账法的记账规则记录经济业务时，要考虑以下四个方面的问题：

（1）分析经济业务的性质。

（2）根据经济业务的内容确定它所涉及的会计科目及相关账户。

（3）根据经济业务所涉及账户在借贷记账法下的账户结构分析确定其记账的方向及变动金额。

（4）按照会计分录的书写格式要求编制会计分录，完成经济业务的核算。

4．借贷记账法的实务应用。下面以某事业单位发生的经济业务为例，说明借贷记账法的实务应用。

【例1-1】某事业单位从银行提取现金20 000元。

这笔经济业务涉及现金资产的增加，应该记入"现金"账户的借方，同时引起银行存款资产减少，应记入"银行存款"账户的贷方。

借：现金　　　　　　　　　　　　　　　　　　　　　　　20 000
　　贷：银行存款　　　　　　　　　　　　　　　　　　　　　　20 000

【例1-2】某事业单位收到同级财政部门拨入的事业经费1 000 000元。

这笔经济业务涉及银行存款资产的增加，应该记入"银行存款"账户的借方，同时引起财政补助收入增加，应记入"财政补助收入"账户的贷方。

借：银行存款　　　　　　　　　　　　　　　　　　　　1 000 000
　　贷：财政补助收入　　　　　　　　　　　　　　　　　　　1 000 000

【例1-3】某事业单位开出商业汇票一张，面额30 000元，偿还前欠的货款。

这笔经济业务涉及应付票据的增加，是一项负债的增加，应记入"应付票据"账户的贷方，同时，引起应付账款负债减少，应记入"应付账款"账户的借方。

借：应付账款　　　　　　　　　　　　　　　　　　　　　30 000
　　贷：应付票据　　　　　　　　　　　　　　　　　　　　　30 000

【例1-4】某事业单位购买办公用品，价款600元，用现金支付。

这笔业务涉及事业支出的增加，应记入"事业支出"账户的借方，同时引起现金资产的减少，应记入"现金"账户的贷方。

借：事业支出　　　　　　　　　　　　　　　　　　　　　　　600
　　贷：现金　　　　　　　　　　　　　　　　　　　　　　　　600

【例1-5】某事业单位用专项资金购入专用设备一台，价款100 000元，以银行存款支付。

这笔业务涉及专款支出的增加，应记入"专款支出"账户的借方，同时引起银行存款资产的减少，应记入"银行存款"账户的贷方；另一方面，事业单位增加了一项固定资产，应记入"固定资产"账户的借方，同时，固定资产增加了资金的占用，引起事业单位净资产的固定基金增加，应记入"固定基金"账户的贷方。

借：专款支出　　　　　　　　　　　　　　　　　　　　100 000
　　贷：银行存款　　　　　　　　　　　　　　　　　　　　100 000

同时：

借：固定资产　　　　　　　　　　　　　　　　　　　　100 000
　　贷：固定基金　　　　　　　　　　　　　　　　　　　　100 000

【例1-6】某事业单位开展业务活动，取得收入2 000元，存入银行。

这笔业务涉及事业收入的增加，应记入"事业收入"账户的贷方，同时引起银行存款资产的增加，应记入"银行存款"账户的借方。

借：银行存款　　　　　　　　　　　　　　　　　　　　　2 000
　　贷：事业收入　　　　　　　　　　　　　　　　　　　　　2 000

【例1-7】某事业单位开展经营活动领用库存材料一批，价款800元。

这笔业务涉及经营支出的增加，应记入"经营支出"账户的借方，同时引起材料资产的减少，应记入"材料"账户的贷方。

借：经营支出　　　　　　　　　　　　　　　　　　　　　　　　800
　　贷：材料　　　　　　　　　　　　　　　　　　　　　　　　　800

【例1-8】某事业单位职工出差预借差旅费 1 200 元，以现金支付。

这笔业务涉及尚未结算预借款项的增加，应记入"其他应收款"账户的借方，同时引起现金资产的减少，应记入"现金"账户的贷方。

借：其他应收款　　　　　　　　　　　　　　　　　　　　　　1 200
　　贷：现金　　　　　　　　　　　　　　　　　　　　　　　　1 200

从以上经济业务的记账情况，不难发现，借贷记账法本身存在着这样一个规律，即，任何一笔业务发生记入账户时，都要记入一个账户（或几个账户）的借方，同时，还要记入另一个账户（或几个账户）的贷方，并且借贷方的金额相等。没有哪笔业务只记某一账户的借方，不记入另一账户的贷方，或者借贷方金额不相等的情况。这就是借贷记账法的记账规则"有借必有贷，借贷必相等"的实务应用。

5. 试算平衡。试算平衡是根据一定的原理，采用一定的会计方法，测算会计记录数据是否平衡，以检查会计记录的正确性的一种方法。

借贷记账法的试算平衡方法有两种：本期发生额试算平衡和余额试算平衡。

（1）本期发生额试算平衡是运用"有借必有贷，借贷必相等"这一记账规则进行试算的。其试算平衡公式为：

$$\text{所有账户本期借方发生额合计} = \text{所有账户本期贷方发生额合计}$$

（2）余额试算平衡是运用"资产＝负债＋净资产"这一平衡原理进行试算的。其试算平衡公式为：

$$\text{所有资产账户期末借方余额合计} = \text{所有负债和净资产账户期末贷方余额合计}$$

本期发生额试算平衡方法一般用于平时试算，余额试算平衡方法一般用于期末试算。根据实例核算的相关数据，某事业单位本期总账科目试算平衡表如表 1-7 所示。

表 1-7　　　　　　　　　　　　　　　　总账科目试算平衡

	期初借方余额	期初贷方余额	本期借方发生额	本期贷方发生额	期末借方余额	期末贷方余额
现金			20 000	1 800		
银行存款			1 002 000	120 000		
应收账款						
其他应收款			1 200			
材料				800		
对外投资						
固定资产			100 000			
无形资产						
借入款项						

续表

	期初借方余额	期初贷方余额	本期借方发生额	本期贷方发生额	期末借方余额	期末贷方余额
应付账款			30 000			
应付票据				30 000		
其他应付款						
应缴预算款						
应缴财政专户款						
应交税金						
事业基金						
固定基金				100 000		
专用基金						
财政补助收入				1 000 000		
上级补助收入						
事业收入				2 000		
拨出经费						
事业支出			600			
经营支出			800			
专款支出			100 000			
上缴上级支出						
对附属单位补助						
合　计			1 254 600	1 254 600		

三、会计凭证

1. 会计凭证的概念和意义。会计凭证是用来记录经济业务，明确经济责任的书面证明，是登记账簿的重要依据。

会计凭证不仅具有初步记载经济业务，作为记账依据和重要经济档案的作用，还具有管理、协调经济活动，传输经济信息的作用。填制和审核会计凭证，对于完成会计任务，发挥会计在核算和监督预算收支执行过程中的作用，具有十分重要的意义。

事业单位的任何一项经济业务，如经费的领拨、费用的支付、往来款项的结算等，都应取得或填制合法的会计凭证，要收有凭、付有据，登记账簿也必须根据审核后的会计凭证。正确、严格地审核和填制会计凭证是会计工作中不可缺少的制度和手续，也是监督预算执行的一个重要环节。

会计凭证按照填制程序和用途的不同，可分为原始凭证和记账凭证两类。

2. 原始凭证。原始凭证是经济业务发生时取得或填制的书面证明，是会计事项的唯一合法凭证，是登记明细账的直接依据，是进行会计核算的原始资料。

（1）原始凭证的基本内容。原始凭证记录和反映的经济业务是多种多样的，各种原始凭证的具体内容和格式也不尽相同。但是，一般来说，原始凭证具备的基本内容有：① 原始凭证的名称；② 填制原始凭证的日期和凭证编号；③ 接收凭证的单位名称；④ 经济业务内容，包括业务名称、数量、单价、金额等；⑤ 填制凭证单位及有关经办人签字、盖章。

（2）原始凭证的种类。原始凭证按取得的来源不同分为自制原始凭证和外来原始凭证。

原始凭证按使用次数不同分为一次使用原始凭证和多次（累计）使用原始凭证。

原始凭证按经济内容不同分为：① 收款凭证；② 借款凭证；③ 预算拨款凭证；④ 各种税票；⑤ 材料出、入库单；⑥ 固定资产出、入库单；⑦ 开户银行转来的收付款凭证；⑧ 往来结算凭证；⑨ 其他足以证明会计事项发生经过的凭证和文件等。

从原始凭证的种类来看，财政总预算会计和单位预算会计有所不同。总预算会计因为一般不直接办理预算收支，其原始凭证大部分是国库或单位报送的各种报表；而单位预算会计是直接办理预算支出的，其原始凭证大部分是外来的单据，如发票、付款收据等。

① 各级总预算会计的原始凭证。国库报来的各种收入日报表及其附件，如各种"缴款单"、"收入退还书"、"更正通知书"等；各种拨款和转账收款凭证，如预算拨款凭证、各种银行汇款凭证等；主管部门报来的各种非包干专项拨款支出报表和基本建设支出月报表。

② 事业单位和行政单位的原始凭证。收款凭证：单位收到的各项收入，必须开给对方收款收据。收款收据一般格式如表1-8所示。

表1-8　　　　　　　　　　　　　　　收款收据

收款日期：　　　　　　　　　　　年　月　日　　　　　　　　　　编号：

| 今收到＿＿＿＿＿＿＿＿＿＿＿＿＿＿＿＿＿＿＿＿＿＿＿＿ |
| 交　来＿＿＿＿＿＿＿＿＿＿＿＿＿＿＿＿＿＿＿＿＿＿＿＿ |
| 人民币（大写）＿＿＿＿＿＿＿＿＿＿＿＿¥＿＿＿＿＿＿＿＿ |
| 收款单位　　　　　　收款人　　　　　经手人 |
| （公章）＿＿＿＿＿　（签章）＿＿＿＿　（签章）＿＿＿＿ |

说明：收款收据应订本、编号、连号使用；本收据一式三联，第一联记账凭证；第二联收据，由交款人（缴款单位）收执；第三联作为存根，收据存根联，应当原本保存，定期向发来空白收据的上级单位缴销或经上级单位批准由本单位保管，作废的收据，不得撕毁。

支出报销凭证：是各单位核算支出的书面证明，如购买物资时取得的发票、差旅费报销单、领料单、工资结算单等。

往来结算凭证：是行政事业单位各项资金往来结算的书面证明，包括暂存款、暂付款、应收款等。借款单的格式如表1-9所示。

表 1-9

借款凭证

年　　月　　日

编号：

借款单位		借款人	
借款金额（大写）		¥_____	
借款单位		单位负责人（签章）	

第一联：付款凭证

借款凭证

年　　月　　日

编号：

借款单位			
借款金额（大写）		¥_____	
借款事由		报销事项	核销金额 交回金额 补付金额 出纳____月__日

会计主管　　　　　复核　　　　　制单　　　　　记账

第二联：还款结算凭证

借款凭证

年　　月　　日

编号：

借款单位		借款人	
借款金额（大写）		¥_____	
借款事由		报销事项	核销金额_____ 交回金额_____ 补付金额_____ 出纳____月__日

第三联：借款人借款结算回执

说明：借款结清后，将第三联"借款人借款结算回执"撕下交原借款人，证明借款已结清。印制空白借款凭证时，应在第一联的适当地方印上："本凭证如已无第三联即证明已全部结清"字样；借款结清后，由结算人当面填好第二、第三联。出纳员审核无误结算后，当面在第一联盖上"借款已结清"戳记。

银行结算凭证：开户银行转来的收、付款结算凭证，包括向银行送存现金的凭证、现金支票、转账支票、信汇、电汇、付款委托书和汇票等。

预算拨款凭证：上级单位对所属会计单位拨付经费，应填写银行印制的"付款委托书"或"信汇委托书"，通知银行转账。

材料收发凭证：购进材料时应填制"材料入库单"办理入库手续；库存材料发出时应填制"材料出库单"办理出库手续。

其他足以证明会计事项发生经过的凭证和文件等。

（3）原始凭证的基本要求。正确填制和审核原始凭证是如实反映经济活动的关键。填制原始凭证就是要根据经济业务的实际情况，依据一定的填写要求，在规定的凭证格式中，逐项填写其内容。只有通过审核后确认有效的原始凭证才能作为记账的依据。

原始凭证的基本要求有：① 原始凭证的内容必须齐全。② 外来原始凭证应盖有填制单位的公章和个人的签名或盖章。自制原始凭证必须有领导人或指定人员的签名或盖章。③ 凡填有大写和小写金额的原始凭证，大小写金额应当一致。购货凭证应有验收证明，支款凭证应有收款单位和收款人证明。④ 一式多联的原始凭证，应当注明各联的用途，只能以一联作为报销凭证。一式多联的发票和收据，必须用双面复写纸套写，并连续编号。作废时应当加盖"作废"戳记，连同存根一起保存，不得撕毁。⑤ 发生销货退回，除填制退货发票外，还必须有退货验收证明。退款时，必须取得对方的收款收据或者汇款银行凭证，不得以退货发票代替收据。⑥ 职工因公出差借款凭据必须附在记账凭证之后。收回借款时，应当另开收据或者退还借据副本，不得退还原借款收据。⑦ 经上级有关部门批准的经济业务，应当将批准文件作为原始凭证附件。原始凭证不得涂改、挖补。发现原始凭证有错误的，应当由开出单位重开或者更正，更正处应当加盖开出单位的公章。会计机构、会计人员要根据审核无误的原始凭证填制记账凭证。

3．记账凭证。记账凭证是由本单位会计人员根据审核无误的原始凭证编制的，载有反映经济业务的会计分录及简要内容，直接作为登记账簿依据的一种会计凭证。

（1）记账凭证的内容。记账凭证的内容包括：① 记账凭证的名称；② 记账凭证的编号；③ 填制记账凭证的日期；④ 经济业务的内容摘要；⑤ 会计分录；⑥ 记账标记；⑦ 所附原始凭证的张数；⑧ 有关人员签名、盖章。

（2）记账凭证的种类。记账凭证按照经济业务所涉及的对象及其运动方向的不同，可以分为收款凭证、付款凭证和转账凭证三种。其格式如表1-10所示。

表1-10　　　　　　　　　　　　收款凭证

年　　月　　日　　　　　　　　　　出纳编号：

借方科目　　　　　　　　　　　　　　　　　　　　　　制单编号：

对方单位（或缴款人）	摘要	贷 方 科 目		金　　　额										记账符号
		总账科目	明细科目	千	百	十	万	千	百	十	元	角	分	
		合计金额												

会计主管　　　　　　记账　　　　　　复核　　　　　　出纳　　　　　　制单

付款凭证

年　月　日　　　　　　　　　　　　出纳编号：

贷方科目　　　　　　　　　　　　　　　　　　制单编号：

对方单位 （或缴款人）	摘要	借方科目		金　额										记账符号
		总账科目	明细科目	千	百	十	万	千	百	十	元	角	分	
		合计金额												

会计主管　　　　记账　　　　复核　　　　出纳　　　　制单　　　　领款人签章

转账凭证

年　月　日　　　　　　　　　　　　出纳编号：

　　　　　　　　　　　　　　　　　　　　制单编号：

摘要	借方科目		贷方科目		金　额										记账符号
	总账科目	明细科目	总账科目	明细科目	千	百	十	万	千	百	十	元	角	分	

会计主管　　　　记账　　　　复核　　　　出纳　　　　制单　　　　领（缴）款人

　　　记账凭证如果不区分经济业务类型编制不同类型的记账凭证，也可以采用通用的记账凭证，其格式与转账凭证相似，也可以在金额栏区分借、贷方向，其格式如表1-11所示。

表1-11　　　　　　　　　　　　　　　记账凭证

年　月　日　　　　　　　　　　　　出纳编号：

　　　　　　　　　　　　　　　　　　　　制单编号：

摘要	会 计 科 目		借 方 金 额										贷 方 金 额										记账符号
	总账科目	明细科目	千	百	十	万	千	百	十	元	角	分	千	百	十	万	千	百	十	元	角	分	
	合计金额																						

会计主管　　　　记账　　　　复核　　　　出纳　　　　制单　　　　领（缴）款人

（3）记账凭证的填制要求。填制记账凭证时，应当按记账凭证的格式、内容填列清楚，并对记账凭证进行连续编号。一笔经济业务需要填制两张以上记账凭证的，可以采用分数编号法编号。

记账凭证可以根据每一张原始凭证填制或者根据若干张同类原始凭证汇总填制，也可以根据原始凭证汇总表填制。但不得将不同内容和类别的原始凭证汇总填在一张记账凭证上。

除结账和更正错误的记账凭证可以不附原始凭证外，其他记账凭证必须附有原始凭证。如果一张原始凭证涉及几张记账凭证，可以把原始凭证附在一张主要的记账凭证后面，并在其他记账凭证上注明附有该原始凭证的记账凭证的编号或者附原始凭证复印件。

一张原始凭证所列支出需要几个单位共同负担的，应当将其他单位负担的部分，开给对方原始凭证分割单，进行结算。原始凭证分割单必须具备原始凭证的基本内容。

如果在填制记账凭证时发生错误，应当重新填制。已经登记入账的记账凭证，在当年内发现填写错误时，可以用红字填写一张与原内容相同的记账凭证，在摘要栏注明"注销某月某日某号凭证"字样登记入账；同时再用蓝字重新填制一张正确的记账凭证，注明"订正某月某日某号凭证"字样并登记入账；如果会计科目未错，只是金额错误，也可以将正确数字与错误数字之间的差额，另编一张调整的记账凭证调增用蓝字、调减用红字。发现以前年度记账凭证有错误的，应当用蓝字填制一张更正的记账凭证。

记账凭证填制完经济业务事项后，如有空行，应当自金额栏最后一笔金额数字下的空行处至合计数上的空行处划线注销。

填制会计凭证，字迹必须清晰、工整，并符合下列要求：

① 阿拉伯数字应当一个一个地写，不得连笔。阿拉伯数字前应书写"￥"货币符号，数字和符号之间不能留有空白。数字前用货币符号，后面不再写货币单位。

② 所有以元为单位的阿拉伯数字，除表示单价以外，一律填写到角分。无角分的，可填"00"，如28.00。

③ 汉字大写数字金额如零、壹、贰、叁、肆、伍、陆、柒、捌、玖、拾、佰、仟、万、亿等，一律用正楷或者行书体书写，不得用〇、一、二、三、四、五、六、七、八、九、十等简化字代替，更不能任意自造简化字。大写金额数字到元或角为止，在"元"或"角"字之后应当写"整"字；大写金额数字有分的，分字后面不写"整"字。

④ 大写金额数字前未印有货币名称的，应当加填货币名称。货币名称与金额数字之间不得留有空白。

⑤ 阿拉伯金额数字中间有"0"时，汉字大写金额要写"零"字；阿拉伯数字金额中间连续有几个"0"时，汉字大写金额中可只写一个"零"字。

实行会计电算化的单位，对于机制记账凭证，要认真审核，做到会计科目使用正确，数字准确无误，打印出的机制记账凭证要加盖制单人员、审核人员、记账人员及会计机构负责人、会计主管人员印章或者签字。

4. 会计凭证的传递和保管。各单位会计凭证的传递程序应当科学、合理，具体办法由各单位根据会计业务需要自行规定。会计机构、会计人员要妥善保管会计凭证。会计凭证应当及时传递，不得积压。会计凭证登记完毕后，应当按照分类和编号顺序保管，不得散乱丢失。

记账凭证应当连同所附的原始凭证或者原始凭证汇总表，按照编号顺序，折叠整齐，按期装订成册，并加具封面，注明单位名称、年度、月份和起讫日期、凭证种类、起讫号码、由装订人在装订线封签处签名或者盖章。

对于数量过多的原始凭证，可以单独装订保管，在封面上注明记账凭证日期、编号、种类，同时在记账凭证上注明"附件另订"和原始凭证名称及编号。各种经济合同、存出保证金收据以及涉外文件等重要原始凭证，应当另编目录，单独登记保管，并在有关的记账凭证上相互注明日期和编号。

原始凭证不得外借。其他单位如因特殊原因需要使用原始凭证时，经本单位会计机构负责人、会计主管人员批准，可以复制。向外单位提供的原始凭证复制件，应当在专设的登记簿上登记，并由提供人员和收取人员共同签名或盖章。

从外单位取得的原始凭证如有遗失，应当取得原开出单位盖有公章的证明，并注明原来凭证的号码、金额和内容等，由经办单位会计机构负责人、会计主管人员和单位领导人批准后，才能代作原始凭证。如果确实无法取得证明的，如火车、轮船、飞机等凭证，由当事人写出详细情况，由经办单位会计机构负责人、会计主管人员和单位领导人批准后，代作原始凭证。

四、会计账簿

1. 会计账簿的概念和意义。预算单位的预算收支业务都是在有关会计凭证上加以核算和监督的。但是由于会计凭证数量多、种类杂，又比较分散，而且每张凭证只能反映个别业务情况，不能全面地、连续地、综合地反映单位在一定时期内同类或全部预算收支的完成情况。因此，就有必要设置账簿，将会计凭证所提供的各种分散资料加以归类，登记到各种专设的账簿中。

会计账簿是由具有一定格式，互相联系的账页组成的，以供会计人员在会计凭证的基础上，全面、连续、系统地记录和反映各项收支业务的簿籍。

设置和登记账簿的主要意义在于：

（1）账簿是系统、全面地归纳积累会计核算资料的基本形式。

（2）账簿是单位定期编制会计报告，提供综合会计信息的基础。

（3）账簿是划清特定范围经济责任的有效工具。

（4）账簿是会计分析和会计检查的重要依据。

（5）账簿是单位重要的经济档案。

2. 会计账簿的种类。会计账簿按用途分类一般可分为分类账簿、序时账簿和备查账簿。

（1）分类账簿是对全部经济业务按其性质分类设置账户进行登记的账簿。分类账簿的登记是以会计科目为经，以时间顺序为纬来进行的。分类账簿又可分为总分类账簿和明细分类账簿。总分类账簿也称为总分类账或总账，是按一级会计科目设置并进行分类登记的账簿，用来核算各会计要素的总内容；明细分类账簿也称为明细分类账或明细账，是按照明细会计科目设置并进行分类登记的账簿，用来核算明细内容。总分类账簿和明细分类账簿有一定的统属关系。总账中所登记的金额总数，应与其有关的各明细账中所登记的金额之和相等。明细账中登记详细数字是对总账内容的具体化和详细说明。

（2）序时账簿，也叫日记账，是按经济业务发生的时间先后顺序，逐日逐笔连续登记的账簿。日记账又分为现金日记账和银行存款日记账。

现金日记账是用来核算本单位现金收支情况的账簿。一般采用三栏式订本账格式。

银行存款日记账是用来核算本单位存入开户银行的款项收支情况的账簿。其格式与现金日记账一样。现金日记账和银行存款日记账必须采用订本式账簿，不能用银行对账单或其他方法代替日记账。

现金日记账由现金出纳人员根据现金收支原始凭证，按照业务发生的先后顺序逐日逐笔登记。每日结出现金余额与库存现金核对。

银行存款日记账由银行存款出纳人员根据银行存款收支凭证，按照业务发生的先后顺序逐日逐笔登记，并定期与银行对账单核对。

（3）备查账簿是指对某些未能在分类账簿和序时账簿中进行登记的会计事项进行补充登记的辅助账簿。

实行会计电算化的单位，用计算机打印的会计账簿必须连续编号，经审核无误后装订成册，并由记账人员和会计机构负责人、会计主管人员签字或盖章。

启用会计账簿时，应当在账簿封面上写明单位名称和账簿名称。在账簿扉页上应当附启用表，内容包括：启用日期、账簿页数、记账人员和会计机构负责人、会计主管人员姓名，并加盖名章和单位公章。记账人员或者会计机构负责人、会计主管人员调动工作时，应当注明交接日期、接办人员或者监交人员姓名，并由交接双方人员签名或者盖章。

启用订本式账簿，应当从第一页到最后一页按顺序编定页数，不得跳页、缺号。使用活页式账页，应当按账户顺序编号，并需定期装订成册。装订后再按实际使用的账页顺序编定页码。

3. 登记账簿的要求。会计人员应当根据审核无误的会计凭证登记会计账簿。登记账簿的基本要求是：

（1）登记会计账簿时，应当将会计凭证日期、编号、业务内容摘要、金额和其他有关资料逐项记入账内，做到数字准确、摘要清楚、登记及时、字迹工整。

（2）登记完毕，要在记账凭证上签名或盖章，并注明已经登账的符号，表示已经记账。

（3）账簿中书写的文字和数字上面要留有适当的空格，不要写满格，一般应占格距的二分之一。

（4）登记账簿要用蓝黑墨水或碳素墨水书写，不得使用圆珠笔或者铅笔书写。

（5）下列情况可用红色墨水书写：①按照红字冲账的记账凭证，冲销错误记录；②在不设借贷栏的多栏式账页中，登记减少数；③在三栏式账户的余额栏前，如未印明余额方向的，在余额栏内登记负数余额。

（6）各种账簿按页次顺序连续登记，不得跳行、隔页。如发生跳行、隔页，应将空行、空页划线注销并由记账员盖章。

（7）凡需要结出余额的账户，结出余额后，应当在"借"或"贷"等栏内写明"借"或"贷"等字样。没有余额的账户，应当在"借"或"贷"栏内写"平"字，并在余额金额栏的元位数用"0"表示，并用"－"将前后金额栏注销。现金日记账和银行存款日记账必须每日结出余额。

（8）每一账页登记完毕结转下页时，应当结出本页合计数及余额，写在本页最后一行和下页第一行有关栏内，并在摘要栏内注明"过次页"和"承前页"字样；也可以将本页合计数及金额只写在下页第一行有关栏内，并在摘要栏内注明"承前页"字样。对需要结计本月发生额的账户，结计"过次页"的本页合计数应当为自本月初起至本页末止的发生额合计数；对需要结计本年累计发生额的账户，结计"过次页"的本页合计数应当为自年初起至本页末止的累计数；对既不需要结计本月发生额也不需要结计本年累计发生额的账户，可以只将每页末的余额结转次页。

4．账簿更正。账簿记录发生错误，不准涂改、挖补、刮擦或者用药水消除字迹，不准重新抄写，必须按照下列方法进行更正：

（1）划线更正法。登记账簿时发生错误，应当将错误的文字或者数字划红线注销，但必须使原有字迹仍可辨认；然后在划线上方填写正确的文字或者数字，并由记账人员在更正处盖章。对于错误的数字，应当全部划红线更正，不得只更正其中的错误数字。对于文字错误，可只划去错误的部分。

（2）由于记账凭证错误而使账簿记录发生错误，应当按更正的记账凭证登记账簿。

（3）红字更正法。月份结账后，发现账簿登记串户，但记账凭证并无错误可直接在原错记的账户中用红字冲去原记入的数字，再在应记的账户中补记相同的数字，并由记账人员在账上更正处签章证明。如果发现由于记账凭证错误而使账簿登记发生错误，则不论在月份结账前后，均应采用"红字更正法"。更正时，先用红字填制一张与原错误记账凭证内容完全相同的记账凭证，并据以用红字登记入账，冲销原错误记录。然后，再用蓝字填制一张正确的记账凭证，并据以用蓝字登记入账。

5．对账。对账是指对各会计账簿的记录，依据借贷记账法的原理和有关勾稽关系进行账簿核对的过程。

各单位应当定期对会计账簿记录的有关数字与库存实物、货币资金、有价证券、往来单位或者个人等进行相互核对，保证账证相符、账账相符、账实相符。对账工作每年至少进行一次。

（1）账证核对。核对会计账簿记录与原始凭证、记账凭证的时间、凭证字号、内容，金额是否一致；记账方向是否相符。

（2）账账核对。核对不同会计账簿之间的账簿记录是否相符，包括：总账与有关账户的余额核对；总账与明细账核对；总账与日记账核对；会计部门的财产物资明细账与财产物资保管和使用部门的有关明细账核对等。

（3）账实核对。核对会计账簿记录与财产等实有数额是否相符。包括：现金日记账账面余额与现金实际库存数相核对；银行存款日记账账面余额定期与银行对账单相核对；各种财物明细账账面余额与财物实存数额相核对；各种应收、应付款明细账账面余额与有关债务、债权单位或者个人核对等。

6．结账。结账是在每个会计期末，将所发生的经济业务全部记录入账的基础上，结出本期各账簿发生额和期末余额，并进行试算平衡的过程。各单位应当按照规定定期结账。

（1）结账前，必须将本期内所发生的各项经济业务全部登记入账。

（2）结账时，应当结出每个账户的期末余额。需要结出当月发生额的，应当在摘要栏内注明"本月合计"字样，并在下面通栏划单红线。需要结出本年累计发生额的，应当在摘要栏内注明"本年累计"字样，并在下面通栏划单红线；12月末的"本年累计"就是全年累计发生额。全年累计发生额下面应当通栏划双红线。年度终了结账时，所有总账账户都应当结出全年发生额和年末余额。

（3）年度终了，要把各账户的余额结转到下一会计年度，并在摘要栏注明"结转下年"字样；在下一会计年度新建有关账簿的第一行余额栏内填写上年结转的余额，并在摘要栏注明"上年结转"字样。

五、会计报表

预算会计报表是用统一货币计量单位，以预算会计的核算资料为依据，按照规定的项目和编制方法，定期综合反映一定时期财政性资金活动和预算执行情况及其结果的书面报告。

（一）预算会计报表的种类

预算会计报表按编报的主体单位不同有不同种类的设置：

1. 财政总预算会计单位的会计报表。财政总预算会计单位的会计报表主要包括资产负债表、预算执行情况表、财政周转金收支情况表、预算执行情况说明书及其他报表。

2. 行政单位的会计报表。行政单位的会计报表主要包括资产负债表、经费支出表、基本数字表和财务情况说明书。

3. 事业单位的会计报表。事业单位的会计报表主要包括资产负债表、收入支出表、基本数字表、事业支出明细表、经营支出明细表、其他附表及会计报表附注和收支情况说明书等。

预算会计报表按编报时间分为旬报、月报、季报和年报四种；预算会计报表按照报表内容及用途还可以划分为决算报表和预算报表。

（二）预算会计报表的作用

预算会计报表是国家宏观管理者和微观管理者制定政策和进行调控的信息来源，它既是本期预算执行情况的反映，又是编制下期预算的参考资料，其作用可以归纳如下：

1. 全面、总括地反映各主体预算资金运动、预算执行情况及其结果。

2. 可以检查和分析预算执行情况，为上级领导和财政部门了解情况、制定政策、指导工作提供必要的经济信息；为行政事业单位加强财务管理、改善经营管理和服务质量、圆满完成行政任务和事业计划提供会计信息。

3. 预算会计报表可以为编制下期预算、计划和上级拨款提供可靠的基础。

（三）预算会计报表的编制原则

1．真实性原则。预算会计报表的数字必须真实可靠，必须是根据核对无误的账簿记录和所属单位的报表编制、汇总。要做到"账表相符"，这是编好会计报表的首要前提，财政部门和行政主管部门都要对所属单位的会计报表进行认真审核，保证会计报表所反映的数字真实可靠。

2．完整性原则。预算会计报表的种类、格式和内容，是根据全面了解、检查、分析预算执行情况的信息需要规定的，应按制度规定编报会计报表，做到内容完整全面，不能漏报。要按照规定的栏目或行次认真填报，不能漏填或任意取舍其填制内容。要注意各种报表之间、各项目之间，凡有对应关系的数字，应该相互一致和相互衔接，以保证会计报表的逐级统一汇总。对有些项目和数据，还应该以附注加以说明。

3．及时性原则。预算会计报表的上报是有很强的时效性的。会计报表作为会计信息的书面报告，是各级领导、上级财政部门了解情况、掌握政策、指导工作的重要依据，如果失去了时间性，就失去了其使用价值。所以，各级财政总预算会计、事业、行政单位会计既要及时地记账和结账，也要及时编制报表，并在规定的时间内上报，才能有效地发挥报表的作用。

六、预算会计账务处理程序

账务处理程序是一定的账簿组织、记账程序和记账方法相互结合的方式，又称为会计核算形式。预算会计的账务处理程序通常是：

1．根据原始凭证编制记账凭证。

2．根据有关现金出纳的原始凭证登记现金日记账，并编制库存现金日报表，据以编制记账凭证。

3．根据记账凭证直接登记总账（一般是会计电算化所采用的核算形式）；或根据记账凭证定期编制科目汇总表，并据以登记总账（手工操作一般所采用的核算形式）。

4．将现金日记账、明细账、总账有关账户相互核对，保证账款、账实、账账相符，再根据总账和明细账编制会计报表。

第二章 财政总预算会计概述

第一节 财政总预算会计的概念及组成体系

一、财政总预算会计的概念

财政总预算会计简称总预算会计，是各级政府部门核算和监督政府预算和财政周转金等各项财政性资金活动的专业会计。

1. 财政总预算会计主体。

财政总预算会计主体为各级政府。政府等级的划分跟我国行政区域的划分对等，划分为中央、省（自治区、直辖市）、市（州）、县和乡（镇）五级，一级政府设一级预算，管理一级财政资金。

2. 总预算会计的核算内容。

总预算会计的核算内容是国家预算资金的集中、分配和执行结果；具体包括：

（1）核算预算收入。预算收入是国家为了实现其职能，通过国家预算所集中的资金，是国家进行经济建设、社会管理、维护国防安全、发展各项文化事业的财政保证。各级预算收入的收纳、划分和报解，通过国家金库办理。各级政府财政会计对本级预算收入的收纳、划分和报解进行全面核算和监督，对于预算收入的退库要严格把关，加强核算与监督，以保证国家预算的执行。

（2）核算预算支出。预算支出是指列入各级财政预算，用预算收入安排的支出。各级政府预算支出是维护本级预算所辖用款单位各项活动正常开展的财力保证。各级总预算会计必须严格履行拨款、支出的各项手续，认真核算拨款、支出的列报支出情况。

（3）核算预算资金的调拨。预算资金调拨是中央财政与地方财政、地方上下级财政等不同级次调拨资金、平衡各级预算收支、落实预算体制的一种手段，包括预算上解与返还、预算补助、调入资金等形式。各级政府财政会计要全面核算预算资金的调拨情况，协调各级财政的预算资金，平衡预算收支。

（4）核算专用基金。专用基金是各级政府财政机关管理的具有专门用途的资金。总预算会计要按时核算财政机关按规定设置或取得的专用基金，正确反映专用基金的收入、支出和结余。

（5）核算货币资金和往来款项。货币资金是一级财政掌管或控制的以货币形态存在的资产，主要包括财政性存款、有价证券等。财政机关的往来款项是指在各级政府预算执行过程中发生的结算资金。包括在途资金、暂存暂付款项、上下级往来款项等。各级总预算会计应当加强对货币资金及往来款项的核算与监督，以保证财政资金的安全、完整。

（6）核算预算外资金。预算外资金是按照国家有关规定征收、集中的不纳入预算的财政性资金。随着部门预算及国库集中收付制度的推行，政府财政会计要负责核算各项预算外资金。

（7）年终清理结算。各级总预算会计，在会计年度结束之前，要全面进行年终清理结算，具体包括：核对年度预算收支数字，清理本年预算应收应支，清理往来款项，组织征收机关和国库进行年度对账，清理核对当年拨款支出，进行年终财政结算。

注意：财政部门自身的行政经费开支，属于行政单位会计管理的范围，财政总预算会计不能兼办自身的行政经费单位会计核算业务。

二、财政总预算会计的组成体系

财政总预算会计分为中央财政会计和地方财政会计。中央财政总预算会计核算和监督中央总预算的执行情况，由财政部办理。地方财政总预算会计核算和监督地方总预算的执行情况，由各级地方财政部门办理。地方财政总预算会计再按省、市、县、乡等财政部门设置各级财政会计，分别核算和监督地方总预算的执行情况。

2012年底前，力争全国除民族自治地区外全面推行省直接管理县财政改革，并适时辅之以"乡财县管"体制，逐步将政府财政层次从五级简化为三级。

第二节　财政总预算会计的特点及任务

一、财政总预算会计的特点

政府财政会计以政府财政性资金的预算收支活动为对象，以提供一级政府宏观经济管理信息为目标，既不同于以营利为目的的企业会计，也与政府与非营利组织会计体系中的行政单位会计、公立非营利组织会计存在一定的差异。政府财政会计的主要特点包括：

1. 政府财政会计为国家预算执行服务，对财政性资金进行核算与监督，为合理调度预算资金提供会计信息，并为宏观经济管理提供信息。

2. 政府财政会计核算国家的预算收支情况，不进行成本核算和计算损益，但随着财政改革的不断深化，应对预算执行情况进行绩效评价。

3. 政府财政会计所提供的信息，不仅要符合基本的会计原则要求，还要符合我国《预算法》的要求，以满足人民代表大会、上级财政部门及本级政府对预算管理和财政决策方面的需要。

4. 会计核算基础的选择是为会计目标服务的。财政总预算会计以当期收支为核算重点，提供财政预算管理信息，要求采用收付实现制核算基础，各级政府财政会计按规定将实行个别事项的权责发生制会计基础。

二、财政总预算会计的任务

总预算会计在我国财政管理体系中起着重要作用，担负着重要的任务。它既是国家预算管理的重要组成部分，又是进行预算管理的一项基础工作。没有总预算会计这一手段，国家预算管理将无法进行。因此，财政总预算会计是国家预算筹资和预算分配资金的基础，是对各级财政预、决算进行分析检查的前提，是进行预算执行和监督的重要保证。

《财政总预算会计制度》第四条规定，总预算会计的主要职责是进行会计核算，反映预算执行，实行会计监督，参与预算管理，合理调度资金。其基本任务是：

（1）处理总预算会计的日常核算事务。办理财政各项收支、资金调拨及往来款项的会计核算工作；及时组织年度政府决算、行政事业单位决算的编审和汇总工作，进行上下级财政之间的年终结算工作。

（2）调度财政资金。根据财政收支的特点，妥善解决财政资金库存和用款单位需求的矛盾，在保证按计划及时供应资金的基础上，合理调度资金，提高资金使用效益。

（3）实行会计监督，参与预算管理。通过会计核算和反映，提出预算执行情况分析，并对总预算、部门预算和单位预算的执行实施会计监督。协调参与预算执行的国库会计、收入征解会计等之间的业务关系，共同做好预算执行的核算、核算和监督工作。

（4）组织和指导本行政区域预算会计工作。省、自治区、直辖市（含计划单列城市）总预算会计在与《财政总预算会计制度》不相违背的前提下，负责制定或审定本行政区域预算会计有关具体核算办法的补充规定；组织预算会计人员的培训活动；组织检查辅导本单位会计和下级总预算会计工作，不断提高政策、业务水平。

（5）做好预算会计的事务管理工作。负责预算会计的基础工作管理，组织预算会计人员专业技术资格考试，评定及核发《会计证》工作。

三、财政总预算会计的一般原则

1．真实性原则。财政总预算会计核算应当以实际发生的经济业务为依据，如实反映财政收支情况和结果。

2．合规性原则。财政总预算会计信息，应当符合预算法的要求，适应国家宏观经济管理和上级财政部门及本级政府对财政管理的需要。财政总预算会计核算应当按规定的会计处理方法进行。财政部门管理的各项财政资金（包括一般预算资金、纳入预算管理的政府性基金、专用基金、财政周转金等）都应当纳入总预算会计核算管理。

3．一致性原则。财政总预算会计处理方法前后各期应当一致，不得随意变更。如确有必要变更，应将变更的情况原因和对会计报表的影响在预算执行报告中说明。

4．及时性原则。财政总预算会计核算，应当及时进行，为各级财政管理人员提供有用的会计信息。

5．明晰性及重要性原则。财政总预算会计记录和会计报表应当清晰明了，便于报表使用者理解；对于重要的经济业务，应在报表中单独列示，以表示对此重视。

6. 收付实现制。财政总预算会计核算以收付实现制为基础组织财政收支核算。

7. 专款专用原则。对于有专门用途的资金，应坚持专款专用的原则，不得相互挪用。

第三节　财政总预算会计核算体系

一、会计科目

会计科目是各级总预算会计设置账户、确定核算内容的依据。总预算会计是核算预算资金的集中、分配和执行结果的，所以不设置"固定资产"、"库存材料"、"现金"等科目。各级财政总预算会计必须按照财政部《财政总预算会计制度》的规定设置和使用会计科目。不需要用的会计科目可以不用，但不得擅自更改科目名称。明细科目的设置除会计制度已有规定者外，各级总预算会计可根据需要，自行设置。

为了便于编制会计凭证、登记账簿、查阅账目和实行会计电算化，会计制度统一规定了会计科目编码。各级总预算会计不得随意变更或打乱科目编码。总预算会计在填制会计凭证、登记账簿时，应填列会计科目的名称或者同时填列名称和编号，不得只填编码，不填名称。有关财政周转金的会计核算，可由各级财政的预算部门或专门管理机构按会计制度规定的科目办理。

各级总预算会计适用的会计科目如表 2-1 所示。

表 2-1　　　　　　　　　财政总预算会计科目

类别	科目名称	编号	核算内容
一、资产类	国库存款	101	核算各级总预算会计在国库的预算资金（含一般预算和基金预算）存款
	其他财政存款	102	核算各级总预算会计未列入"国库存款"账户反映的各项财政性存款
	财政零余额账户存款	103	核算财政国库支付机构在银行办理的财政直接支付业务
	有价证券	104	核算各级政府按国家统一规定用各项财政结余购买有价证券的库存款
	在途款	105	核算决算清理期和库款报解整理期内发生的上下年度收入支出业务及需要通过本账户过度处理的资金数
	暂付款	111	核算各级财政部门借给所属预算单位或其他单位临时急需的资金
	与下级往来	112	核算与下级财政的往来待结算款项
	预拨经费	121	核算财政部门预拨给行政事业单位尚未列为预算支出的经费
	基建拨款	122	核算拨付给建设银行、基建财务管理部门的基本建设拨款和贷款数
	财政周转金放款	131	核算财政有偿资金的拨出、贷付及收回情况
	借出财政周转金	132	核算上级财政部门借给下级财政部门周转金的借出和收回的情况
	待处理财政周转金	133	核算经审核已经成为呆账，但尚未按规定程序报批核销的逾期财政周转金转入和核销情况

续表

类别	科目名称	编号	核算内容
二、负债类	暂存款	211	核算各级财政临时发生的应付、暂收和收到不明性质的款项
	与上级往来	212	核算与上级财政的往来待结算款项
	借入款	222	核算中央财政和地方财政按照国家法律、国务院规定向社会以发行债券等方式举借的债务
	借入财政周转金	223	核算地方财政部门向上级财政部门借入有偿使用的财政周转金
三、净资产类	预算结余	301	核算各级财政预算收支的年终执行结果
	基金预算结余	305	核算各级财政管理的政府性基金收支的年终执行结果
	专用基金结余	307	核算总预算会计管理的专用基金收支的年终执行结果
	预算周转金	321	核算各级财政设置的用于平衡季节性预算收支差额而周转使用的资金
	财政周转金	322	核算各级财政部门设置的有偿使用资金
四、收入类	一般预算收入	401	核算各级财政部门组织的纳入预算的各项收入
	基金预算收入	405	核算各级财政部门管理的政府性基金预算收入
	专用基金收入	407	核算财政部门按规定设置或取得的专用基金收入
	债务收入	408	核算省级财政部门作为债务主体，发行地方政府债券收到的发行收入等
	债务转贷收入	409	核算省级以下财政部门（不含省级）收到的来自上级财政部门转贷的债务收入
	补助收入	411	核算上级财政部门拨来的补助款
	上解收入	412	核算下级财政上缴的预算上解款
	调入资金	414	核算各级财政部门因平衡一般预算收入从预算外资金结余以及其他渠道调入的资金
	财政周转金收入	425	核算财政周转金利息及占用费的收入情况
五、支出类	一般预算支出	501	核算各级总预算会计办理的应由预算资金支付的各项支出
	基金预算支出	505	核算各级财政部门用基金预算收入安排的支出
	专用基金支出	507	核算各级财政部门用专用基金收入安排的支出
	债务还本支出	508	核算各级财政部门发生的债务还本支出
	债务转贷支出	509	核算地方各级财政部门对下级财政部门转贷的债务支出
	补助支出	511	核算本级财政对下级财政的补助支出
	上解支出	512	核算解缴上级财政的款项
	调出资金	514	核算各级财政部门从基金预算的地方财政税费附加收入结余中调出，用于平衡一般预算收支的资金
	财政周转金支出	524	核算借入上级财政周转金支付的占用费及周转金管理使用过程中按规定开支的相关费用支出情况

二、会计凭证

1. 原始凭证。原始凭证是经济业务发生时，载明其经济业务完成情况的原始证明。

各级总预算会计的原始凭证主要包括：

（1）国库报来的各种收入日报表及附件，如各种"缴款书"、"收入退还书"、"更正通知书"等。

（2）各种拨款和转账收款凭证，如预算拨款凭证、各种银行汇款凭证。

（3）主管部门报来的各种非包干专项拨款支出报表和基本建设支出月报。

（4）其他足以证明会计事项发生经过的凭证和文件。

2．记账凭证。记账凭证是会计人员根据审核无误的原始凭证填制的记录经济事项、借贷方向、会计科目及其金额的证明文件，它是登记账簿的依据。

财政总预算会计的会计凭证不分收、付、转，一律用通用记账凭证。

（1）记账凭证的编制方法。各级总预算会计应根据审核无误的原始凭证归类整理编制记账凭证。记账凭证的各项内容必须填列齐全，经复核后凭以记账。制证人必须盖章。属于预拨经费转列支出、年终结账和更正错误的记账凭证可不附原始凭证，但应经会计主管人员签章。

记账凭证应按会计事项发生的日期、顺序整理制证记账。按照制证的顺序，每月从第一号起编一个连续号。记账凭证的日期按以下规定填列：月份终了尚未结账前，收到上月份的收入凭证，可填所属月份的最末一日。结账后，按实际处理账务的日期填列。办理年终结账的记账凭证，填列实际处理账务的日期，并注上"上年度"字样。凭证编号仍按上年12月份的顺序连续编列。其余会计事项一律按发生日期填列。记账凭证每月应按顺序号整理，连同所附的原始凭证加上封面，装订成册保管。

（2）错误更正。各级总预算会计填制的记账凭证发生错误时，不得挖补、涂抹、刮擦或使用化学药水消字，应按规定办法更正。未登记账簿的记账凭证错误，作废后重新编制。已登账的记账凭证错误应采用"红字冲正法"或"补充登记法"更正。采用计算机作记账凭证的，用"红字冲正法"时以负数表示。

三、会计账簿

账簿是由一定的格式、互相联系的账页组成，以供会计人员在会计凭证的基础上，全面、连续、系统地记录和反映各项经济业务的簿籍。

各级总预算会计应根据需要设置有关账簿。

1．总账。总账是用来核算财政总预算会计资金活动的总括情况，平衡账务，控制和核对各种明细账的账簿。总账格式采用三栏式账簿，按会计账户名称设置账户。

2．明细账。明细账是用来对总账有关账户进行明细核算的账簿。明细账可以选用三栏式账簿或多栏式账簿。

各种收支明细账可采用多栏式账页格式。多栏式账页格式作支出明细核算时，"借（贷）方余额分析"栏以借方为主。多栏式账页格式作收入明细核算时，"借（贷）方余额分析"栏以贷方为主。

收入明细账，包括一般预算收入明细账、基金预算收入明细账、专用基金收入明细账、上解收入明细账、财政周转金收入明细账等。

支出明细账，包括一般预算支出明细账、基金预算支出明细账、专用基金支出明细账、补助支出明细账、财政周转金支出明细账等。

往来款项明细账，包括暂付款明细账、暂存款明细账、与下级往来明细账、财政周转金明细账、借出财政周转金明细账等。

3．账簿的使用要求。

（1）会计账簿的使用，以每一会计年度为限（按放款期限设置的财政周转金放款明细账可以跨年度使用）。每一账簿启用时，应填写"经管人员一览表"和"账簿目录"，附于账簿扉页上。

（2）手工记账必须使用蓝色、黑色墨水书写，不得使用铅笔、圆珠笔。红色墨水除登记收入负数使用外，只在划线、改错、冲账时使用。账簿必须按照编定的页数连续记载，不得隔页跳行。如因工作疏忽发生跳行或隔页时，应当将空行、空页划线注销，并由记账人员签名或盖章。登记账簿要及时准确，日清月结，文字和数字的书写，要清晰整洁。

（3）会计账簿应根据已经审核过的会计凭证登记。记账时，将记账凭证的编号记入账簿内，记账后，在记账凭证上用"√"符号注明，表示已登记入账。

（4）各种账簿记录应按月结账，求出本期发生额和余额。

4．错误更正。账簿记录如发生错误，不能挖补、涂抹、刮擦或用化学药水除迹，应按下列方法更正：

（1）手工记账发生文字或数字书写错误，用"划线更正法"更正，并由记账人员在更正处盖章。

（2）由于记账凭证的账户对应关系填错引起的错误，应按更正的记账凭证登记账簿。

第三章 总预算会计资产的核算

资产是一级财政掌管或控制的能以货币计量的经济资源。包括财政性存款、有价证券、暂付及应收款项、预拨款项、财政周转金放款、借出财政周转金以及待处理周转金等。需要注意的是各级财政部门本身的资产，如固定资产、流动资产均属于行政单位会计的核算内容。财政总预算会计的资产是各级财政部门代表政府掌管的财政资金。

第一节 财政货币资金的核算

一、财政性存款的核算

（一）财政性存款的内容和管理原则

财政总预算会计的财政性存款是财政部门代表政府所掌管的财政资金。包括国库存款及其他财政存款。财政性存款的支配权属于同级财政部门，并由总预算会计负责管理，统一收付。总预算会计在管理财政性存款中，应当遵循以下原则：

（1）集中资金，统一调度。各种应由财政部门掌管的资金，都应纳入总预算会计的存款账户。调度资金，应根据事业进度和资金使用情况，保证满足计划内各项正常支出的需求，并要充分发挥资金效益，把资金用活用好。

（2）严格控制存款开户。财政部门的预算资金除财政部有明确规定外，一律由总预算会计统一在国库或指定的银行开立存款账户。不得在国家规定之外将预算资金或其他财政性资金任意转存其他金融机构。

（3）根据年度预算或季度分月用款计划拨付资金。不得办理超预算、无用款计划的拨款。

（4）转账结算。总预算会计的各种会计凭证不得用以提取现金，只能通过银行转账进行结算。

（5）在存款金额内支付，不得透支。各单位在使用资金时，只能在本单位存款金额内使用，不能透支使用。

（二）财政性存款的核算

为了核算和监督财政性存款的增减变化及其结存情况，各级财政总预算会计应设置

"国库存款"、"其他财政存款"和"在途款"账户。

"国库存款"账户是用来核算各级总预算会计存入国库的预算资金（含一般预算和基金预算）存款的增减变动及其结存情况的。该账户借方登记各级财政国库存款的增加数；贷方登记各级财政国库存款的减少数；余额在借方，反映各级财政国库存款的结存数。

总预算会计收到预算收入时，根据国库报来的预算收入日报表入账，收到上级预算补助时，根据国库转来的有关结算凭证入账。办理库款支付时，根据支付凭证用单入账。预算收入日报表的格式如表 3-1 所示。

表 3-1　　　　　　　　　　　　　　　预算收入日报表

××库　　　　　　　　　　　年　　月　　日　　　　　　　　　单位：元

预算账户	本日收入
一、税收类	
增值税	
营业税	
……	
本日合计	

有外币收支业务的总预算会计应按外币的种类设置外币存款明细账。发生外币收支业务时，应根据中国人民银行公布的人民币外汇率折合为人民币记账，并登记外国货币金额和折合率。年度终了，应将外币账户余额按照期末中国人民银行公布的人民币外汇汇率折合为人民币，作为外币账户期末人民币余额。调整后的各种外币账户人民币余额与原账面余额的差额，作为汇兑损益列入有关支出账户。该账户可分一般预算存款和基金预算存款进行明细核算。

"其他财政存款"账户是用来核算各级总预算会计未列入"国库存款"账户反映的各项财政性存款增减变动及结存情况的。该账户借方登记其他财政性存款的增加数；贷方登记其他财政性存款的减少数；余额在借方，反映各级财政其他财政存款的实际结存数。

其他财政存款包括财政周转金、未设国库的乡（镇）财政在商业银行的预算资金存款以及部分由财政部指定存入商业银行的专用基金存款等。

基金预算的来源渠道很多，运用方向也各异，一般来说，均在国库开设账户存储。但由于个别基金的性质特殊，为了方便管理需要转到商业银行存储，这种做法简称为转存。如原按国库报来的"基金预算收入日报表"，借记"国库存款"账户，贷记"基金预算收入"账户；按财政部明文规定应转存某商业银行时，借记"其他财政存款"账户，贷记"国库存款"账户；转存后开支该项基金时，借记"基金预算支出"账户，贷记"其他财政存款"账户。

总预算会计应根据经办行报来的收入日报表或银行收款通知入账。总预算会计支付其他财政存款时，应根据有关支付凭证的用单入账。为了便于分类管理，"其他财政存款"总账科目下应按交存地点和资金性质分设明细账。

"在途款"账户是用来核算决算清理期间和库款报解整理期内发生的上下年度收入、

支出业务及需要通过该账户过渡处理的资金数的。该账户借方登记国库经收处或各级国库已经在年前收纳，以及在清理期交纳应属于本年收入款，但尚未转到支库或尚未报解到上级国库的各项收入款，贷方登记收到的在途款，余额在借方，反映仍未到达的在途款。

决算清理期内收到属于上年度收入时，借记"在途款"账户，贷记"一般预算收入"、"补助收入"、"上解收入"等收入账户；收回属于上年度拨款或支出时，借记"在途款"账户，贷记"预拨经费"或"一般预算支出"账户，冲转在途款时，借记"国库存款"账户，贷记"在途款"账户。

【例3-1】某市财政局收到国库报来本市级"预算收入日报表"及"缴款书"等原始凭证，列示当日市级预算收入为 1 500 000 元。

借：国库存款——一般预算存款   1 500 000
  贷：一般预算收入   1 500 000

【例3-2】某市财政局收到国库报来"基金预算收入表"列明 5 000 000 元。

借：国库存款——基金预算存款   5 000 000
  贷：基金预算收入   5 000 000

【例3-3】某市财政局收到下级财政上解款 300 000 元。

借：国库存款   300 000
  贷：上解收入   300 000

【例3-4】某市财政局将预算外资金结余 1 000 000 元调入用来平衡一般预算收支不足。

借：国库存款——一般预算存款   1 000 000
  贷：调入资金   1 000 000

【例3-5】某市财政局总预算会计办理预算直接支出给某单位经费 1 200 000 元。

借：一般预算支出——某单位   1 200 000
  贷：国库存款——一般预算存款   1 200 000

【例3-6】某市财政局拨付一笔专用基金给某单位用于某一专门项目资金 400 000 元。

借：专用基金支   400 000
  贷：其他财政存款   400 000

【例3-7】某市财政局收到上级财政部门补助抗震救灾基金 1 000 000 元，根据有关结算凭证填制记账凭单。

借：其他财政存款——专用基金存款   1 000 000
  贷：专用基金收入   1 000 000

【例3-8】某市财政局在决算期间发现有一笔一般预算收入款 700 000 元，未列到"国库存款"账上，属于"在途款"。

借：在途款   700 000
  贷：一般预算收入   700 000

【例3-9】半个月后上笔在途款已收入"国库存款"账户。

借：国库存款——一般预算存款   700 000
  贷：在途款   700 000

【例3-10】某市财政局预拨给市公安局办案经费 400 000 元。根据"预算拨款凭证"回单填制记账凭单。

借：预拨经费　　　　　　　　　　　　　　　　　　　　　400 000
　　贷：国库存款　　　　　　　　　　　　　　　　　　　　　400 000

"预算拨款凭证"格式如表3-2所示。

表3-2　　　　　　　　　　　　　　预算拨款凭证

拨款日期　　　　　　　　　　　年　月　日　　　　　　　　　　第　号

收款单位	全称		付款单位	全称								
	账号			账号地址								
	开户银行		行号		开户银行								
拨款金额	人民币（大写）				百	十	万	千	百	十	元	角	分
用途			类：　　　款：　　　项：										
拨款单位盖章	银行会计分录		借：_____										
			对方科目：_____										
			复核员：　　　　　记账员：										

【例3-11】收到建设银行报来的收款通知，收回技术改造贷款500 000元。

借：其他财政存款　　　　　　　　　　　　　　　　　　　500 000
　　贷：财政周转金放款　　　　　　　　　　　　　　　　　500 000

【例3-12】安排粮食风险基金1 000 000元。

借：其他财政存款　　　　　　　　　　　　　　　　　　1 000 000
　　贷：专用基金收入　　　　　　　　　　　　　　　　　1 000 000

【例3-13】乡级预算未设国库，收到财政返回的一般预算收入800 000元。

借：其他财政存款　　　　　　　　　　　　　　　　　　　800 000
　　贷：一般预算收入　　　　　　　　　　　　　　　　　　800 000

二、有价证券的核算

有价证券是由国家指定的证券发行部门依照法定程序发行的，并约定在一定期限内还本付息的信用凭证。各级财政只能用各项结余购买国家指定由地方各级政府购买的有价证券，如国库券、国家重点建设债券。但一般不能购买股票。为了确保安全，有价证券视同货币资金妥善保管，保证账债相符。

为了核算和监督各级财政部门有价证券的购买、兑换及结存情况，应设置"有价证券"账户。该账户借方登记各级政府按国家统一规定用各项财政结余购买的有价证券款；贷方登记到期兑换的有价证券款；余额在借方，反映尚未兑换的有价证券款，即有价证券的实际库存数。该账户应按有价证券种类和资金性质设置明细账进行明细核算。

各级财政购入有价证券时，借记"有价证券"账户，贷记"国库存款"、"其他财政存款"账户；到期兑付有价证券时，其兑付本息，借记"国库存款"、"其他财政存款"账户，其兑付本金，贷记"有价证券"账户，利息贷记"一般预算收入"、"预算外收入"等账户。

【例3-14】某市财政局根据市政府指令用预算结余购买国家指定的国库券3 000 000元，用预算外结余购入国库券2 000 000元。

借：有价证券——一般预算结余购入　　　　　　　　　　　　　　3 000 000
　　　　　　　——预算外结余购入　　　　　　　　　　　　　　　2 000 000
　　贷：国库存款——一般预算存款　　　　　　　　　　　　　　　3 000 000
　　　　其他财政存款　　　　　　　　　　　　　　　　　　　　　2 000 000

【例3-15】上述国库券一年到期，收回本息5 500 000元（利率为10%）。

借：国库存款　　　　　　　　　　　　　　　　　　　　　　　　3 300 000
　　其他财政存款　　　　　　　　　　　　　　　　　　　　　　　2 200 000
　　贷：有价证券——一般预算结余购入　　　　　　　　　　　　　3 000 000
　　　　　　　　——预算外结余购入　　　　　　　　　　　　　　2 000 000
　　　　一般预算收入　　　　　　　　　　　　　　　　　　　　　　300 000
　　　　预算外收入　　　　　　　　　　　　　　　　　　　　　　　200 000

第二节　财政债权资金的核算

一、暂付款、待收款的核算

暂付款、待收款项属于预算往来结算中形成的债权。它包括预算执行过程中，上下级财政结算形成的债权，以及财政部门对预算单位借垫所形成的债权。

在预算执行过程中，预算收支常常出现不平衡。当预算支出大于预算收入时，按规定可以先动用预算周转金。此时，如果预算收支仍不平衡，下级财政部门就可以向上级财政部门申请短期借款。这就形成了上下级债权债务关系。为了核算各级财政的债权发生及结算情况，需设置"暂付款"账户和"与下级往来"账户。

1. 暂付款的核算。"暂付款"账户用来核算各级财政部门借给所属预算单位或其他单位临时急需的款项的增减变动及其结存情况。该账户借方登记债权的发生数；贷方登记债权的清偿数；余额在借方，反映尚未清偿的债权额。该账户应按借款单位设置明细账户。

【例3-16】某市财政局向市教委发放紧急借款200 000元，用于修理危房教室。

借：暂付款　　　　　　　　　　　　　　　　　　　　　　　　　　200 000
　　贷：国库存款　　　　　　　　　　　　　　　　　　　　　　　　200 000

【例3-17】经批准，市财政局同意将市委的此笔借款转作经费拨款，根据批准文件填制记账凭单。

借：一般预算支出　　　　　　　　　　　　　　　　　　　　　　　200 000
　　贷：暂付款　　　　　　　　　　　　　　　　　　　　　　　　　200 000

2. 与下级往来的核算。上下级财政之间，由于财政资金周转调度的需要，以及补助、上解结算等事项而形成应补未补、应解未上解的事项，就发生了债权与债务关系。这种上下级财政之间往来款项的特点是：既可能是上级财政欠下级财政，也可能是下级财政欠上级财政的。因此，无论是"与上级往来"还是"与下级往来"，都可能形成债权，也可能形成债务。但一般情况下，大多表现为下级财政对上级财政的欠款，所以，将"与下级往来"列为资产类账户，而将"与上级往来"列为负债类账户。核算上下级往来，不能从字面上判断账户的性质，而应分析是债权的增加或是债务的减少。

"与下级往来"账户用来核算与下级财政的往来待结算款的发生、结算及结存情况。该账户的借方登记各级财政借给下级财政单位借款数和体制结算中应由下级财政上缴的收入数；贷方登记收回下级财政单位偿还的或转作补助支出或体制结算中应补助下级财政的数；如果余额在借方，反映下级财政应归还本级财政的款项；如果余额在贷方，反映本级财政欠下级财政的款项。该账户应及时清理结算，应转作补助支出的部分，应在当年结清；其他年终未能结清的余额，结转下年。该账户属往来双重性质会计账户，如有贷方余额，应以负数编制在"资产负债表"中。该账户应按资金性质和下级财政部门名称设置明细账。

【例3-18】某市财政局同意其下属财政单位申请借款200 000元。

借：与下级往来——下属财政单位 200 000
　　贷：国库存款 200 000

【例3-19】市财政局同意将上述借款的80%转作对下属财政单位的补助款，20%归还给本局。

借：国库存款 40 000
　　补助支出 160 000
　　贷：与下级往来——下属财政单位 200 000

【例3-20】按体制结算要求，应由下级财政上缴的收入款250 000元未收到。

借：与下级往来 250 000
　　贷：上解收入 250 000

各级财政机关与预算单位之间的往来款项，年终应进行清理，及时结算清楚。属于应当列为当年收入或当年支出的，应及时结算转账，列入当年决算。年终除预拨下年度经费外，原则上应无余额。各级财政机关对下级财政之间的往来借垫款，属于预算补助范围以内的，应直接用"补助支出"账户核算拨款，不得长期用往来账户挂账。

二、拨款和贷款的核算

（一）预算拨款的核算

预算拨款是按规定拨给用款单位的待结算资金，包括预拨经费和基建拨款。

预拨经费是用预算资金拨付给用款单位（行政事业单位）尚未列为预算支出的经费。基建拨款是拨付给经办基本建设支出的商业银行或拨付基本建设财务管理部门的基本建设拨款和贷款。直接拨给建设单位的基本建设资金，不属于此类拨款。

为了加强预算拨款的管理，财政总预算会计在办理拨款时应遵守如下原则：

（1）根据核定的年度预算和季度计划拨付，不得办理超预算、无计划的拨款。

（2）根据事业进度和资金使用情况拨付。既要保证资金的需要，又要防止资金的积压和浪费，以促使单位合理、节约使用资金，提高资金利用效果。

（3）根据国库存款情况拨付，以保证预算资金调度的平衡。

预算拨款的方式一般采用划拨资金方式，即财政机关根据主管单位的申请按月开出预算拨款凭证，通知国库将财政存款划转到申请单位在银行的存款户，由主管单位按规定用途办理转拨或支用，月末由用款单位编报单位预算支出报表的一种拨款办法。

为了加强各级财政的拨款核算，应设置"预拨经费"和"基建拨款"账户。

"预拨经费"账户是用来核算财政部门预拨给行政事业单位，尚未列为预算支出的经费。该账户借方登记财政部门预拨给行政事业单位的经费；贷方登记各主管会计单位汇总的"银行支出款"转列支出和缴回的拨款数；余额在借方，反映尚未转列支出的预拨经费数；该账户按拨款单位设置明细账户。凡拨出经费属于本期支出的不通过"预拨经费"账户核算，直接记入"一般预算支出"或"预算外支出"等账户。

"基建拨款"账户是用来核算拨付给经办基本建设支出的商业银行或拨付给基本建设财务管理部门的基本建设拨款和贷款数。直接拨给建设单位的基本建设资金，不通过该账户核算。该账户借方登记财政拨出数；贷方登记商业银行报来的"银行支出数"（拨付建设单位列报支出数）和缴回财政数；余额在借方，反映已拨入商业银行尚未列报支出的拨款数。该账户应按拨款单位设置明细账户。

各级财政部门拨出款项时，借记"基建拨款"账户，贷记"国库存款"账户；收到基本建设财务管理部门或受托的商业银行报来的拨付建设单位数及缴回财政数时，借记"一般预算支出"，"国库存款"等有关账户，贷记"基建拨款"账户。

【例3-21】某市财政局拨付给市教委教育经费1 000 000元。根据预算拨款凭证回单编制会计分录。

借：预拨经费——市教委　　　　　　　　　　　　　　　　　1 000 000
　　贷：国库存款——一般预算存款　　　　　　　　　　　　　　　1 000 000

【例3-22】市教委月末报银行支出数快报，汇总本月银行支出数共计950 000元。根据"银行支出数汇总表"编制会计分录：

借：一般预算支出　　　　　　　　　　　　　　　　　　　　　950 000
　　贷：预拨经费　　　　　　　　　　　　　　　　　　　　　　　950 000

【例3-23】某市财政局拨存市建设银行基本建设基金4 500 000元

借：基建拨款　　　　　　　　　　　　　　　　　　　　　　4 500 000
　　贷：国库存款　　　　　　　　　　　　　　　　　　　　　　4 500 000

【例3-24】市财政局月末收到建设银行报送本月建行办理的基建支出为3 000 000元。

借：一般预算支出　　　　　　　　　　　　　　　　　　　　3 000 000
　　贷：基建拨款　　　　　　　　　　　　　　　　　　　　　　3 000 000

（二）周转金放款的核算

周转金放款分为财政周转金放款、借出财政周转金、待处理财政周转金。

1. 财政周转金放款的核算。财政周转金放款是财政部门直接放款给用款单位的财政有偿资金和拨付给管理有偿资金职能部门的财政有偿资金。

财政有偿使用资金是财政信用的一部分。随着经济体制改革的深入，财政信用资金将进一步扩大，使供给型财政逐步向经营型财政转轨，一些财政无偿支出逐渐改为有偿周转使用。

为了核算各级财政部门财政周转金拨出、贷付且收回情况，应设置"财政周转金放款"账户。该账户借方记录财政贷给用款单位的数额；贷方记录收回贷款的数额；余额在借方，反映总预算会计掌握的财政有偿资金放款数。

将财政周转金贷给用款单位时，借记"财政周转金放款"账户，贷记"其他财政存款"账户；收回时，借记"其他财政存款"账户，贷记"财政周转金放款"账户。

【例3-25】某市财政局年初向农业厅提供支农周转金贷款金额为1 000 000元，期限为1年，年利率为5%。

借：财政周转金放款——支农贷款　　　　　　　　　　　　　1 000 000
　　贷：其他财政存款　　　　　　　　　　　　　　　　　　　　1 000 000

【例3-26】年末收回该笔财政周转金放款本利和1 050 000元。

借：其他财政存款　　　　　　　　　　　　　　　　　　　1 050 000
　　贷：财政周转金放款——支农贷款　　　　　　　　　　　　　1 000 000
　　　　财政周转金收入——利息收入　　　　　　　　　　　　　　50 000

"财政周转金放款"应按放款的对象及放款期限设分户明细账。对于周转金放款业务较多的地区，可以由总预算会计或周转金管理机构进行总分类核算，财政业务部门进行明细核算。

2. 借出财政周转金的核算。借出财政周转金是指上级财政部门借给下级财政部门周转使用的资金。

为了核算上级财政部门借给下级财政部门临时周转所需要的资金，应设置"借出财政周转金"账户。该账户借方登记上级财政部门借给下级财政部门临时周转所需要的资金；贷方登记下级财政部门归还的借款数额；余额在借方，反映上级财政部门尚未收回的周转金。该账户应按借款对象设置明细账。

【例3-27】某市财政局根据下级财政部门的申请借给其下级财政部门临时周转金1 000 000元，期限为1年，年利率为8%。

借：借出财政周转金　　　　　　　　　　　　　　　　　　1 000 000
　　贷：其他财政存款　　　　　　　　　　　　　　　　　　　　1 000 000

【例3-28】某市财政局上述借出款按时收回，收到本利和共计为1 080 000元。

借：其他财政存款　　　　　　　　　　　　　　　　　　　1 080 000
　　贷：借出财政周转金　　　　　　　　　　　　　　　　　　　1 000 000
　　　　财政周转金收入——利息收入　　　　　　　　　　　　　　80 000

3．待处理财政周转金的核算。待处理财政周转金是经审核已经成为呆账，但尚未按规定程序报批核销的逾期财政周转金。

各级财政在贷款过程中与银行贷款一样，可能会有收不回来的放款，经审核确认为呆账后，在未核销之前应转入"待处理财政周转金"账户，按规定程序报经核销后冲减"财政周转基金"账户。

为了核算经审核已经成为呆账的财政周转金的确认和核销，应设置"待处理财政周转金"账户。该账户借方登记逾期未还的周转金经批准确认为呆账的数额；贷方登记按规定程序报经核销数；余款在借方，反映已确认但尚未核销的呆账。该账户应按欠款单位名称设置明细账。

【例3-29】某市财政局经审核已经确认借给某行政事业单位的借款 500 000 元无法收回。

借：待处理财政周转金   500 000

    贷：财政周转金放款——××单位   500 000

【例3-30】上笔呆账按规定程序报经核销。

借：财政周转基金   500 000

    贷：待处理财政周转金   500 000

第四章 财政总预算会计负债的核算

财政总预算会计负债是一级财政所承担的、能以货币计量、需以资产偿付的债务。它包括暂收及应付款项、按法定程序及核定的预算举借的债务等。

第一节 财政暂收及应付款项的核算

暂收及应付款项是在预算执行期间，上下级财政或财政与其他部门结算中形成的债务，包括结算中发生的暂存款、与上级往来款以及收到性质不明的款项等。

一、暂存款的会计核算

暂存款是财政部门与预算单位之间（行政事业单位）发生的应付、暂收和收到性质的款项，是财政与预算单位之间的债务关系。

"暂存款"账户的贷方登记各级财政单位与预算单位之间发生的临时应付、暂收和收到不明性质的款项；借方登记退还给预算单位的或已转入某项收入的暂收、应付款；余额在贷方，反映尚未退还和结转的应付、暂存款。该账户应按债权人设置明细账户。暂存款必须及时清理，不能长期挂账。

【例4-1】某市财政局收到某行政单位送来性质不明的暂收款80 000元。

借：国库存款　　　　　　　　　　　　　　　　　　80 000
　　贷：暂存款　　　　　　　　　　　　　　　　　　80 000

【例4-2】经查明，上述性质不明的80 000元之中有55 000元为该单位合法的罚款收入，另外25 000元为不合法罚款，退回原单位。

借：暂存款　　　　　　　　　　　　　　　　　　　80 000
　　贷：一般预算收入——罚没收入　　　　　　　　　55 000
　　　　国库存款　　　　　　　　　　　　　　　　　25 000

【例4-3】收到邻市财政局汇来的代管资金20 000元，凭信汇收款通知填制记账凭证。

借：其他财政存款　　　　　　　　　　　　　　　　20 000
　　贷：暂存款　　　　　　　　　　　　　　　　　　20 000

【例4-4】市财政总预算会计将预算资金300 000元划入政府采购资金专户，用于为某预算单位设备的购置。

借：暂付款 300 000

  贷：国库存款 300 000

同时：

借：其他财政存款 300 000

  贷：暂存款——政府采购款 300 000

【例4-5】接〖例4-4〗，将该预算单位自筹资金100 000元划到政府采购资金专户。

借：其他财政存款 100 000

  贷：暂存款——政府采购款——某预算单位 100 000

【例4-6】接〖例4-5〗，财政总预算会计依据采购合同和有关资料，支付采购款400 000元。

借：暂存款——政府采购款 300 000

  暂存款——政府采购款——某预算单位 100 000

  贷：其他财政存款 400 000

二、与上级往来款的会计核算

与上级往来款指财政部门应付给上级财政部门的借入或体制结算发生应上缴上级财政款项。主要指下级财政部门从上级财政部门借入款和下级应上缴给上级财政部门的款项，是财政与其上级之间的债务关系。

"与上级往来"账户贷方登记各级财政部门从上级财政部门借入的款项或体制结算中发生的应上缴上级财政的款项；借方登记偿还数或转作上级财政补助收入数或体制结算中应由上级补助的款项；余额在贷方，反映本级财政欠上级财政的款项；在借方中余额反映上级财政欠本级财政的款项。该账户应及时清理结算，年终未能结清的余额，结转下年。该账户是往来双重性质的账户，如发生借方余额，在编制"资产负债表"时，应以负数反映。有基金预算往来的地区，可按往来资金性质设明细账。

【例4-7】某市财政局向省财政厅申请一笔借款1 000 000元获得批准。

借：国库存款 1 000 000

  贷：与上级往来 1 000 000

【例4-8】接【例4-7】，将借款中的500 000元归还给省财政厅；经省财政厅同意，500 000元转作本市预算补助款。

借：与上级往来 1 000 000

  贷：国库存款 500 000

   补助收入 500 000

第二节　财政借入款项的核算

财政总预算会计的借入款项，是指各级政府财政按法定程序及核定的预算举借的债务。具体说，是指中央预算按全国人民代表大会批准的数额举借的国内和国外债务，以及地方预算根据国家法律或国务院特别规定举借的债务。如向社会发行公债等，是财政与社会上其他单位和成员之间债务关系。借入款项也包括地方财政部门向上级财政部门借入有偿使用的财政周转金。

各级财政部门对发生的各种借入款项，应按实际发生数和偿还数入账，并做到及时清理和结算。

一、借入款的会计核算

借入款的会计核算，需设置"借入款"账户。

"借入款"账户的贷方登记中央财政和地方财政按照国家法律、国务院规定向社会以发行债券等方式举借的债务（上下级财政之间临时性借垫款，不通过该账户核算）；借方登记到期偿还本金数；余额在贷方，反映尚未偿还的债务。

【例4-9】中央财政按规定程序向全国发行国库券5亿元，期限1年，年利率10%。中央财政应编制会计分录如下：

借：国库存款 500 000 000
　　贷：借入款——国库券 500 000 000

【例4-10】中央财政清偿前一年发行的1年期国库券4亿元到期，年利率10%。

借：借入款——国库券 400 000 000
　　一般预算支出——利息支出 40 000 000
　　贷：国库存款 440 000 000

二、借入财政周转金的会计核算

借入财政周转金的会计核算需设置"借入财政周转金"账户。

"借入财政周转金"账户贷方登记地方财政部门向上级财政部门借入有偿使用的财政周转金；借方登记偿还的财政周转金；余额在贷方，反映尚未归还的借入财政周转金数。

【例4-11】某市财政局向上级财政部门申请借入有偿使用的财政周转金1 000 000元，期限为1年，利率为8%。

借：其他财政存款 1 000 000
　　贷：借入财政周转金 1 000 000

【例4-12】上述有偿使用财政周转金到期偿付本息。

借：借入财政周转金 1 000 000
　　财政周转金支出 80 000
　　贷：其他财政存款 1 080000

第五章 财政总预算会计收入的核算

财政收入是国家为实现其职能，根据法令和法规所取得的非偿还性资金，是一级财政的资金来源。收入包括一般预算收入、基金预算收入、专用基金收入、资金调拨收入和财政周转金收入等。

2007年1月，我国全面实施政府收支分类改革。按照"公开透明、符合国情、便于操作"的原则，在新的政府收支分类改革中，建立了新的政府收入分类体系，对政府收入进行统一的分类，更加全面、清晰地反映政府各项收入，分设类、款、项、目四级科目。具体变化主要表现在三个方面：一是扩大了范围；二是体系上做了调整；三是科目层次更为细化。新的收入分类体系可以清晰地反映政府各项收入的具体来源，如社会保险基金收入、税收收入等。同时，建立了新的科目编码体系，新的收支分类科目的类级编码长度均为3位，款、项、目级编码长度均为2位。

第一节 一般预算收入的核算

一、一般预算收入的概念和内容

一般预算收入是通过一定的形式和程序，有计划组织的由国家支配，纳入预算管理的资金。各级预算收入的收纳、划分和报解，应通过国家金库，按照《中华人民共和国国家金库条例》、《中华人民共和国国家金库条例实施细则》的规定办理。预算收入一般以上年度缴入基层国库（支金库）的数额为准。已建乡（镇）国库的地区，乡（镇）财政的本级收入以乡（镇）国库收到数为准。县（含县本级）以上各级财政的各项预算收入（含固定收入与共享收入）仍以缴入基层国库数额为准。未建乡（镇）国库的地区，乡（镇）财政的本级收入以乡（镇）总预算会计收到县级财政返回数额为准。

基层国库在年度库款报行整理期内收到经收处报来的正常收入，记入上年度账。整理期结束后，收到上年度收入一律记入新年度账。

根据《2010年政府预算收支分类科目》，我国一般预算收入科目分设类、款、项、目四级。类级科目下分为税收收入、非税收入、贷款转贷回收本金收入、债务收入和转移性收入五类。一般预算收入类级科目下设置的款级科目及内容如下：

（一）税收收入（101）

税收收入包括如下二十一个款级科目：

（1）增值税（10101）。该科目下设国内增值税、进口货物增值税、出口货物退增值税3个项级科目，反映按《中华人民共和国增值税暂行条例》征收的国内增值税、进口货物增值税和经审批退库的出口货物增值税。各项级科目下再设目级科目。

（2）消费税（10102）。该科目下设国内消费税、进口消费品消费税、出口消费品退消费税3个项级科目，反映按《中华人民共和国消费税暂行条例》征收的国内消费税、进口消费品消费税和经审批退库的出口消费品消费税。各项级科目下再设目级科目。

（3）营业税（10103）。该科目下设铁道营业税、金融保险业营业税（中央）、金融保险业营业税（地方）、一般营业税等项级科目，反映按《中华人民共和国营业税暂行条例》征收的营业税。

（4）企业所得税（10104）。该科目下设国有冶金工业所得税、国有有色金属工业所得税、国有煤炭工业所得税、国有电力工业所得税、国有石油和化学工业所得税、国有汽车工业所得税等46个项级科目，反映按《中华人民共和国企业所得税法》征收的各类企业所得税。

（5）企业所得税退税（10105）。该科目下设国有冶金工业所得税退税、国有有色金属工业所得税退税、国有煤炭工业所得税退税、国有电力工业所得税退税、国有石油和化学工业所得税退税、国有汽车工业所得税退税等项级科目，反映财政部门按"先征后退"政策审批退库的企业所得税，口径与"企业所得税"相同。

（6）个人所得税（10106）。该科目下设个人所得税和个人所得税税款滞纳金、罚款收入2个项级科目，反映按《中华人民共和国个人所得税法》、《对储蓄存款利息所得征收个人所得税的实施办法》征收的个人所得税。

（7）资源税（10107）。该科目下设海洋石油资源税、其他资源税和资源税税款滞纳金、罚款收入3个项级科目，反映按《中华人民共和国资源税暂行条例》征收的资源税。

（8）固定资产投资方向调节税（10108）。该科目下设国有企业固定资产投资方向调节税、集体企业固定资产投资方向调节税、股份制企业固定资产投资方向调节税、联营企业固定资产投资方向调节税等8个项级科目，反映按《中华人民共和国固定资产投资方向调节税暂行条例》补征的固定资产投资方向调节税。应注意的是：根据财税 [1999] 299号文件，对《中华人民共和国固定资产投资方向调节税暂行条例》规定的纳税义务人，其固定资产投资应税项目自2000年1月1日起新发生的投资额，暂停征收固定资产投资方向调节税。但作为一般预算收入科目还保留，反映补征的部分。

（9）城市维护建设税（10109）。该科目下设国有企业城市维护建设税、集体企业城市维护建设税、股份制企业城市维护建设税、联营企业城市维护建设税等10个项级科目，反映按《中华人民共和国城市维护建设税暂行条例》征收的城市维护建设税。

（10）房产税（10110）。该科目下设国有企业房产税、集体企业房产税、股份制企业房产税、联营企业房产税等8个项级科目，反映按《中华人民共和国房产税暂行条例》征收的房产税。

（11）印花税（10111）。该科目下设证券交易印花税、其他印花税以及印花税税款滞纳金、罚款收入3个项级科目，反映按《中华人民共和国印花税暂行条例》征收的印花税。

（12）城镇土地使用税（10112）。该科目下设国有企业城镇土地使用税、集体企业城镇土地使用税、股份制企业城镇土地使用税、联营企业城镇土地使用税等8个项级科目，反映按《中华人民共和国城镇土地使用税暂行条例》征收的城镇土地使用税。

（13）土地增值税（10113）。该科目下设国有企业土地增值税、集体企业土地增值税、股份制企业土地增值税、联营企业土地增值税等8个项级科目，反映按《中华人民共和国土地增值税暂行条例》征收的土地增值税。

（14）车船税（10114）。该科目下设车船税和车船税税款滞纳金、罚款收入2个项级科目，反映按《中华人民共和国车船税暂行条例》征收的车船税。

（15）船舶吨税（10115）。该科目下设船舶吨税和船舶吨税税款滞纳金、罚款收入2个项级科目，反映海关按《中华人民共和国海关船舶吨税暂行办法》代为对进出中国港口的国际航行船舶征收的税款。

（16）车辆购置税（10116）。该科目下设车辆购置税和车辆购置税税款滞纳金、罚款收入2个项级科目，反映按《中华人民共和国车辆购置税暂行条例》征收的车辆购置税。

（17）关税（10117）。该科目下设关税、特定区域进口自用物资关税、特别关税、关税退税等6个项级科目，反映按《中华人民共和国进出口关税条例》征收的关税、按《中华人民共和国反倾销条例》征收的反倾销税、按《中华人民共和国反补贴条例》征收的反补贴税、按《中华人民共和国保障措施条例》征收的保障措施关税以及财政部按"先征后退"政策审批退税的关税。

（18）耕地占用税（10118）。该科目下设耕地占用税、耕地占用税退税以及耕地占用税款滞纳金、罚款收入3个项级科目，反映按《中华人民共和国耕地占用税暂行条例》征收的耕地占用税。

（19）契税（10119）。该科目下设契税和契税税款滞纳金、罚款收入2个项级科目，反映按《中华人民共和国契税暂行条例》征收的契税。

（20）烟叶税（10120）。该科目下设烟叶税和烟叶税税款滞纳金、罚款收入2个项级科目，反映按《中华人民共和烟叶税暂行条例》征收的烟叶税。

（21）其他税收收入。

（二）非税收入（103）

非税收入包括如下六个款级科目：

（1）专项收入（10302）。该科目下设排污费收入、水资源费收入、教育费附加收入、矿产资源补偿费收入、三峡库区移民专项收入、铀产品出售收入等10个项级科目，反映按照国家有关规定，如《排污费征收使用管理条例》、《矿产资源补偿费征收管理规定》等征收的专项收入。

（2）行政事业性收费收入（10304）。该科目下设公安行政事业性收费收入、司法行政事业性收费收入、外交行政事业性收费收入、工商行政事业性收费收入等63个项级科目，反映各级各类行政事业单位依据国家法律、行政法规、国务院有关规定、国务院财政部门与计划部门共同发布的规章或规定，或依据省、自治区、直辖市的地方性法规、政府规章或规定，省、自治区、直辖市人民政府财政部门与计划（物价）部门共同发布的规定，代为收取缴纳的各项收费收入。

（3）罚没收入（10305）。该科目下设一般罚没收入、缉私罚没收入、缉毒罚没收入、罚没收入退库4个项级科目，反映执法机关依法收缴的罚款、没收款、赃款以及没收物资、赃物的变价款收入。

（4）国有资本经营收入（10306）。该科目下设利润收入、产权转让收入、国有资本经营收入退库、国有企业计划亏损补贴等6个项级科目，反映经营和使用国有资产等取得的收入。

（5）国有资源（资产）有偿使用收入（10307）。该科目下设海域使用金收入、场地和矿区使用费收入、特种矿产品出售收入、专项储备物资销售收入等8个项级科目，反映有偿转让国有资源（资产）使用费而取得的收入。

（6）其他收入（10399）。该科目下设捐赠收入、动用国家储备粮油上交差价收入、国际赠款有偿使用费收入、免税商品特许经营费收入等10个项级科目，反映除上述各款之外的收入。

（三）贷款转贷回收本金收入（104）

贷款转贷回收本金收入包括如下四个款级科目：

（1）国内贷款回收本金收入（10401）。该科目下没有设置项级科目，反映收回的技术改造贷款及其他财政贷款本金收入等。

（2）国外贷款回收本金收入（10402）。该科目下设外国政府贷款回收本金收入、国际组织贷款回收本金收入、其他国外贷款回收本金收入3个项级科目，反映收回的我国政府向外国政府贷款的本金收入、我国政府向国际组织贷款的本金收入等。

（3）国内转贷回收本金收入（10403）。该科目下没有设置项级科目，反映收回的我国政府向外国政府、国际金融机构借款再转贷给地方政府、相关部门和企业的款项。

（4）国外转贷回收本金收入（10404）。该科目下没有设置项级科目，反映收回的我国中央政府向外国政府、国际金融机构借款再转贷给国外有关机构和企业的款项。

（四）转移性收入（110）

转移性收入包括如下八个款级科目：

（1）返还性收入（11001）。该科目下设增值税和消费税税收返还收入、所得税基数返还收入、成品油价格和税费改革税收返还收入、其他税收返还收入4个项级科目，反映地方一级政府收到上级政府的返还性收入。

（2）一般性转移支付收入（11002）。该科目下设体制补助收入、均衡性转移支付补助收入、民族地区转移支付补助收入、调整工资转移支付补助收入等21个项级科目，反映中央政府和地方政府间以及各级地方政府间一般性转移支付收入。

（3）专项转移支付收入（11003）。该科目下设教育专项补助收入、科学技术专项补助收入、农林水事务专项补助收入、专项上解收入等8个项级科目，反映中央政府和地方政府间以及各级地方政府间专项转移支付收入。

（4）地震灾后恢复重建补助收入（11007）。该科目下设地震灾后恢复重建补助收入（一般预算）1个项级科目，反映政府用于地震灾区灾后重建的补助收入。

（5）上年结余收入（11008）。该科目下设一般预算上年结余收入1个项级科目，反映一般预算的上年结余。

（6）调入资金（11009）。该科目下设一般预算调入资金1个项级科目，反映同级政府预算不同性质资金、不同科目资金之间的调入形成的收入。

（7）地震灾后恢复重建调入资金（11010）。该科目下设调入预算稳定调节基金和调入预算外资金2个项级科目，反映从其他预算调入的用于地震灾区灾后重建的资金。

（8）债券转贷收入（11011）。该科目下设转贷财政部代理发行地方政府债券收入1个项级科目，反映下级政府收到的上级政府转贷的财政部代理发行地方政府债券收入。

二、预算收入的划分

在分税制财政体制下，预算收入分为固定收入和共享收入（亦称分成收入）。固定收入指固定为各级财政的预算收入，由中央固定收入和地方固定收入构成；共享收入按各级财政的财力情况按比例或其他方法进行分配。

（一）预算收入在中央与地方间的划分

中央固定收入包括：关税以及海关代征的消费税和增值税；海洋石油资源税；消费税；中央所得税；中央企业上缴利润；铁道部门、各银行总行、保险总公司等集中缴纳的营业税、所得税、利润和城市维护建设税；地方银行和外资银行及非银行金融企业所得税等。

地方固定收入包括：营业税（不含铁道部门、各银行总行及保险总公司集中缴纳的营业税）；地方企业所得税（不含地方银行和外资银行及非银行金融企业所得税）；地方企业上缴利润；个人所得税；城镇土地使用税；城市维护建设税（不含铁道部门、各银行总行、各保险总公司集中缴纳的部分）；房产税；车船税；印花税；耕地占用税；土地增值税；国有土地有偿使用收入等。

中央与地方共享税包括：增值税；证券交易税；海洋石油资源以外的资源税等。

（二）地方各级预算收入的划分　　　.

地方各级预算收入的划分，在中央财政与地方财政划分的基础上，由上一级财政制定本级与下级之间的财政管理体制，根据各地情况按规定的划分方法执行。

三、预算收入的组织机构

国家预算的执行是组织国家预算收支计划实现的工作，是把国家预算由可能变为现实的必经步骤。国家预算执行的组织机构是实现国家预算的组织保证。除各级财政部门组织预算执行外，我国组织预算收入执行的机关主要有税务机关、海关。组织预算支出执行的机关主要有国家开发银行、中国农业银行和有关国家专业银行。国家金库担负着国家预算执行的重要任务，具体负责办理预算收入的收纳、划分和留解，办理预算资金的拨付。我国国家金库由中国人民银行代理。

1．税务机关。税务机关主要负责国家各项工商税收、企业所得税和由税务部门征收的其他预算收入等。

2．财政机关。财政机关主要负责征收国有企业上缴利润、农牧业税以及其他预算收入等。

3．海关。海关主要负责对进出口的货物和各种物品、旅客行李等依法征收关税和规费，为税务机关代征进出口产品的增值税、消费税，以及国家交办的涉及进出口产品的其他税收的征收管理工作。

4．其他机关。不属于上述范围的预算收入。以国家规定负责征收管理的单位为征收机关（如公安、法院、检察院等）。未经国家批准，不得自行增设征收机关。

5．国家开发银行和中国建设银行。国家开发银行和中国建设银行参与国家预算支出的执行，负责办理国家固定资产投资项目的确定从拨款、贷款、结算、监督使用等业务。

6．中国农业银行和中国农业发展银行。中国农业银行是参与预算支出执行的机构，负责办理农业资金的拨款、贷款和结算。中国农业发展银行是国家新组建的政策性银行，主要承担国家粮棉油储备和农副产品合同收购、农业开发等业务中的政策性贷款，代理财政支农资金的拨付和使用。

7．中国人民银行。中国人民银行负责办理中央级行政事业经费的限额拨款，并代理国家财政金库，负责国家预算收支的出纳保管业务。

四、国家金库

1．国家金库的概念。国家金库是经理国家财政收入支出的出纳机关，简称国库。国家金库由中国人民银行担任，负责国家预算资金的收纳、划分、留解和拨付业务。其中，包含两层意思：① 国家金库是国家财政的"财政库"，是国家财政的总出纳机关。它既不是银行收存金银实物的"实物库"，也不是银行保管货币的"发行库"。② 国家金库虽然是一个出纳机关，但又不是单纯的收钱、付钱的现金出纳，而是参与组织和执行国家预算的专门机关。

2．国家金库的组织机构。国家金库的机构设置，原则上按照国家预算管理体制，有一级财政就应设立一级国库。根据《预算法》及其实施条例规定，我国国库分设中央国库和地方国库两套机构，分别对中央财政和地方财政负责。县级以上各级预算必须设立国库；具备条件的乡、民族乡、镇也应设立国库，组成地方国库。中央国库业务由中国人民银行经理；地方国库业务由中国人民银行分支机构经理；未设中国人民银行分支机构的地区，由中国人民银行委托有关金融机构办理。

具体说，目前中央国库分为总库、分库、中心支库、支库四级，分别由中国人民银行总行、各省（自治区、直辖市）分行，市（地、自治州）中心支行、县（市）支行经理。

3．国家金库的职责和权限。

（1）国家金库的主要职责。

① 准确及时地收纳国家预算收入。

② 按照财政制度的有关规定和银行的开户管理办法为各级财政机关开立账户，并办理同级财政库款的支拨。

③ 对各级财政库款进行会计账务核算，按期向同级财政机关和上级金库报送金库报表，反映预算收支情况。

④ 协助财政、税务机关组织预算收入，及时缴库。

⑤ 组织管理和检查指导下级国库和经收处的工作。

（2）国家金库的基本权限。

① 有权监督检查国库经收处和其他征收机关所收的款项是否按规定及时缴入国库。

② 有权拒绝执行擅自变更上级财政机关规定的分成比例的预算收入划分办法。

③ 有权拒绝执行不符合规定的退库。

④ 有权拒绝执行违反财政体制规定的财政存款的开户和财政库款的支拨。

⑤ 有权拒绝任何单位和个人强令国库办理违反国家规定的事项。

⑥ 有权拒绝受理不符合规定的缴退库凭证，或填写不准确、不完整的凭证。

五、预算收入的执行

国家预算收入的执行是按照年度预算确定的收入任务，在预算执行中去组织实现。

1. 预算收入的缴库方式。确定预算收入的缴库方式，应按照既方便缴纳人完成缴纳预算收入的任务，又有利于预算收入及时入库的原则进行。按现行制度规定，预算收入的缴库方式分别采用就地缴库，集中缴库和税务机关、海关自收汇缴三种形式。

2. 预算收入缴库的方法。预算收入缴库的方法是根据收入的性质和缴款单位的不同情况分别规定的。各项税收按照国家税法规定的税目、计税依据和税率计征，并按照税款缴库的方法缴库。其他预算收入按有关规定执行。

缴纳预算收入应按规定凭"缴款书"办理。没有按规定正确填制缴款书的，各级金库都不办理预算收入的收纳入库。缴款书应由缴款单位或征收机关根据国家预算收入账户，一税一票（一种税收填一份缴款书），按预算账户的"款"级账户填制，个别账户填列"项"。缴款书所列内容必须填写齐全。缴款书是办理国库收款业务的主要依据，对国库会计核算工作的质量有直接的影响。因此，国库或国库经收处应对缴款书的"真实性"、"合法性"、"完整性"进行认真审核。对于不真实、不合法、不完整的缴款书拒绝受理。

3. 预算收入的划分报解。预算收入的划分报解是指各级国库对已入库的预算收入按预算管理体制关于收入级次的划分和分成比例的规定，向上级国库和各级财政机关报告预算收入执行情况和划解财政库款工作。

划分是把入库的预算收入按照其预算级次分开，属于需分成的预算收入，按规定分成比例，办理预算收入的分成；属于上级的应上解；属于本级的划入本级财政金库。

报解是指国库应及时向各级财政机关报告预算收入的情况、数字，以便各级财政机关掌握预算收入进度以及各级国库在对各级预算收入划分后，要将库款按其所属关系逐级上解到所属财政机关在银行的金库存款账户，以增加其存款数额。

4. 预算收入退库管理。预算收入退库是将已入库预算收入退还给原缴纳单位或缴款人。预算收入缴库后，就成为了国家的预算资金。退库属于减少国家预算资金，因此需要严肃对待。入库的预算资金在一般情况下是不退还的。如有特殊情况需退库，也必须在国家规定的退库范围内并经过一定的审批程序才能办理。各单位及个人申请退库，首先应向财政机关或征收机关填写"退库申请书"，经财政机关或征收机关严格审查同意后，签发"收入退还书"交退库人向国库办理退库。各级预算、收入退库应从当日各级预算收入入库款中退付。

六、预算收入的核算

各级财政会计对预算收入进行核算时，应根据同级国家金库报来的"预算收入日报表"、"分成收入计算日报表"及其所附的"缴款书"等原始凭证办理，财政总预算会计不得直接收纳任何预算收入，也不得自行调整国库报来的数字。财政总预算会计收到上述原始凭证后，要认真审核，检查预算账户、级次、年度、月份等内容是否正确、完整，附件是否齐全。经审核无误后，据以填制记账凭证，登记总账和明细账。

为了核算和监督各级财政部门组织的纳入预算的各项收入的执行情况，应设置"一般预算收入"账户。该账户贷方登记从国库报来的各项预算收入数，以红字登记亏损补贴和退库数；借方于年终将"一般预算收入"贷方余额全数转入"预算结余"账户；结转后该账户无余额。该账户应按国家预算收入中属于预算内收入的项目设置明细账户。

各级财政部门根据国库报来的"预算收入日报"所列当日预算收入数，借记"国库存款"账户，贷记"一般预算收入"账户；当日收入数为负数时，以红字借记"国库存款"账户，贷记"一般预算收入"账户（采用计算机记账的，用负数表示）。年终结账时，将"一般预算收入"账户贷方余额全数转入"预算结余"账户，借记"一般预算收入"账户，贷记"预算结余"账户。

未设国库的乡（镇）总预算会计根据征收机关（如税务所）报来的"预算收入日报表"登记预算收入辅助账，等收到县财政返回收入时，再作收入的账务处理。

各级总预算会计应加强各项收入的管理，严格会计核算手续。对于各项收入的处理必须以审核无误的"国库入库凭证"、"预算收入日报"和其他合法的凭证为依据。发现错误，应在发现错误的月份按《中华人民共和国国家金库条例实施细则》及其他规定，及时通知有关单位共同更正。

对于已入库的预算收入和其他财政收入的退库，要严格把关，强化监督。凡不属于国家规定的退库项目，一律不得冲退预算收入。属于国家规定的退库事项，按财政部规定的退库手续办理审批。

【例5-1】某市财政局收到国库报来本市市级"预算收入日报表"列示预算收入800 000元。

    借：国库存款——一般预算存款   800 000

        贷：一般预算收入   800 000

【例5-2】某市财政局收到国库报来本市市级"预算收入日报表"列示预算收入为负数

200 000 元。

     借：国库存款   200 000

        贷：一般预算收入   200 000

【例5-3】 某市财政局为弥补煤建公司政策性亏损 550 000 元，根据国库报来的"预算收入日报表"及所附"收入退还书"付款通知联编制会计分录。

     借：国库存款   550 000

        贷：一般预算收入——亏损补贴   550 000

【例5-4】 年终，将"一般预算收入"科目贷方余额 7 000 000 元转入"预算结余"科目。

     借：一般预算收入   7 000 000

        贷：预算结余   7 000 000

第二节　基金预算收入的核算

一、基金预算收入的内容

基金预算收入是按规定收取、转入或通过当年财政安排，由财政管理，并具有指定用途的政府性基金。各级财政部门在核算基金预算收入时，应以缴入国库数或总预算会计实际收到数额为准。

根据《2010 年政府预算收支分类科目》，基金预算收入类级科目下设置的款级科目内容如下：

（一）非税收入（103）

非税收入只设政府性基金收入一个款级科目。

政府性基金收入（10301）款级科目下设三峡工程建设基金收入、农网还贷资金收入、铁路建设基金收入、民航基础设施建设基金收入等 50 个项级科目，反映各级政府以及政府部门根据法律法规和中共中央、国务院有关文件的规定，向法人组织和公民无偿征收的具有专门具体用途的财政资金。

（二）转移性收入（110）

转移性收入包括如下三个款级科目：

1．政府性基金转移收入（11004）。该科目下设政府性基金补助收入和政府性基金上解收入 2 个项级科目，反映政府性基金转移收入。

2．上年结余收入（11008）。该科目下设政府性基金预算上年结余收入 1 个项级科目，反映政府性基金预算的上年结余。

3．调入资金（11009）。该科目下设政府性基金预算调入资金 1 个项级科目，反映从其他预算调入政府性基金预算的资金收入。

基金预算收入的缴库方式和管理要求，与一般预算收入的缴库方式和管理要求基本相同。

二、基金预算收入的会计核算

为了核算和监督各级财政部门管理的政府性基金预算收入情况，应设置"基金预算收入"账户。该账户贷方登记平时取得的基金预算收入；借方登记年终转入"基金预算结余"账户的数额；平时的余额在贷方，反映财政当年基金预算收入累计数，年终结转后，该账户无余额。

各级财政按规定取得基金预算收入时，借记"国库存款"账户，贷记"基金预算收入"账户。对于财政部明文规定在指定银行存储的基金，应按规定办理转存手续。基金预算收入在银行的存款利息收入，作为基金预算收入处理。年终转账时，将"基金预算收入"账户贷方余额全数转入"基金预算结余"账户，借记"基金预算收入"账户，贷记"基金预算结余"账户。

"基金预算收入"账户应按"国家基金预算收入账户"（不含基金预算调拨收入类）规定设置明细账。

【例5-5】某市财政局按规定收取、转入或通过当年财政安排，由财政管理并指定有专门用途的政府性基金 400 000 元。

借：国库存款　　　　　　　　　　　　　　　　　　400 000
　　贷：基金预算收入　　　　　　　　　　　　　　　　　400 000

【例5-6】年终该财政局将"基金预算收入"账户贷方累计余额 1 000 000 元转入"基金预算结余"账户。

借：基金预算收入　　　　　　　　　　　　　　　1 000 000
　　贷：基金预算结余　　　　　　　　　　　　　　　1 000 000

第三节　专用基金收入的核算

专用基金收入是指总预算会计管理的各项专用基金，如粮食风险基金。专用基金收入是通过预算安排形成的，包括上级部门拨入和本级预算安排，以财政总预算会计实际收到的数额为准。

为了核算各级财政部门按规定设置或取得的专用基金收入，应设置"专用基金收入"账户。该账户贷方登记各级财政按规定设置或取得的专用基金收入；借方登记年终转入"专用基金结余"账户的数额；该账户平时的余额在贷方，反映财政部门当年专用基金收入累计数，年终转账后，无余额。

财政部门从上级财政部门或通过本级预算支出安排取得专用基金收入时，借记"其他财政存款"账户，贷记"专用基金收入"账户；退回专用基金收入时，作相反的会计分录，借记"专用基金收入"账户，贷记"其他财政存款"账户。年终转账时，将本账户余额全部转入"专用基金结余"账户，借记"专用基金收入"账户，贷记"专用基金结余"账户。

【例5-7】某市财政局上年从上级财政部门取得专用基金收入800 000元。

借：其他财政存款　　　　　　　　　　　　　　　　800 000
　　贷：专用基金收入　　　　　　　　　　　　　　　　　800 000

【例5-8】某市财政局从本级预算支出安排取得专用基金收入700 000 元。

借：其他财政存款　　　　　　　　　　　　　　　　700 000
　　贷：专用基金收入　　　　　　　　　　　　　　　　　700 000
借：一般预算支出　　　　　　　　　　　　　　　　700 000
　　贷：国库存款　　　　　　　　　　　　　　　　　　　700 000

【例5-9】年终该市财政局将本年专用基金收入累计数200 000元转入"专用基金结余"账户。

借：专用基金收入　　　　　　　　　　　　　　　　200 000
　　贷：专用基金结余　　　　　　　　　　　　　　　　　200 000

第四节　债务收入及债务转贷收入的核算

一、债务收入的核算

债务收入用于核算省级财政部门作为债务主体，发生地方政府债券收到的发行收入等。省级财政部门实际收到地方政府债券发行收入时，借记"国库存款"科目，贷记"债务收入——财政部代理发行地方政府债券收入"。年终转账时，将本科目贷方余额全部转入"预算结余"科目，借记本科目，贷记"预算结余"科目。本科目平时贷方余额，反映省级财政部门当年实际收到的地方政府债券发行收入累计数。本科目应按照"政府收支分类科目"的规定设置明细账。

【例5-10】某省财政部门收到所属地方政府债券发行收入100万元。

借：国库存款　　　　　　　　　　　　　　　　　1 000 000
　　贷：债务收入——财政部代理发行地方政府债券收入　　1 000 000

【例5-11】年终，"债务收入"贷方余额为500 000元，转账。

借：债务收入　　　　　　　　　　　　　　　　　　500 000
　　贷：预算结余　　　　　　　　　　　　　　　　　　　500 000

二、债务转贷收入的核算

债务转贷收入用于核算省级以下财政部门（不含省级）收到来自上级财政部门转贷的债务收入。省级以下财政部门实际收到债务转贷收入时，借记"国库存款"科目，贷记"债务转贷收入——转贷财政部代理发行地方政府债券收入"。年终转账时，将本科目贷方余额全部转入"预算结余"科目，借记本科目，贷记"预算结余"科目。本科目平时贷方余额，反映省级以下财政部门当年实际收到的来自上级财政部门转贷的债务收入累计数。本科目应按照"政府收支分类科目"的规定设置明细账。

此外，地方各级财政部门将债务收入或债务转贷收入安排用于本级政府实际支出时，借记"一般预算支出"，贷记"国库存款"。

【例5-12】某市财政部门收到上级财政部门转贷的债务收入 60 万元。

借：国库存款　　　　　　　　　　　　　　　　　　600 000
　　贷：债务转贷收入——转贷财政部代理发行地方政府债券收入　　600 000

【例5-13】年终，"债务收入"贷方余额为 400 000 元，转账。

借：债务转贷收入　　　　　　　　　　　　　　　　400 000
　　贷：预算结余　　　　　　　　　　　　　　　　　　400 000

第五节　资金调拨收入的核算

一、资金调拨收入的内容

资金调拨收入是根据财政体制规定在地方与中央、地方与地方各级财政之间进行资金调拨所形成的收入以及本级财政各项资金之间的调拨所形成的收入，包括上级补助收入、下级上解收入和调入资金等。

（1）上级补助收入指上级财政部门按财政体制规定或专项资金需要补助给本级财政的款项。它包括：

① 税收返还收入。

② 按财政体制规定由上级财政补助的款项。

③ 上级财政对本级财政的专项补助和临时性补助。

（2）下级上解收入是指按财政体制规定由下级财政上缴给本级财政的款项。它包括：

① 按体制规定由国库在下级预算收入中直接划解给本级财政的款项。

② 按体制结算后由下级财政补缴给本级财政的款项和各种专项上解款项。

（3）调入资金是为平衡一般预算收入，从预算外资金结余调入预算的资金，以及按规定从其他渠道调入的资金。乡（镇）财政部门收到由预算外资金财政专户拨付的自筹资金，视同调入资金处理。但乡（镇）财政的统筹资金不得作为调入资金，调入预算。

各级财政资金调拨收入应按上级财政部门的规定或实际发生数额记账。

二、资金调拨收入的核算

为了核算和监督各级财政调拨收入的执行情况，需设置"补助收入"、"上解收入"、

"调入资金"账户。

"补助收入"账户用来核算上级财政部门拨来的补助款。该账户的贷方记录收到上级拨入的补助款或从"与上级往来"债务转入的补助款；借方记录退还上级补助和年终转入"预算结余"的数额；该账户平时的余额在贷方，反映上级补助收入累计数，年终转账后，无余额。上级财政的"补助支出"数额应等于下级财政的"补助收入"数额。有基金预算补助收入的地区，应将基金预算补助通过明细账户核算。

收到上级拨入的补助款时，借记"国库存款"账户，贷记"补助收入"账户；从"与上级往来"账户将债务转为补助款时，借记"与上级往来"账户，贷记"补助收入"账户；退还上级补助款时，借记"补助收入"账户，贷记"国库存款"账户；年终结账时，借记"补助收入"账户，贷记"预算结余"账户。

"上解收入"账户用来核算下级财政上缴的预算上解款。该账户的贷方登记下级财政按规定上解的预算数；借方登记退回给下级的上解款；平时余额在贷方，反映下级上解收入累计数，年终转账后，无余额。本级财政的"上解收入"数应等于所属下级财政的"上解支出"数。本账户按上解地区设明细账。

财政部门收到下级上缴预算款时，借记"国库存款"账户，贷记"上解收入"账户；退回下级上缴款时作相反的会计分录。年终转账时，借记"上解收入"账户，贷记"预算结余"账户。

"调入资金"账户用来核算各级财政部门因平衡一般预算收入从预算外资金结余以及其他渠道调入的资金。该账户贷方记录调入数，年终将其贷方余额转入"预算结余"账户。调入资金时，借记"调出资金"账户，贷记"调入资金"账户；同时，借记"国库存款"账户，贷记"其他财政存款"账户；年终转账时，借记"调入资金"账户，贷记"预算结余"账户。

【例5-14】某市财政局收到上级财政部门拨来的预算补助收入款800 000元，专项补助或临时补助款400 000元。

  借：国库存款   1 200 000

    贷：补助收入——预算补助   800 000

        ——专项补助   400 000

【例5-15】某市财政局收到上级财政部门通知，将原所欠往来款500 000元转作预算补助。

  借：与上级往来   500 000

    贷：补助收入——预算补助   500 000

【例5-16】某市财政局收到下级财政部门上缴的预算上缴款收入600 000元。

  借：国库存款   600 000

    贷：上解收入   600 000

【例5-17】某市财政局收到下级财政单位上缴财政预算款收入400 000元，抵前欠下级财政单位的往来款。

  借：与下级往来   400 000

    贷：上解收入   400 000

【例5-18】某市财政局年终根据上级批文从"预算结余"账户调出资金 1 000 000 元弥补预算收入不足。

借：调出资金——预算结余　　　　　　　　　　　　　　　　1 000 000
　　贷：调入资金　　　　　　　　　　　　　　　　　　　　　　　　1 000 000

【例5-19】某乡（镇）财政部门根据上级批文从"自筹结余"调出 300 000 元作为弥补赤字。

借：调出资金——调出自筹资金　　　　　　　　　　　　　　　300 000
　　贷：其他财政存款　　　　　　　　　　　　　　　　　　　　　　300 000
借：国库存款　　　　　　　　　　　　　　　　　　　　　　　300 000
　　贷：调入资金　　　　　　　　　　　　　　　　　　　　　　　　300 000

【例5-20】某市财政局收到省财政厅返还给本级财政的收入款项 500 000 元。

借：国库存款　　　　　　　　　　　　　　　　　　　　　　　500 000
　　贷：补助收入　　　　　　　　　　　　　　　　　　　　　　　　500 000

【例5-21】某市财政局年终将"补助收入"账户贷方累计余额 3 000 000 元，"上解收入"账户贷方累计余额 1 600 000 元，"调入资金"账户贷方累计余额 1 500 000 元转入"预算结余"账户。

借：补助收入　　　　　　　　　　　　　　　　　　　　　　　3 000 000
　　上解收入　　　　　　　　　　　　　　　　　　　　　　　1 600 000
　　调入资金　　　　　　　　　　　　　　　　　　　　　　　1 500 000
　　贷：预算结余　　　　　　　　　　　　　　　　　　　　　　　　6 100 000

第六节　财政周转金收入的核算

财政周转金收入是指财政部门在办理财政周转金借出或放款业务中收取的资金占用费收入和利息收入等。

为了核算财政周转金借出所收取的占用费和利息收入，应设置"财政周转金收入"账户。该账户贷方登记取得的占用费和利息收入；借方登记年终从"财政周转金支出"账户转入的当年财政周转金支出数；收支相抵后，其差额为当年财政周转金收支结余数，应全数转入"财政周转基金"账户，转账后，该账户无余额。该账户按"占用费收入"和"利息收入"设两个明细账户。

【例5-22】某市财政局收到出借财政周转金的利息收入 200 000 元，占用费收入 180 000 元。

借：其他财政存款　　　　　　　　　　　　　　　　　　　　　380 000
　　贷：财政周转金收入——占用费收入　　　　　　　　　　　　　　180 000
　　　　　　　　　　　——利息收入　　　　　　　　　　　　　　200 000

【例5-23】年终结转其"财政周转金支出"累计发生额 400 000 元。

借：财政周转金收入　　　　　　　　　　　　　　　　　　　　400 000
　　贷：财政周转金支出　　　　　　　　　　　　　　　　　　　　　400 000

【例5-24】年终将财政周转金收支相抵后的净收益 60 000 元转入"财政周转基金"账户。

借：财政周转金收入   60 000

  贷：财政周转基金   60 000

如果当年财政周转金收支相抵后为净损失，则按相反的会计分录结转。

借：财政周转基金   60 000

  贷：财政周转金收入   60 000

第七节　预算外收入和自筹收入的核算

一、预算外收入的核算

1. 预算外收入的内容。

预算外收入是指根据国家财政制度规定，各级财政机关按一定比例征收的不纳入一般预算收入的财政资金。它包括地方公用事业附加、农业税附加、渔业税和渔业建设附加等地区性专项附加以及集中的预算外企业、地方事业单位及其他单位的收入。

（1）各项附加收入是由地方财政部门随同其他有关税、费征集时，作为财政预算外资金管理的收入。主要包括农业税附加、城镇公共事业附加、渔业税及渔业建设附加和其他附加等。

（2）集中的企业收入是由地方财政部门集中的不纳入国家预算的企业收入。主要包括预算企业上缴的收入、以港养港收入、集中企业其他资金。

（3）集中的事业收入指由地方财政集中的不纳入预算的事业收入。主要包括公房租赁收入、集中的其他事业收入。

（4）其他收入是除上述项目以外，地方财政按规定收取的其他各项预算外收入。

2. 预算外收入的核算。

为了核算和监督各级财政预算外收入的执行情况，应设置"预算外收入"账户。该账户贷方登记各级财政部门按规定，组织的属于地方预算外资金范围的各项收入；借方登记年终将累计预算外收入转入"预算外结余"账户的数额；结转后该账户无余额。

【例5-25】某市财政局收到国库报来的"预算收入日报"上列农业税附加 100 000 元。

借：其他财政存款   100 000

  贷：预算外收入——农业税附加   100 000

【例5-26】某市财政局收到国库报来"预算收入日报"上列其他预算外收入 150 000 元。

借：其他财政存款   150 000

  贷：预算外收入   150 000

【例5-27】某市财政局年终将预算外收入累计余额转入"预算外结余"账户。

借：预算外收入   250 000

贷：预算外结余   250 000

二、自筹收入的核算

自筹收入是指地方乡（镇）财政部门根据国家或上级政府的有关规定及本地实际情况，经相关权力部门批准筹集，并由财政部门统一掌握管理的资金。主要包括乡镇企事业单位上缴的收入、支农资金，以及为生产建设、公益事业或公务开支筹集的资金等。凡不纳入财政部门管理的自筹资金，不通过财政总预算会计核算。

为了核算和监督乡镇财政部门自筹收入的执行情况，应设置"自筹收入"账户。该账户贷方登记各乡镇财政部门按规定组织的属于乡镇财政自己掌握的自筹收入；借方登记年终将本年累计自筹收入转入"自筹结余"账户的数额；结转后，该账户无余额。

【例5-28】某乡（镇）财政收到 A 乡（镇）企业上缴的有关收入 100 000 元。

借：其他财政存款   100 000
　　贷：自筹收入   100 000

【例5-29】某乡（镇）财政部门为了扩大某乡（镇）企业的生产规模，退还已上缴的 50 000 元收入。

借：其他财政存款   50 000
　　贷：自筹收入   50 000

【例5-30】年终某乡（镇）财政部门将本年自筹收入 200 000 元余额转入"自筹结余"账户。

借：自筹收入   200 000
　　贷：自筹结余   200 000

第六章　财政支出的核算

财政支出是一级政府为实现其职能，对财政资金的再分配。主要包括一般预算支出、基金预算支出、专用基金支出、资金调拨支出和财政周转金支出等。

第一节　一般预算支出的核算

一、一般预算支出的概念及分类

一般预算支出是指列入各级财政预算、用预算收入安排的各项支出。是国家对集中的预算收入有计划地分配和使用而安排的支出。它是国家用于发展经济、提高人民物质文化生活水平、加强行政管理、巩固国防等方面的开支，是国家对预算资金进行再分配的重要过程。

我国国家预算中对预算支出的分类，按照《国家预算支出科目》规定，一般预算支出四级划分："类"、"款"、"项"、"目"。这四级由财政部统一规定，在"目"级账户下，各级财政部门可按照实际需要设置"节"级账户。

2007年1月，政府收支分类改革中建立了新的政府支出功能分类体系和新的支出经济分类体系，更加全面、明晰地反映政府各项支出的具体用途，分设类、款两级科目。

支出功能分类不再按基本建设费、行政费、事业费等经费性质设置科目，而是根据政府管理和部门预算的要求，统一按支出功能设置类、款、项三级科目，分别为17类、170多款、800多项。类级科目综合反映政府职能活动，如国防、外交、教育、科学技术、社会保障和就业、环境保护等；款级科目反映为完成某项政府职能所进行的某一方面的工作，如"教育"类下的"普通教育"；项级科目反映为完成某一方面的工作所发生的具体支出事项，如"水利"款下的"抗旱"、"水土保持"等。新的支出功能科目能够清楚地反映政府支出的内容和方向，可有效解决原支出预算"外行看不懂、内行说不清"的问题；建立支出经济分类体系，能够全面、规范、明晰地反映政府各项支出的具体用途。

按照简便、实用的原则，支出经济分类科目设类、款两级，分别为12类和90多款。类级科目具体包括：工资福利支出、商品和服务支出、对个人和家庭的补助、转移性支出、基本建设支出等。款级科目是对类级科目的细化，主要体现部门预算编制和预算单位财务管理等有关方面的具体要求，如基本建设支出进一步细分为房屋建筑物购建、专用设备购置、大型修缮等。全面、明晰的支出经济分类是进行政府预算管理、部门财务管理以及政府统计分析的重要手段。

根据《2010 年政府收支分类科目》，一般预算支出科目的类、款级科目的设置情况如下：

（一）一般公共服务（201）

一般公共服务科目反映政府提供一般公共服务的支出，包括如下二十四个款级科目：

（1）人大事务（20101）。反映中央和地方各级人民代表大会的事务性支出。如人大会议、人大立法、人大监督、代表培训、人大信访工作等。

（2）政协事务（20102）。反映中央和地方各级政治协商会议的事务性支出。如政协会议、委员视察、参政议政、事业运行等。

（3）政府办公厅（室）及相关机构事务（20103）。反映中央和地方各级政府办公厅（室）及相关机构的事务性支出。如专项服务、政务公开审批、法制建设、信访事务、参事事务等。

（4）发展与改革事务（20104）。反映中央和地方各级政府发展与改革方面的事务性支出。如战略规划与实施、日常经济运行调节、社会事业发展规划、经济体制改革研究、物价管理等。

（5）统计信息事务（20105）。反映中央和地方各级政府统计信息方面的事务性支出。如信息事务、专项统计业务、统计管理、专项普查活动、统计抽样调查等。

（6）财政事务（20106）。反映中央和地方各级政府的财政事务支出。如预算编制业务、财政国库业务、财政监察、信息化建设、财政委托业务支出等。

（7）税收事务（20107）。反映中央和地方各级政府的税收事务支出。如税务办案、税务登记证及发票管理、代扣代收代征税款手续费、税务宣传、协税护税等。

（8）审计事务（20108）。反映中央和地方各级政府的审计事务支出。如审计一般行政管理事务、机关服务、审计业务、审计管理、审计息化建设等。

（9）海关事务（20109）。反映中央和地方各级政府的海关事务支出。如海关行政运行、一般行政管理事务、收费业务、缉私办案、口岸电子执法系统建设与维护等。

（10）人力资源事务（20110）。反映中央和地方各级政府人事、机构编制等人力资源管理方面的事务支出。如政府特殊津贴、资助留学回国人员、军队转业干部安置、博士后日常经费、公务员考核、公务员培训等。

（11）纪检监察事务（20111）。反映中央和地方各级政府纪检监察方面的事务支出。如行政运行、一般行政管理事务、机关服务、大案要案查处、派驻派出机构、中央巡视、事业运行等。

（12）人口与计划生育事务（20112）。反映中央和地方各级政府人口与计划生育方面的事务支出。如人口规划与发展战略研究、人口和计划生育统计及抽样调查、人口和计划生育信息系统建设、计划生育免费基本技术服务、人口出生性别比综合治理、人口和计划生育服务网络建设、计划生育避孕药具经费等。

（13）商贸事务（20113）。反映中央和地方各级政府商业贸易方面的事务支出。如对外贸易管理、国际经济合作、外资管理、国内贸易管理、招商引资、事业运行、贸促会收费支出等。

（14）知识产权事务（20114）。反映中央和地方各级政府商标、专利、著作权、商业秘密保护等知识产权方面的事务支出。如专利审批、国家知识产权战略、专利试点和产业化推进、专利执法、国际组织专项活动、知识产权宏观管理等。

（15）工商行政管理事务（20115）。反映中央和地方各级政府工商、行政管理方面的事务支出。如一般行政管理事务、机关服务、工商行政管理专项、执法办案专项、消费者权益保护、信息化建设等。

（16）质量技术监督与检验检疫事务（20117）。反映中央和地方各级政府质量技术监督与出入境检验检疫方面的事务支出。如出入境检验检疫行政执法和业务管理、出入境检验检疫技术支持、质量技术监督行政执法及业务管理、质量技术监督技术支持、认证认可监督管理、标准化管理等。

（17）民族事务（20123）。反映中央和地方各级政府民族管理方面的事务支出。如行政运行、一般行政管理事务、机关服务、民族工作专项、事业运行、其他民族事务支出等。

（18）宗教事务（20124）。反映中央和地方各级政府宗教管理方面的事务支出。如行政运行、一般行政管理事务、机关服务、宗教工作专项、事业运行、其他宗教事务支出等。

（19）港澳台侨事务（20125）。反映中央和地方各级政府港澳台侨事务管理方面的支出。如行政运行、一般行政管理事务、机关服务、港澳事务、台湾事务、华侨事务、事业运行等。

（20）档案事务（20126）。反映中央和地方各级政府档案管理方面的事务支出。如行政运行、一般行政管理事务、机关服务、档案馆等。

（21）共产党事务（20127）。反映中央和地方各级政府党的机构及所属办事机构党务管理面的事务支出。如行政运行、一般行政管理事务、机关服务、专项服务、专项业务、事业运行等。

（22）民主党派及工商联事务（20128）。反映中央和地方各级政府的民主党派及其办事机构和工商联的事务支出。如行政运行、一般行政管理事务、机关服务、参政议政、事业运行等。

（23）群众团体事务（20129）。反映中央和地方各级政府的人民团体、社会团体、群众团体等方面的事务支出。如行政运行、一般行政管理事务、机关服务、厂务公开、工会疗养休养等。

（24）其他一般公共服务支出（20199）。反映中央和地方各级政府上述项目以外的一般公共服务支出。如国家赔偿费用支出、其他基本公共管理与服务支出。

（二）外交（202）

外交科目反映我国政府外交事务支出，包括如下八个款级科目：

（1）外交管理事务（20201）。反映中央和地方各级政府外交管理方面的事务支出。如行政运行、一般行政管理事务、机关服务、专项业务事业运行等。

（2）驻外机构（20202）。反映我国政府驻外使领馆、公署、办事处及驻国际机构代表团等驻外机构的支出。如驻外使领馆（团、处）、其他驻外机构支出。

（3）对外援助（20203）。反映我国政府给予他国政府或地区人、才、物、技术等方面的援助、支持。如对外成套项目援助、对外一般物资援助、对外科技合作援助、对外优惠贷款援助及贴息、对外医疗援助等。

（4）国际组织（20204）。反映我国政府向一些国际组织缴纳的会费、捐款，联合国维和摊款以及股金、基金等支出。如国际组织会费、国际组织捐赠、维和摊款、国际组织股金及基金等。

（5）对外合作与交流（20205）。反映我国外交部门和党政、人大、政协领导人参与国际交流与合作活动的支出。如出国活动、招待活动、在华国际会议等。

（6）对外宣传（20206）。反映我国政府为实现一定外交目的的对外宣传支出。

（7）边界勘界联检（20207）。反映我国政府同周边国家政府划定边界、勘察边界以及联合检查方面的支出。如边界勘界、边界联检、边界界桩维护等。

（8）其他外交支出（20299）。反映我国政府除上述项目以外的用于外交方面的其他支出。

（三）国防（203）

国防科目反映我国政府用于现役部队、国防动员、国防科研事业等方面的支出，包括如下七个款级科目：

（1）现役部队（20301）。反映我国政府用于现役部队管理与建设方面的支出。

（2）预备役部队（20302）。反映我国政府用于预备役部队管理与建设方面的支出。

（3）民兵（20303）。反映我国政府用于民兵管理与建设方面的支出。

（4）国防科研事业（20304）。反映我国政府用于国防科研事业方面的支出。

（5）专项工程（20305）。反映我国政府用于国防专项工程方面的支出。

（6）国防动员（20306）。反映我国政府用于国防动员方面的支出。如兵役征集、经济动员、人民防空、交通战备、国防教育等。

（7）其他国防支出（20399）。反映我国政府用于国防其他方面的支出。

（四）公共安全（204）

公共安全科目反映我国各级政府用于社会公共安全方面的支出，包括如下十一个款级科目：

（1）武装警察（20401）。反映各级政府用于各武装警察部队的支出。如内卫、边防、消防、警卫、黄金、森林、交通警察等。

（2）公安（20402）。反映各级政府用于公安管理方面的支出。如治安管理、国内安全保卫、刑事侦查、经济犯罪侦查、出入境管理、禁毒管理、居民身份证管理、警犬繁育及驯养等。

（3）国家安全（20403）。反映各级政府用于国家公共安全方面的支出。如行政运行、一般行政管理事务、机关服务、安全业务、事业运行等。

（4）检察（20404）。反映各级政府用于检察部门的支出。如查办和预防职务犯罪、公诉和审判监督、侦查监督、执行监督、"两房"建设（人民检察院办案用房和专业技术用房）、控告申诉等。

（5）法院（20405）。反映各级政府用于法院部门的支出。如一般行政管理事务、机关服务、案件审判、案件执行、"两庭"（审判法庭、人民法庭）建设等。

（6）司法（20406）。反映各级政府用于司法部门的支出。如基层司法业务、普法宣传、律师公证管理、法律援助、司法统一考试、仲裁等。

（7）监狱（20407）。反映各级政府用于监狱管理方面的支出。如一般行政管理事务、机关服务、犯人生活、犯人改造、狱政设施建设等。

（8）劳教（20408）。反映各级政府用于劳动教养的事务管理支出。如行政运行、一般行政管理事务、机关服务、劳教人员生活、劳教人员教育、所政设施建设、事业运行等。

（9）国家保密（20409）。反映各级政府用于国家保密事务的支出。如行政运行、一般行政管理事务、机关服务、保密技术、保密管理、事业运行等。

（10）缉私警察（20410）。反映各级政府用于缉私警察事务的支出。如专项缉私活动支出、缉私情报、禁毒及缉毒、网络运行及维护、警服购置等。

（11）其他公共安全支出（20499）。反映除上述各款之外各级政府用于社会公共安全方面的其他支出。

（五）教育（205）

教育科目反映政府教育事务支出，包括如下十个款级科目：

（1）教育管理事务（20501）。反映各级政府教育管理方面的支出。如行政运行、一般行政管理事务、机关服务等。

（2）普通教育（20502）。反映各级政府用于各类普通教育的支出。如学前教育、小学教育、初中教育、高中教育、高等教育、化解农村义务教育债务支出等。

（3）职业教育（20503）。反映各级政府部门用于各类职业教育的支出。如初等职业教育、中专教育、技校教育、职业高中教育、高等职业教育等。

（4）成人教育（20504）。反映各级政府部门用于举办函授、自学考试等成人教育的支出。如成人初等教育、成人中等教育、成人高等教育、成人广播电视教育等。

（5）广播电视教育（20505）。反映各级政府用于广播电视教育的支出。如广播电视学校、教育电视台等。

（6）留学教育（20506）。反映经国家批准，由教育部门统一归口管理的出国、来华留学生支出。如出国留学教育、来华留学教育等。

（7）特殊教育（20507）。反映各级政府部门用于举办聋哑学校、盲童学校、智力落后儿童学校等特殊群体教育的支出。如特殊学校教育、工读学校教育等。

（8）教师进修及干部继续教育（20508）。反映各级政府部门用于教师进修及干部继续教育方面的支出。如教师进修、干部教育等。

（9）教育费附加支出（20509）。反映各级政府部门用教育费附加安排的支出。如农村中小学校舍建设、城市中小学校舍建设等。

（10）其他教育支出（20599）。反映除上述款级科目以外各级政府用于教育方面的其他支出。

（六）科学技术（206）

科学技术科目反映政府用于科学技术方面的支出，包括如下十个款级科目：

（1）科学技术管理事务（20601）。反映各级政府用于科学技术管理方面的事务支出。如行政运行、一般行政管理事务、机关服务等。

（2）基础研究（20602）。反映各级政府用于从事基础研究和近期无法取得实用价值的应用研究机构的基本支出。如机构运行、重点基础研究规划、自然科学基金、重点实验室及相关设施、重大科学工程、专项基础科研等。

（3）应用研究（20603）。反映各级政府在基础研究成果之上用于创造型研究工作的支出。如机构运行、社会公益研究、高技术研究、专项科研试制等。

（4）技术研究与开发（20604）。反映各级政府用于从事技术研究与开发方面的支出。如机构运行、应用技术研究与开发、产业技术研究与开发、科技成果转化与扩散等。

（5）科技条件与服务（20605）。反映各级政府用于完善科技条件和为科技活动提供基础性、通用性服务的支出。如机构运行、技术创新服务体系、科技条件专项等。

（6）社会科学（20606）。反映各级政府用于社会科学领域的支出。如社会科学研究机构、社会科学研究、社科基金支出等。

（7）科学技术普及（20607）。反映各级政府用于科学技术普及方面的支出。如科普活动、青少年科技活动、学术交流活动等。

（8）科技交流与合作（20608）。反映各级政府用于科学技术交流与合作方面的支出。如国际交流与合作、重大科技合作项目等。

（9）科技重大专项（20609）。反映政府用于核心技术突破和资源集成，在一定时限内完成的重大战略产品、关键共性技术和重大工程方向的支出。

（10）其他科学技术支出（20699）。反映政府在上述各款之外用于科学技术支出方面的其他支出。

（七）文化体育与传媒（207）

文化体育与传媒科目反映我国各级政府在文化、文物、体育、广播影视及新闻出版等方面的支出，包括如下八个款级科目：

（1）文化（20701）。反映各级政府用于公共文化设施、艺术文化活动等方面的支出。如图书馆、文化展示及纪念机构、艺术表演场所、艺术表演团体、文化活动、群众文化、文化交流与合作、文化市场管理等。

（2）文物（20702）。反映各级政府用于文物管理和保护等方面的支出。如行政运行、一般行政管理事务、机关服务、文物保护、博物馆、历史名城与古迹等。

（3）体育（20703）。反映各级政府用于发展体育事业、开展体育活动的支出。如运动项目管理、体育竞赛、体育训练、体育场馆、群众体育、体育交流与合作、外国团体来华登山注册费支出等。

（4）广播影视（20704）。反映各级政府用于广播、电影、电视方面的支出。如行政运行、一般行政管理事务、机关服务、广播、电视、电影、广播电视监控等。

（5）新闻出版（20705）。反映各级政府用于新闻出版方面的支出。如行政运行、一般行政管理事务、机关服务、新闻通讯、出版发行、版权管理、出版市场管理等。

（6）文化事业建设费支出（20706）。反映各级政府用于文化事业建设方面的费用支出。如精神文明建设、人才培训教学、文化创作、文化事业单位补助、爱国主义教育基地等。

（7）国家电影事业发展专项资金支出（20707）。反映政府用国家电影事业发展专项资金安排的发展电影事业的资金支出。如资助国产影片放映、资助城市影院、资助少数民族电影译制等。

（8）其他文化体育与传媒支出（20799）。反映各级政府用于文化体育与传媒方面的其他支出。如宣传文化发展专项支出等。

（八）社会保障和就业（208）

社会保障和就业科目反映各级政府用于社会保障和就业方面的支出，包括如下十九个款级科目：

（1）人力资源和社会保障管理事务（20801）。反映各级政府用于社会人力资源和社会保障管理方面的事务支出。如劳动保障监察、就业管理事务、社会保险业务管理事务、社会保险经办机构、劳动关系和维权、公共就业服务和职业技能鉴定机构等。

（2）民政管理事务（20802）。反映各级政府用于民政管理方面的事务支出。如拥军优属、老龄事务、民间组织管理、行政区划和地名管理、基层政权和社区建设、部队供应等。

（3）财政对社会保险基金的补助（20803）。反映各级政府财政对社会保险基金的补助支出。如财政对基本养老保险基金的补助、财政对失业保险基金的补助、财政对基本医疗保险基金的补助、财政对工伤保险基金的补助、财政对新型农村社会养老保险基金的补助等。

（4）补充全国社会保障基金（20804）。反映政府财政补充全国社会保障基金的支出。如用国有股减持收入补充基金、用其他财政资金补充基金等。

（5）行政事业单位离退休（20805）。反映各级政府用于行政事业单位离退休方面的支出。如行政单位离退休、事业单位离退休、离退休人员管理机构等。

（6）企业改革补助（20806）。反映各级政府用于企业改革补助支出。如企业关闭破产补助、厂办大集体改革补助等。

（7）就业补助（20807）。反映各级政府用于就业的补助支出。如扶持公共就业服务、职业培训补贴、职业介绍补贴、公益性岗位补贴、小额担保贷款贴息、职业技能鉴定补贴、特定就业政策支出等。

（8）抚恤（20808）。反映各级政府用于社会抚恤方面的支出。如死亡抚恤、伤残抚恤、优抚事业单位、义务兵优待以及在乡复员、退伍军人生活补助等。

（9）退役安置（20809）。反映各级政府用于退役安置方面的支出。如退伍军人安置、军队移交政府的离退休人员安置、军队移交政府离退休干部管理机构等。

（10）社会福利（20810）。反映各级政府用于社会福利方面的支出。如儿童福利、老年福利、假肢矫形、殡葬、社会福利事业单位等。

（11）残疾人事业（20811）。反映各级政府用于残疾人事业方面的支出。如残疾人康复、残疾人就业和扶贫、残疾人体育、残疾人就业保障金支出（就业和培训）、残疾人就业保障金支出（职业康复）、残疾人就业保障金支出（农村残疾人生产）等。

（12）城市居民最低生活保障（20812）。反映各级政府用于城市居民最低生活保障方面的支出。

（13）其他城镇社会救济（20813）。反映各级政府在城市居民最低生活保障之外用于城镇社会救济方面的其他支出。如流浪乞讨人员救助等。

（14）自然灾害生活救助（20815）。反映各级政府用于自然灾害生活救助方面的支出。如中央自然灾害生活补助、地方自然灾害生活补助、自然灾害灾后重建补助等。

（15）红十字事业（20816）。反映各级政府用于支持红十字公益活动的支出。如行政运行、一般行政管理事务、机关服务等。

（16）农村最低生活保障（20817）。反映各级政府用于农村最低生活保障方面的支出。

（17）其他农村社会救济（20818）。反映各级政府在农村最低生活保障之外用于农村社会救济方面的其他支出。如五保供养等。

（18）保障性住房支出（20820）。反映各级政府用于保障性住房方面的支出。如廉租住房支出、沉陷区治理、棚户区改造等。

（19）其他社会保障和就业支出（20899）。反映各级政府上述各款之外用于社会保障和就业方面的其他支出。

（九）医疗卫生（210）

医疗卫生科目反映各级政府用于医疗卫生方面的支出。包括如下八个款级科目：

（1）医疗卫生管理事务（21001）。反映各级政府用于医疗卫生管理方面的事务支出。如行政运行、一般行政管理事务、机关服务等。

（2）公立医院（21002）。反映各级政府用于公立医院的支出。如综合医院、中医（民族）医院、传染病医院、职业病防治医院、精神病医院、妇产医院、儿童医院、福利医院等。

（3）基层医疗卫生机构（21003）。反映各级政府用于基层医疗卫生机构的支出。如城市社区卫生机构、乡镇卫生院等。

（4）公共卫生（21004）。反映各级政府用于公共卫生方面的支出。如疾病预防控制机构、卫生监督机构、妇幼保健机构、精神卫生机构、应急救治机构突发公共卫生事件应急处理等。

（5）医疗保障（21005）。反映各级政府用于医疗保障方面的支出。如行政单位医疗、事业单位医疗、公务员医疗补助、优抚对象医疗补助、城市医疗救助、新型农村合作医疗、农村医疗救助、城镇居民基本 医疗保险等。

（6）中医药（21006）。反映各级政府用于中医药方面的支出。如中医（民族医）药专项、其他中医药支出等。

（7）食品和药品监督管理事务（21010）。反映各级政府用于药品和药品监督管理方面的事务支出。如注册审评事务、标准事务、认证事务、食品药品评价、药品保护、执法办案、食品药品安全等。

（8）其他医疗卫生支出（21099）。反映各级政府在上述各款之外用于医疗卫生方面的其他支出。

（十）环境保护（211）

环境保护科目反映各级政府用于环境保护方面的支出。包括如下十五个款级科目：

（1）环境保护管理事务（21101）。反映各级政府用于环境保护方面的事务支出。如环境保护宣传、环境国际合作及履约、环境保护行政许可以及环境保护法规、规划及标准等。

（2）环境监测与监察（21102）。反映各级政府用于环境监测与监察方面的支出。如建设项目环评审查与监督、核与辐射安全监督等。

（3）污染防治（21103）。反映各级政府用于环境污染防治方面的支出。如大气、水体、噪声、固体废弃物与化学品、放射源和放射性废物监管、排污费支出等。

（4）自然生态保护（21104）。反映各级政府用于自然生态保护方面的支出。如生态保护、农村环境保护、自然保护区、生物及物种资源保护等。

（5）天然林保护（21105）。反映各级政府用于天然林保护方面的支出。如森林管护、社会保险补助、政策性社会性支出补助、职工分流安置、职工培训、天然林保护工程建设等。

（6）退耕还林（21106）。反映各级政府用于退耕还林方面的支出。如退耕现金、退耕还林粮食折现补贴、退耕还林粮食费用补贴、退耕还林工程建设等。

（7）风沙荒漠治理（21107）。反映各级政府用于风沙荒漠治理方面的支出。如京津风沙源禁牧舍饲粮食折现补助、京津风沙源治理禁牧舍饲粮食折现挂账贴息、京津风沙源治理禁牧舍饲粮食费用补贴、京津风沙源治理工程建设等。

（8）退牧还草（21108）。反映各级政府用于退牧还草方面的支出。如退牧还草粮食折现补贴、退牧还草粮食费用补贴、退牧还草粮食折现挂账贴息、退牧还草工程建设等。

（9）已垦草原退耕还草（21109）。反映各级政府用于已垦草原退耕还草方面的支出。

（10）能源节约利用（21110）。反映各级政府用于能源节约利用方面的支出。

（11）污染减排（21111）。反映各级政府用于能源节约利用方面的支出。如环境监测与信息、环境执法监察、减排专项支出、清洁生产专项支出等。

（12）可再生能源（21112）。反映各级政府用于可再生能源方面的支出。

（13）资源综合利用（21113）。反映各级政府用于资源综合利用方面的支出。

（14）能源管理事务（21114）。反映各级政府用于能源管理事务方面的支出。如能源预测预警、能源战略规划与实施、能源科技装备、能源行业管理、能源管理、石油储备发展管理、能源调查等。

（15）其他环境保护支出（21199）。反映除上述各款外各级政府用于环境保护方面的其他支出。

（十一）城乡社区事务（212）

城乡社区事务科目反映各级政府用于城乡社区事务方面的支出。包括如下八个款级科目：

（1）城乡社区管理事务（21201）。反映各级政府用于城乡社区管理事务方面的支出。如城管执法、工程建设标准规范编制与监管、工程建设管理、市政公用行业市场监管、国家重点风景区规划与保护、住宅建设与房地产市场监管等。

（2）城乡社区规划与管理（21202）。反映各级政府用于城乡社区规划与管理方面的支出。

（3）城乡社区公共设施（21203）。反映各级政府用于城乡社区公共设施方面的支出。如小城镇基础设施建设等。

（4）城乡社区住宅（21204）。反映各级政府用于社区廉租房规划建设维护、住房制度改革、产权产籍管理、房地产监管等方面的支出。如公有住房建设和维修改造支出等。

（5）城乡社区环境卫生（21205）。反映各级政府用于城乡社区环境卫生方面的支出。

（6）建设市场管理与监督（21206）。反映各级政府用于建设市场管理与监督方面的支出。

（7）城市基础设施配套费支出（21213）。反映各级政府用于城市基础设施配套方面的支出。如城市公共设施、城市环境卫生、公用房屋、城市防洪等。

（8）其他城乡社区事务支出（21299）。反映各级政府在上述各款之外用于城乡社区事务方面的其他支出。

（十二）农林水事务（213）

农林水事务科目反映各级政府用于农林水事务方面的支出。包括如下八个款级科目：

（1）农业（21301）。反映各级政府用于农业方面的支出。如农业事业机构、农产品质量安全、农业资金审计、耕地地力保护、草原草场保护、渔业及水域保护、农业资源调查和区划、农村道路建设、对村集体经济组织的补助、对高校毕业生到村任职补助等。

（2）林业（21302）。反映各级政府用于林业方面的支出。如林业事业机构、森林培育、林业技术推广、森林资源管理、林业自然保护区、动植物保护、湿地保护、防沙治沙、林业质量安全、林业工程与项目管理、林业产业化等。

（3）水利（21303）。反映各级政府用于水利方面的支出。如水利行业业务管理、水利工程建设、水利工程运行与维护、长江黄河等流域管理、水利执法监督、水资源管理与保护、农田水利、水利技术推广和培训等。

（4）南水北调（21304）。反映各级政府用于南水北调工程方面的支出。如南水北调工程建设、政策研究与信息管理、工程稽查、前期工作、南水北调技术推广和培训及环境、移民及水资源管理与保护等。

（5）扶贫（21305）。反映各级政府用于农村扶贫开发方面的支出。如农村基础设施建设、生产发展、社会发展、扶贫贷款奖补和贴息、扶贫事业机构等。

（6）农业综合开发（21306）。反映各级政府用于农业综合开发方面的支出。如机构运行、土地治理、产业化经营、科技示范贷款贴息等。

（7）农村综合改革（21307）。反映各级政府用于农村综合改革方面的支出。如对村级一事一议的补助、乡村债务化解、实施减轻农业用水负担综合改革补助、国有农场分离办社会职能改革补助、对村民委员会和村党支部的补助等。

（8）其他农林水事务支出（21399）。反映各级政府在上述各款之外用于农林水事务方面的其他支出。

（十三）交通运输（214）

交通运输科目反映各级政府用于交通运输方面的支出。包括如下六个款级科目：

（1）公路水路运输（21401）。反映各级政府用于公路水路运输方面的支出。如公路新建、公路改建、公路养护、公路路政管理、公路和运输安全、公路客货运站（场）建设、港口设施、航道维护、安全通信、内河运输、远洋运输、船舶港务费支出等。

（2）铁路运输（21402）。反映各级政府用于铁路运输方面的支出。如一般行政管理事务、机关服务、铁路路网建设、铁路还贷专项、铁路安全等。

（3）民用航空运输（21403）。反映各级政府用于民用航空运输方面的支出。如空管系统建设、民航还贷专项支出、民用航空安全、民航专项运输、民航政策性购机专项支出、民用航空国有资本经营预算支出等。

（4）石油价格改革对交通运输的补贴（21404）。反映各级政府用于石油价格改革对交通运输的补贴方面的支出。如对城市公交的补贴、对农村道路客运的补贴、对出租车的补贴等。

（5）邮政业支出（21405）。反映各级政府用于邮政业方面的支出。如行政运行、一般行政管理事务、机关服务、行业监管、邮政普遍服务与特殊服务等。

（6）其他交通运输支出（21499）。反映各级政府在上述各款之外用于交通运输方面的其他支出。如公共交通运营补助等。

（十四）资源勘探电力信息等事务（215）

资源勘探电力信息等事务反映各级政府用于资源勘探电力信息等事务方面的支出。包括如下九个款级科目：

（1）资源勘探开发和服务支出（21501）。反映各级政府用于资源勘探开发和服务支出方面的支出。如煤炭勘探开采和洗选、石油和天然气勘探开采、黑色金属矿勘探和采选、有色金属矿勘探和采选、非金属矿勘探和采选、采掘业国有资本经营预算支出等。

（2）制造业（21502）。反映各级政府用于制造业方面的支出。如医药制造业、非金属矿物制品业、交通运输设备制造业、电气机械及器材制造业、工艺品及其他制造业、化学原料及化学制品制造业、黑色金属冶炼及压延加工业等。

（3）建筑业（21503）。反映各级政府用于建筑业方面的支出。如行政运行、一般行政管理事务、机关服务、建筑业国有资本经营预算支出等。

（4）电力监管支出（21504）。反映各级政府用于电力监管方面的支出。如电力监管、电力稽查、争议调节、安全事故调查、电力市场建设、电力输送改革试点农村电网建设等。

（5）工业和信息产业监管支出（21505）。反映各级政府用于工业和信息产业监管方面的支出。如战备应急、信息安全建设、专用通信、无线电监管、工业和信息产业战略研究与标准制定、工业和信息产业支持、电子专项工程、行业监管、军工电子等。

（6）安全生产监管（21506）。反映各级政府用于安全生产监管方面的支出。如一般行政管理事务、机关服务、国务院安委会专项、安全监管监察专项、应急救援支出、煤炭安全等。

（7）国有资产监管（21507）。反映各级政府用于国有资产监管方面的支出。如行政运行、一般行政管理事务、机关服务、国有企业监事会专项、中央企业专项管理等。

（8）支持中小企业发展和管理支出（21508）。反映各级政府用于支持中小企业发展和管理方面的支出。如行政运行、一般行政管理事务、机关服务、科技型中小企业技术创新基金、中小企业发展专项等。

（9）其他资源勘探电力信息等事务支出（21599）。反映各级政府在上述各款之外用于资源勘探电力信息等事务的其他支出。如黄金事务、建设项目贷款贴息、技术改造支出、中药材扶持资金支出、重点产业振兴和技术改造项目贷款贴息等。

（十五）商业服务业等事务（216）

商业服务业等事务科目反映各级政府用于农林水事务方面的支出。包括如下四个款级科目：

（1）商业流通事务（21602）。反映各级政府用于商业流通事务方面的支出。如棉花储备、食糖储备、处理商业物资挂账补贴、农药储备、食品流通安全补贴、市场监测及信息管理、民贸网点贷款贴息、医药储备、石油储备等。

（2）旅游业管理与服务支出（21605）。反映各级政府用于旅游业管理与服务方面的支出。如行政运行、一般行政管理事务、机关服务、旅游宣传、旅游行业业务管理等。

（3）涉外发展服务支出（21606）。反映各级政府用于涉外发展服务方面的支出。如行政运行、一般行政管理事务、机关服务、外经贸发展专项资金、外商投资环境建设补助资金、涉外发展国有资本经营预算支出等。

（4）其他商业服务业等事务支出（21699）。反映各级政府在上述各款之外用于商业服务业等事务方面的其他支出。如服务业基础设施建设等。

（十六）金融监管等事务支出（217）

金融监管等事务支出科目反映各级政府用于金融监管等事务方面的支出。包括如下六个款级科目：

（1）金融部门行政支出（21701）。反映各级政府用于金融部门行政运行管理方面的支出。如行政运行、一般行政管理事务、机关服务、安全防卫、事业运行等。

（2）金融部门监管支出（21702）。反映各级政府用于金融部门监督管理方面的支出。如货币发行、金融服务、反洗钱及反假币、重点金融机构监管、金融稽查与案件处理、金融行业电子化建设、从业人员资格考试等。

（3）金融发展支出（21703）。反映各级政府用于金融发展方面的支出。如政策性银行亏损补贴、商业银行贷款贴息、补充资本金、风险基金补助。

（4）金融调控支出（21704）。反映政府用于金融调控方面的支出。如中央银行亏损补贴等。

（5）农村金融发展支出（21705）。反映各级政府用于农村金融发展方面的支出。如金融机构涉农贷款增量奖励支出、农村金融机构定向费用补贴支出。

（6）其他金融监管等事务支出（21799）。反映各级政府用于金融监管等事务方面的其他支出。

（十七）地震灾后恢复重建支出（218）

震灾后恢复重建支出科目反映各级政府用于地震灾后恢复重建方面的支出。包括如下八个款级科目：

（1）倒塌毁损民房恢复重建（21801）。反映各级政府用于倒塌毁损民房恢复重建方面的支出。如农村居民住宅恢复重建、城镇居民住宅恢复重建等。

（2）基础设施恢复重建（21802）。反映各级政府用于基础设施恢复重建方面的支出。如公路、桥梁、铁路路网、机场、水运港口设施、供水、供气、污水处理设施等。

（3）公益服务设施恢复重建支出（21803）。反映各级政府用于公益服务设施恢复重建方面的支出。如学校和其他教育设施、医院及其他医疗卫生食品药品监管设施、科研院所科普场馆及其他科研科普设施、文化馆图书馆及其他文化设施、文物事业单位博物馆及其附属设施、广播电视台（站）及其他广播影视设施、儿童福利院及其他社会保障和社会福利设施等。

（4）农业林业恢复生产和重建（21804）。反映各级政府用于农业林业恢复生产和重建方面的支出。如农业生产资料补助、毁损土地整理、农田水利设施恢复重建、规模化种养殖棚舍池恢复重建、良种繁育设施恢复重建、森林防火设施恢复重建等。

（5）工商企业恢复生产和重建（21805）。反映各级政府用于工商企业恢复生产和重建方面的支出。如项目投资补助、注入资本金、贷款贴息、国有资本经营预算补助项目支出等。

（6）党政机关恢复重建（21806）。反映各级政府用于党政机关恢复重建方面的支出。如一般公共服务机关恢复重建支出、公共安全机构恢复重建支出、教育管理机构恢复重建支出、文化体育与传媒管理机构恢复重建支出、社会保障和就业管理机构恢复重建支出、医疗卫生及食品药品监督管理机构恢复重建支出等。

（7）军队武警恢复重建支出（21807）。反映各级政府用于军队武警恢复重建支出方面的支出。如军队恢复重建支出、武警恢复重建支出等。

（8）其他恢复重建支出（21899）。反映各级政府上述各款之外用于地震灾后恢复重建方面的其他支出。如震后地质灾害治理支出等。

（十八）国土资源气象等事务（220）

国土资源气象等事务科目反映各级政府用于国土资源气象等事务方面的支出。包括如下五个款级科目：

（1）国土资源事务（22001）。反映各级政府用于国土资源事务方面的支出。如土地资源调查、土地资源利用与保护、国土资源社会公益服务、国土资源行业业务管理、国土资源大调查、地质灾害防治、土地资源储备支出等。

（2）海洋管理事务（22002）。反映各级政府用于海洋管理事务方面的支出。如海域使用管理、海洋环境保护与监测、海洋权益维护、海洋执法监察、海洋防灾减灾、海洋矿产资源勘探研究、海洋工程排污费支出等。

（3）测绘事务（22003）。反映各级政府用于测绘事务方面的支出。如行政运行、机关服务、基础测绘、航空摄影、测绘工程建设事业运行等。

（4）地震事务（22004）。反映各级政府用于地震事务方面的支出。如地震流动观测、地震信息传输及管理、震情跟踪、地震预报预测、地震灾害预防、地震事业机构等。

（5）气象事务（22005）。反映各级政府用于气象事务方面的支出。如气象事业机构、气象技术研究应用与培训、气象探测、气象信息传输及管理、气象预报预测、气象服务、气象台站建设与维护等。

（十九）住房保障支出（221）

住房保障支出科目反映各级政府用于住房保障方面的支出。包括如下三个款级科目：

（1）保障性住房支出（22101）。反映各级政府用于保障性住房方面的支出。如廉租住房支出、沉陷区治理、棚户区改造、少数民族游牧民定居工程农村危房改造等。

（2）住房改革支出（22102）。反映各级政府用于住房改革方面的支出。如住房公积金、提租补贴、购房补贴等。

（3）城乡社区住宅（22103）。反映各级政府用于城乡社区住宅建设方面的支出。如公有住房建设和维修改造支出等。

（二十）粮油物资储备管理事务（222）

粮油物资储备管理事务科目反映各级政府用于粮油物资储备管理事务方面的支出。包括如下两个款级科目：

（1）粮油事务（22201）。反映各级政府用于粮油事务方面的支出。如粮食财务与审计支出、粮食信息统计、粮食专项业务活动、国家粮油差价补贴、储备粮油利息费用补贴、储备粮（油）库建设、处理陈化粮补贴等。

（2）物资储备（22202）。反映各级政府用于物资储备方面的支出。如护库武警和民兵支出、物资收储、物资转移、物资轮换、仓库建设、仓库安防事业运行等。

（二十一）预备费（227）

预备费科目反映各级政府预算安排的预备费。其目的是解决当年预算执行中的自然灾害救灾开支及其他难以预见的特殊开支。

（二十二）国债还本付息支出（228）

国债还本付息支出科目反映国债还本、付息、发行等方面的支出。包括国内债务付息（22808）、国外债务付息（22809）、国内外债务发行（22810）、补充还贷准备金（22811）、财政部代理发行地方政府债券还本（22812）、财政部代理发行地方政府债券付息（22813）六个款级科目。

（二十三）其他支出（229）

其他支出科目反映各级政府在上述各类支出项目以外不能划分到具体功能科目中的支出项目。包括年初预留（22902）、住房改革支出（22903）、汶川地震捐赠支出（22906）、其他支出（22999）四个款级科目。

（二十四）转移性支出（230）

转移性支出科目反映上下级政府间资金调拨以及同级政府不同性质资金之间的调拨支出。包括返还性支出（23001）、一般性转移支付（23002）、专项转移支付（23003）、地震灾后恢复重建补助支出（23007）、调出资金（23008）、年终结余（23009）、债券转贷支出（23011）七个款级科目。

2010 年政府支出分类科目修订的相关内容包括：

1．新增"国土资源气象等事务"类级科目。

（1）将 20118 款"国土资源事务"、19 款"海洋管理事务"、20 款"测绘事务"、21 款"地震事务"、22 款"气象事务"调出。新增 220 类"国土资源气象等事务"，专门反映政府用于国土资源、海洋、测绘、地震、气象等公益服务事业方面的支出。对应设置 01 款"国土资源事务"、02 款"海洋管理事务"、03 款"测绘事务"、04 款"地震事务"、05 款"气象事务"。

（2）将 20130 款"彩票事务"调到 229 类"其他支出"类的 08 款反映。

（3）201 类"一般公共服务"下剩余其他各款项科目保持不变。

2．新增"住房保障支出"类级科目。

将 208 类"社会保障和就业"下 20 款"保障性住房支出"、212 类"城乡社区事务"下 04 款"城乡社区住宅"，以及 229 类"其他支出"下 03 款"住房改革支出"分别调出。新增 221 类"住房保障支出"，集中反映政府用于住房方面的支出，下设 01 款"保障性住房支出"、02 款"住房改革支出"和 03 款"城乡社区住宅"。

3．新增"商业服务业等事务"和"粮食安全物资储备事务"类级科目。

（1）将 216 类"粮油物资储备管理等事务"名称修改为"商业服务业等事务"。原 21602 款"商业流通事务"、05 款"旅游业管理与服务支出"、06 款"涉外发展服务支出"保持不变，原 99 款"其他粮油物资储备管理等事务支出"名称修改为"其他商业服务业等事务支出"。

（2）新增 222 类"粮食安全物资储备事务"。将原 21601 款"粮油事务"和 03 款"物资储备"调出，对应设置 01 款"粮食安全"和 02 款"物资储备"。

4．其他事项。

（1）在 213 类"农林水事务"01 款"农业"下将 41 项"乡村债务化解"、43 项"对村民委员会和村党支部的补助"、45 项"对村级一事一议的补助"、46 项"实施减轻农业用水负担综合改革补助"删去，分别调整至新增科目 21307 款"农村综合改革"下，设置 01 项"对村级一事一议的补助"、02 项"乡村债务化解"、03 项"实施减轻农业用水负担综合改革补助"、04 项"国有农场分离办社会职能改革补助"、05 项"对村民委员会和村党支部的补助"、99 项"其他农村综合改革支出"。

（2）将 215 类"采掘电力信息等事务"名称修改为"资源勘探电力信息等事务"。21501 款"采掘业"名称修改为"资源勘探开发和服务支出"，99 款"其他采掘电力信息等事务支出"名称修改为"其他资源勘探电力信息等事务支出"。

（3）调整后，项级名称、说明和代码保持不变。

二、一般预算支出的执行

预算支出的执行，由财政部门负责组织指导和监督，由各支出预算部门和单位具体负责执行。财政部门主管预算资金的分配和供应，各支出预算部门和单位按照预算规定的用途具体负责资金的运用。

1．预算支出的基本要求。为了保证预算支出的正确执行，及时合理地供应和使用资金，应按照如下要求执行：

（1）坚持按支出预算执行，非经批准不得自行突破预算、扩大开支。

（2）严格管理预算支出，不得擅自扩大开支范围、提高开支标准。

（3）贯彻勤俭节约、少花钱多办事的精神，讲求资金使用效益。

2．预算拨款原则。为了保证预算支出的顺利进行，预算拨款应坚持下列原则：

（1）按预算计划拨款，不能办理无预算、无计划或超计划、超预算的拨款。

（2）按事业进度拨款，防止资金的积压和浪费。

（3）按核定的支出用途拨款。

（4）按预算级次拨款。

3．预算拨款的办法。预算拨款由主管部门先提出申请，经财政部门审查后签发拨款凭证，由国库统一办理。国库在收到财政机关的拨款凭证后，经审查无误即应在同级财政存款额度内支付，并且只办理转账，不付现金。

库款的支拨方法一般有"划拨资金"和"限额拨款"两种。

（1）划拨资金是财政部门根据主管部门申请，签发拨款凭证，通过国库办理库款支拨手续，将预算资金直接转入用款主管部门的"经费存款户"，再由主管部门开出银行结算凭证将款转拨到所属用款单位"经费存款户"的一种预算拨款方法。该方法一般每月一次或分次拨付。目前地方各级财政部门的预算拨款除基建拨款外，都采用此方法。

（2）限额拨款是财政部门根据主管部门的申请，核定一个用款的额度，给用款单位开出"限额通知书"，分季或分期下达用款额度，并通知申请用款单位和其开户银行。各用款单位又在其限额内从其开户银行支用或转拨所属单位。月末银行根据各单位支取数与财政部门结算。目前，中央级的行政事业费和基建拨款实行限额拨款方法。

4．预算支出的核算基础。预算支出的拨款过程涉及预算拨款数、银行支出数和实际支出数三个数字。

（1）"预算拨款数"指各级财政机关根据核定的预算分期拨给各单位的预算资金数或下达的经费限额。此数一般大于"银行支出数"和"实际支出数"。

（2）"银行支出数"指各基层单位在核定的预算范围内，从银行存款中支取的资金数。它是各级财政部门核算总预算支出的数字基础；也是财政部门和主管部门结算预算拨款，计算年终包干结余的依据。此数一般大于"实际支出数"。

（3）实际支出数指基层单位从银行支取款项后，实际消耗掉的资金数。它是核定单位预算支出的数字基础，也是各单位支出报销的数字依据。

"银行支出数"大于"实际支出数"的差额为"银行支取未报数"。它是用款单位已从银行支取,尚未向财政报销的数额,一般表现为用款单位周转性的库存材料、现金和一部分待结算的暂付款项,是用款单位执行支出预算所需周转使用的资金。

三、一般预算支出支付方式

在国库单一账户制度下,一般预算支出的支付方式主要分为财政直接支付和财政授权支付两种。

1. 财政直接支付方式。

财政直接支付是指由财政部门开具支付令,通过国库单一账户体系,直接将财政资金支付到供应商或收款人(用款单位)账户。实行财政直接支付的财政性资金包括:工资支出,工程采购支出,物品、服务采购支出。

在财政直接支付方式下,预算单位按照批复的部门预算和资金使用计划,提出支付申请;财政直接支付的申请由一级预算单位汇总,填写"财政直接支付汇总申请书",报财政部门国库支付执行机构。财政部门国库支付执行机构根据批复的部门预算和资金使用计划及相关要求,对一级预算单位提出的预算申请审核无误后,开具"财政直接支付汇总清算额度通知单"和"财政直接支付凭证",经财政部门国库管理机构加盖印章签发后,分别送中国人民银行和代理银行。代理银行根据"财政直接支付凭证"及时将资金直接支付给收款人或用款单位。代理银行依据财政部门国库支付执行机构的支付令,将当日实际支付的资金,按一级预算单位分预算科目汇总,附实际支付清单,与国库单一账户进行资金清算。

代理银行根据"财政直接支付凭证"办理支出后,开具"财政直接支付入账通知书",发一级预算单位和基层单位。"财政直接支付入账通知书"作为一级预算单位和基层预算单位收到或付出款项的凭证。一级预算单位负责向二级或多级预算单位提供收到和付出款项的凭证。预算单位根据收到的支付凭证做好相应会计核算。

2. 财政授权支付方式。

财政授权支付是国库集中支付的另一种方式,是指预算单位按照部门预算和用款计划确定资金用途,根据财政部门的授权,自行开具支付令送代理银行,通过国库单一账户体系中的单位零余额账户或特设专户,将财政性资金支付到收款人或用款单位账户。财政授权支付的支出范围是指除财政直接支付支出以外的全部支出。具体包括单件物品或单项服务购买额不足 10 万元人民币的购买支出;年度财政投资不足 50 万元人民币的工程采购支出;经财政部批准的其他支出。

在财政授权支付方式下,预算单位按照批复的部门预算和资金使用计划,申请授权支付的月度用款限额;财政授权支付的月度用款限额申请由一级预算单位汇总,报财政部门国库支付执行机构。财政部门根据批准的一级预算单位用款计划中月度授权支付额度,每月 25 日前以"财政授权支付汇总额度通知单"、"财政授权支付额度通知单"的形式分别通知中国人民银行、代理银行。

代理银行在收到财政部门下达的"财政授权支付额度通知单"时,向相关预算单位发出"财政授权支付额度到账通知书"。基层预算单位凭据"财政授权支付额度到账通知书"所确定的额度支用资金；代理银行根据"财政授权支付额度通知单"受理预算单位财政授权支付业务，控制预算单位的支付金额，并与国库单一账户进行资金清算。

预算单位支用授权额度时，填制财政部门统一制定的"财政授权支付凭证"（或新版银行票据和结算凭证）送代理银行，代理银行根据"财政授权支付凭证"，通过零余额账户办理资金支付。

四、一般预算支出列报口径

一般预算支出列报口径如下：

（1）实行限额管理的基本建设支出按用款单位银行支出数列报支出。不实行限额管理的基本建设支出按拨付用款单位的拨款数列报支出。

（2）对行政事业单位的非包干性支出和专项支出，平时按财政拨款数列报支出，清理结算收回拨款时，再冲销已列支出。对于收回以前年度已列支出的款额，除财政部门另有规定者外，应冲销当年支出。

（3）除上述两款以外的其他各项支出均以财政拨款数列报支出。

凡是预拨以后各期的经费，不得直接按预拨数列作本期支出，应作为预拨款处理。到期后，按前述规定列报口径处理。

总预算会计按拨款数办理预算支出必须认真做到以下几点：

① 严格执行《中华人民共和国预算法》，以预算为准办理拨款支出。预备费的动用必须经同级人民政府批准。

② 对主管部门（主管会计单位）提出的季节分月用款计划及分"款"、"项"填制的"预算经费请拨单"，应认真审核。根据经审核批准的拨款申请，结合存款余存情况按时向用款单位拨款。

③ 总预算会计应根据预算管理要求和拨款的实际情况，分"款"、"项"核算，列报当期预算支出。

④ 主管会计单位应按计划控制用款，不得随意改变资金用途。"款"、"项"之间如确需调剂，应填制"账户留用申请书"，报经同级财政部门核准后使用。总预算会计凭核定的留用款调整预算支出明细账。

总预算会计不得列报超预算的支出；不得任意调整预算支出账户；未拨付的经费，原则上不得列报当年支出。因特殊情况确需在当年预留的支出，应严格控制，并按规定的审批程序办理。

五、一般预算支出的管理要求

财政总预算会计按拨款数办理预算支出时，必须做到以下几点：

（1）严格执行《中华人民共和国预算法》。办理拨款支出必须以预算为准，预备费的动用必须经同级人民政府批准。

（2）认真审核预算单位的用款申请。对主管部门（主管会计单位）提出的季度分月用款计划及分"款"、"项"填制的"预算经费请拨单"，应认真审核。根据经审核批准的拨款申请，结合库款余存情况按时向用款单位拨款。

（3）及时核算、列报支出。财政总预算会计应根据预算管理的要求和拨款的实际情况，分"款"、"项"核算，列报当期预算支出。

（4）按计划专款专用。主管会计单位应按计划控制用款，不得随便改变资金用途。"款"、"项"之间如确需调剂，应填制"科目留用申请书"，报经同级财政部门核准后使用。财政总预算会计凭核定的留用数调整预算支出明细账。

财政总预算会计不得列报超预算的支出；不任意得调整预算支出科目；未拨付的经费，原则上不得列报当年支出。因特殊情况确需在当年预留的支出，应严格控制，并按规定的审批程序办理。

六、一般预算支出的核算

为了核算和监督各级财政总预算的执行情况，应设置"一般预算支出"账户。该账户借方登记各级财政总预算会计办理的应由预算资金支付的各项支出。包括财政总预算会计办理的直接支出，通过预拨行政事业单位经费转列的支出，以及建设银行报来的基建支出数；贷方登记冲回数及年终将其借方累计余额转入"预算结余"账户的数额；结转后，该账户无余额。该账户应该按"国家预算收支科目"中的"一般预算支出"账户（不含一般预算调拨支出数）分"款"、"项"设明细账。

【例6-1】某市财政局直接拨给煤建公司煤价补贴款 600 000 元。

借：一般预算支出——煤价补贴   600 000
　　贷：国库存款   600 000

【例6-2】某市财政局收到各行政主管部门报来银行支出数汇总表，汇总本月银行支出数合计 1 000 000 元。

借：一般预算支出   1 000 000
　　贷：预拨经费   1 000 000

【例6-3】某市财政局拨给某行政事业单位基本建设款 200 万元，根据建行报来的"银行支出数汇总表"编制会计分录。

借：一般预算支出   2 000 000
　　贷：基建拨款   2 000 000

【例6-4】年终某市财政局将"一般预算支出"科目借方余额 8 000 000 元全数转入"预算结余"科目。

借：预算结余   8 000 000
　　贷：一般预算支出   8 000 000

第二节　基金预算支出的核算

一、基金预算支出的内容及特点

基金预算支出是财政预算部门用基金预算收入安排的各项支出，是本级政府用本级基金预算收入安排的本级支出。与一般预算支出相比，基金预算支出具有专款专用的特征。基金预算支出纳入政府预算管理，属于政府预算内支出。包括工业交通部门基金支出、商贸部门基金支出、文教部门基金支出、社会保障基金支出、农业部门基金支出、其他部门基金支出、地方财政税费附加支出等。

基金预算支出的会计业务处理，比照预算支出的有关规定办理。财政总预算会计在管理和核算基金预算支出时还应遵循先收后支，分项核算的要求。

二、基金预算支出的核算

为了核算各级财政部门用基金预算收入安排的支出，应设置"基金预算支出"账户。该账户的借方记录发生的基金预算支出；贷方记录收回支出或冲销转账数；平时余额在借方，反映当年基金支出累计数，年终转入"基金预算结余"账户，结转后，无余额。该账户根据"基金预算支出"账户　（不含基金预算调拨支出数）设置明细账。

发生基金预算支出时，借记"基金预算支出"账户，贷记"国库存款"、"其他财政存款"等有关账户；支出收回或冲销转账时，作相反的会计分录。年终将"基金预算支出"账户余额全数转账时，借记"基金预算结余"账户，贷记"基金预算支出"账户。

【例6-5】某市财政局用基金预算收入安排支出 800 000 元。

借：基金预算支出　　　　　　　　　　　　　　　　　　　800 000
　　贷：国库存款　　　　　　　　　　　　　　　　　　　　800 000

【例6-6】该市财政局年终将用基金预算收入安排的基金预算支出累计 1 000 000 元转账。

借：基金预算结余　　　　　　　　　　　　　　　　　　1 000 000
　　贷：基金预算支出　　　　　　　　　　　　　　　　　　1 000 000

第三节　专用基金支出的核算

一、专用基金支出的内容及特点

专用基金支出是各级财政用专用基金收入安排的支出。包括粮食风险基金支出、粮食政策性挂账利息费用补贴支出、国家储备粮油补贴支出。作为具有特定用途的资金，专用基金在管理和核算上必须遵循先收后支，量入为出，专款专用的原则。专用基金支出实行计划管理，按照规定的用途和使用范围办理支出。各项基金未经上级主管部门批准不得挪作他用。年终结余可结转下年继续使用。

专用基金支出相对于基金预算支出具有如下的特点：

1. 专门性：专用基金支出属于专门资金，实行专款专用，年度结余只能用于下一年的该项支出，而不能用于平衡预算；而且，专用基金适用于政府某一具体的专门行为，并委托下级政府执行。

2. 委托性：专用基金的资金来源主要是政府的一般预算资金，也可以是基金预算资金，只有实行年终结余单独结转下年方式管理的那些资金才属于专用基金。

二、专用基金支出的核算

为了核算各级财政部门用专用基金收入安排的支出，应设置"专用基金支出"账户。该账户借方登记发生的专用基金支出数；贷方登记支出收回数；余款在借方，反映专用基金支出累计数，于年终从其贷方全数转入"专用基金结余"账户，转账后，该账户无余额。

发生专用基金支出时，借记"专用基金支出"账户，贷记"其他财政存款"账户；收回支出时，作相反的会计分录。年终结账时，借记"专用基金结余"账户，贷记"专用基金支出"账户。

【例6-7】某市财政局用专用基金收入安排一项支出600 000元。

借：专用基金支出   600 000
  贷：其他财政存款   600 000

【例6-8】该市财政局年终将专用基金支出累计数2 500 000元，转账。

借：专用基金结余   2 500 000
  贷：专用基金支出   2 500 000

第四节　债务还本支出及债务转贷支出的核算

一、债务还本支出的核算

为适应财政部代理发行地方政府债券管理需要，规范和加强财政部代理发行地方政府债券会计核算，根据国务院有关规定、《2009年地方政府债券预算管理办法》（财预〔2009〕21号）、《财政部代理发行2009年地方政府债券发行兑付办法》（财库〔2009〕15号）和《财政总预算会计制度》，在现行《财政总预算会计制度》中增设收入类科目"408债务收入"、"409债务转贷收入"，支出类科目"508债务还本支出"、"509债务转贷支出"，此科目适用于财政部代理发行地方政府债券中地方财政总预算会计的账务处理。

"债务还本支出"用于核算各级财政部门发生的债务还本支出。各级财政部门偿还债务本金时,借记本科目,贷记"国库存款"科目。年终转账时,将本科目借方余额全部转入"预算结余"科目,借记"预算结余"科目,贷记本科目。本科目平时借方余额,反映各级财政部门当年发生的债务还本支出累计数。本科目应按照"政府收支分类科目"规定设置明细账。

【例6-9】2009年10月,某市财政部门发生债务还本支出300 000元。

借:债务还本支出　　　　　　　　　　　　　　　　　300 000
　　贷:国库存款　　　　　　　　　　　　　　　　　　　　　300 000

【例6-10】2009年12月31日,该市财政部门将"债务还本支出"借方余额2 000 000元全部转入"预算结余"科目。

借:预算结余　　　　　　　　　　　　　　　　　　2 000 000
　　贷:债务还本支出　　　　　　　　　　　　　　　　　　2 000 000

二、债务转贷支出的核算

债务转贷支出用于核算地方各级财政部门对下级财政部门转贷的债务支出。地方各级财政部门对下级财政部门进行债务转贷时,按照转出资金数,借记"债务转贷支出——转贷财政部代理发行地方政府债券支出"科目,贷记"国库存款"科目。年终转账时,应将本科目借方余额全部转入"预算结余"科目,借记"预算结余"科目,贷记本科目。本科目平时借方余额,反映地方各级财政部门当年对下级财政部门转贷的债务支出累计数。本科目应按照"政府收支分类"科目的规定及下级财政部门设置明细账。

【例6-11】某市财政部门对所属下级财政发生债务转贷支出600 000元。

借:债务转贷支出——转贷财政部代理发行地方政府债券支出　　600 000
　　贷:国库存款　　　　　　　　　　　　　　　　　　　　　600 000

【例6-12】年终,该市财政部门将"债务转贷支出"借方余额4 000 000元全部转入"预算结余"科目。

借:预算结余　　　　　　　　　　　　　　　　　　4 000 000
　　贷:债务转贷支出　　　　　　　　　　　　　　　　　　4 000 000

此外,地方各级财政部门上缴本级承担的地方政府债券付息资金时,借记"一般预算支出——财政部代理发行地方政府债券付息",贷记"国库存款"。上级财政部门代收地方政府债券付息资金时,借记"国库存款",贷记"暂存款——××地方政府债券付息"。上缴代收的地方政府债券付息资金时,借记"暂存款——××地方政府债券付息",贷记"国库存款"。

地方各级财政部门未按时上缴地方政府债券本金,通过年终结算扣缴时,借记"暂付款——××地方政府债券还本",贷记"与上级往来";列报支出时,对应由本级财政部门承担的还本支出,借记"债务还本支出——财政部代理发行地方政府债券还本",贷记"暂付款——××地方政府债券还本"。

上级财政部门年终结算扣缴时,借记"与下级往来",贷记"暂存款——××地方政府债券还本"或"暂付款——××地方政府债券还本"。地方各级财政部门未按时上缴地方政府债券利息，通过年终结算扣缴利息时，借记"暂付款——××地方政府债券付息"，贷记"与上级往来"；列报支出时，对应由本级财政部门承担的付息支出，借记"一般预算支出——财政部代理发行地方政府债券付息"，贷记"暂付款——××地方政府债券付息"。

上级财政部门年终结算扣缴时，借记"与下级往来"，贷记"暂存款——××地方政府债券付息"或"暂付款——××地方政府债券付息"。

第五节　资金调拨支出的核算

一、资金调拨支出的概念

财政调拨支出是根据财政体制规定在中央与地方、地方各级财政之间进行资金调剂以及本级财政各项资金的调拨所形成的支出。它主要包括补助支出、上解支出、调出资金等。

二、资金调拨支出的核算

1. 资金调拨支出的核算内容。

补助支出是本级财政按财政体制规定或因专项需要补助给下级财政的款项及其他转移支付的支出。

上解支出是按财政体制规定由本级财政上交给上级财政的款项。

调出资金是为平衡一般预算收支而从基金预算的地方财政税费附加收入结余中调出，补充预算的资金。

资金调拨支出按上级财政部门的规定或实际发生数记账。

2. 资金调拨支出的核算。为了核算和监督各级财政资金调拨支出的核算，应设置"补助支出"、"上解支出"、"调出资金"等账户。

"补助支出"账户用来核算本级财政对下级财政的补助支出。该账户借方登记本级财政拨给下级财政的补助款，包括直接拨付和从"与下级往来"账户转入；贷方记录退转数且年终转入"预算结余"或"预算外结余"账户的数额；结转后本账户无余额。该账户应按补助对象及资金情况设置明细账户。

"上解支出"账户用来核算按规定解交给上级财政部门的款项。该账户借方登记按体制由国库在本级预算收入中直接划解给上级财政的款项；贷方登记年终转入"预算结余"账户的全年累计上解支出数；结转后该账户无余额。

"调出资金"账户用来核算各级财政部门从基金预算的地方财政税费附加收入结余中调出，用于平衡一般预算收支的资金。该账户借方登记调出资金数；贷方登记年终转入"基金预算结余"账户的数额；结转后，该账户无余额。调出基金预算结余时，借记"调出资金"账户，贷记"调入资金"账户；年终转账时，借记"基金预算结余"账户，贷记"调出资金"账户。

【例6-13】 某市财政局开出"拨款通知"，对其下级财政拨出预算补助款 1 500 000 元。

借：补助支出　　　　　　　　　　　　　　　　　　　　1 500 000

　　贷：国库存款　　　　　　　　　　　　　　　　　　　　1 500 000

【例6-14】 某市财政局收到国库报来"预算收入日表"列明：分成收入 1 000 000 元，上缴 30%，自留 70%。

借：国库存款　　　　　　　　　　　　　　　　　　　　1 000 000

　　贷：一般预算收入　　　　　　　　　　　　　　　　　　1 000 000

借：上解支出　　　　　　　　　　　　　　　　　　　　　300 000

　　贷：国库存款　　　　　　　　　　　　　　　　　　　　 300 000

【例6-15】 某市财政局通知下级财政部门，将原欠本财政局的往来款 1 200 000 元转作预算补助款。

借：补助支出——一般预算补助　　　　　　　　　　　　1 200 000

　　贷：与下级往来　　　　　　　　　　　　　　　　　　　1 200 000

【例6-16】 某市财政局经批准从基金预算结余中调出资金 80 000 元，弥补财政结算赤字。根据"结算清单"填制记账凭单。

借：调出资金　　　　　　　　　　　　　　　　　　　　　 80 000

　　贷：调入资金　　　　　　　　　　　　　　　　　　　　　80 000

借：国库存款　　　　　　　　　　　　　　　　　　　　　 80 000

　　贷：其他财政存款　　　　　　　　　　　　　　　　　　　80 000

【例6-17】 某市财政局年终将"补助支出"账户的借方余额 3 000 000 元，"上解支出"账户的借方余额 2 400 000 元，"调出资金"账户的借方余额 500 000 元，转入"预算结余"账户和"基金预算结余"账户。

借：预算结余　　　　　　　　　　　　　　　　　　　　5 400 000

　　基金预算结余　　　　　　　　　　　　　　　　　　　 500 000

　　贷：补助支出——一般预算补助　　　　　　　　　　　　3 000 000

　　　　上解支出　　　　　　　　　　　　　　　　　　　2 400 000

　　　　调出资金　　　　　　　　　　　　　　　　　　　 500 000

第六节　财政周转金支出

一、财政周转金支出的概念

财政周转金支出是指地方财政部门从上级借入财政周转金所支付的占用费以及周转金管理使用过程中按规定开支的相关费用。财政周转金支出按实际支付数额记账。

二、财政周转金支出的核算

为了核算各级财政借入上级财政周转金支付的占用费及周转金管理支付的相关支出，应设置"财政周转金支出"账户。该账户借方登记因借入上级财政周转金而支付的资金占用费，委托银行放款支付的手续费以及经财政部门确定的有关费用支出；贷方登记于年终将其全年支出转入"财政周转金收入"账户的数额；转账后，该账户无余额。

【例6-18】某市财政局从上级财政部门申请借入财政周转金款项 1 000 000 元，按规定年利率 5%支付利息 50 000 元。

借：财政周转金支出——利息费　　　　　　　　　　　　　　50 000
　　贷：其他财政存款　　　　　　　　　　　　　　　　　　　　50 000

【例6-19】某市财政局委托银行放款给下级财政部门或其他单位支付委托费 10 000 元。

借：财政周转金支出——委托费　　　　　　　　　　　　　　10 000
　　贷：其他财政存款　　　　　　　　　　　　　　　　　　　　10 000

【例6-20】该市财政局年终将财政周转金支出累计额 150 000 元转账。

借：财政周转金收入　　　　　　　　　　　　　　　　　　　150 000
　　贷：财政周转金支出　　　　　　　　　　　　　　　　　　　150 000

第七节　国库集中收付制度

一、国库集中收付制度的意义

国库作为各级政府财政收支的出纳中心，在办理国库业务中，应当按照国库条例的规定，主要履行以下职责：准确、及时地收纳预算收入；按照财政制度和银行的开户管理办法，为各级财政机关开立账户，办理同级财政库款的支拨；对各级财政库款和预算收入进行会计核算，按期向上级国库、同级财政和征收机关报送国库报表，反映预算收支情况，定期与财政、征收机关对账，保证数字准确、一致。

国库集中收付制度一般也称为国库单一账户制度，是指政府在国库或国库指定的代理银行开设账户，集中收纳和支付财政性资金（包括预算内资金和预算外资金）的一种结算制度。这种制度要求，政府所有的财政收入都直接缴入国库，财政支出则通过严格的预算，将预算额度下达给预算单位，预算单位需要购买货物或支付劳务费用时，由财政部门按预算控制额度向国库发出付款指令，款项由财政部门在国库开设的单一账户中直接划入商品或劳务提供者的账户。

预算单位使用资金但见不到资金，未支用的资金均保留在国库单一账户，由财政部门代表政府进行管理运作，降低政府筹资成本，为实施宏观调控政策提供可选择的手段。它是市场经济发达国家普遍采用的一种财政资金收付管理制度。目前，包括美、日、英、法、加拿大等国在内的经合组织成员都采用了这一制度。

国库集中收付制度是建立市场经济条件下公共财政管理体制的重要内容。由于国库集中收付制度贯穿于公共财政管理全过程，可以通过监督财政资金流入和流出各个公共机构的各个环节来控制预算执行过程，可以为预算编制和制定各项财政政策提供准确依据。因此，国库集中收付制度是预算执行的根本性制度，也是建立科学、规范的部门预算编制和加强财政监督的重要保证。

国库集中收付制度是提高财政资金运行效益、降低财政筹资成本的可靠保证。实行国库集中收付制度后，预算单位的财政资金都集中存放在国库单一账户体系内，有利于财政部门加强对财政资金的统一调度和管理。同时，由于预算单位未支用的资金都保存在国库单一账户，财政部门可以依法对结余的国库资金进行资本运作，不仅可以有效降低财政筹资成本，而且可以使国库资金得到增值，从而增加财政收入。

二、国库集中收付制度的内容

根据《财政国库管理制度改革试点方案》及其补充规定，将我国财政国库账户设置为国库单一账户、零余额账户、预算外资金财政专户、特设账户等几类账户，统称为国库单一账户体系。所有财政性资金都纳入国库单一账户体系管理，收入直接缴入国库或财政专户，支出通过国库单一账户体系支付到商品和劳务供应者或用款单位。这一账户体系涵盖了所有财政性资金的管理，它既借鉴了市场经济发达国家财政国库管理制度的经验，又考虑了现阶段我国的具体国情，方便操作和单位用款。

（一）国库单一账户

它是财政部门在中国人民银行开设的国库存款账户，用于记录、核算和反映纳入预算管理的财政收入和支出，并与财政部门零余额账户进行清算，实现支付。所有财政资金在支付行为实际发生前均保存在国库单一账户内。国库单一账户在政府财政会计中使用。

（二）零余额账户

零余额账户包括财政部门在代理银行开设的零余额账户和财政部门为预算单位在代理银行开设的零余额账户，它与国库单一账户相互配合，构成财政资金支付过程的基本账户。通过此类账户可以实现财政资金日常支付以及与国库单一账户清算，即每当发生财政资金支付行为时，先由代理银行将实际应支付的款项垫付给收款人，每日终了后再由代理银行与中国人民银行国库单一账户进行清算，划转代理银行已垫付的资金。

财政部门零余额账户在国库会计中使用。预算单位零余额账户在行政单位会计和公立非营利组织会计中使用，主要用于预算单位办理转账、提取现金等结算业务。

（三）预算外资金财政专户

它是财政部门在代理银行开设的，用于记录、核算和反映预算外资金收入和支出，并对预算外资金日常收支进行清算的账户。在国库单一账户体系内专门设置预算外资金专户，预算外资金专户在财政部门设立和使用。

（四）特设专户

它是经国务院和省级人民政府批准或授权财政部门在商业银行开设的特殊专户，用于核算和反映预算单位的特殊专项支出活动，并用于与国库单一账户清算。特设专户在按规定申请了特设专户的预算单位使用。

三、国库集中收付的程序

（一）国库集中收入的收缴程序

政府财政收入可以划分为税收收入、社会保障收入、非税收收入、转移和赠与收入、贷款回收本金与产权处置收入和债务收入六类。这六类收入既包括预算内资金，也包括预算外资金。为了适应建立国库集中收付制度的要求，财政性收入的收缴方式主要有以下两种：

收入不论是税或者非税都按现行办法缴入国库指定的经收处，该处于当天划入国库，国库在查清科目，分清级次后，通过银行清算系统直接划入各级国库单一账户。预算收入的缴库方式分为直接缴库和集中汇缴。

1. 直接缴库方式。

直接缴库方式是由预算单位或缴款人按照有关部门法律、法规的规定，直接将收入缴入国库单一账户，属于预算外资金的，则直接缴入预算外资金财政专户。

直接缴库的税收收入，由纳税人或税务代理人申报，经征收机关审核无误后，开具缴款书，送交纳税人开户银行，纳税人的开户银行将税款缴入国库单一账户，再由国库向财政部门和征收机关出具缴款报告。

社会保障收入、非税收收入、转移和赠与收入、贷款回收本金、产权处置收入，以及债务收入的收缴程序略有不同：先由行政事业单位向缴款义务人下达收款通知，然后由缴款人将款项缴入财政委托的代理银行，代理银行将款项划转财政预算外资金专户或与国库单一账户进行清算，再由国库向财政部门和行政事业机关报告缴款情况。

2. 集中汇缴方式。

集中汇缴方式是由征收机关和依法享有征收权限的单位按规定，将所收取的应缴收入汇总直接缴入国库单一账户，属预算外资金的，则直接缴入预算外资金财政专户。实行集中汇缴方式的收入，主要包括小额零散税收收入和非税收收入中的现金缴款。

（二）国库集中支出的付款程序

财政性资金实行财政直接支付和财政授权支付两种方式。

财政直接支付是指由财政部门向中国人民银行和代理银行签发支付指令，代理银行根据支付指令通过国库单一账户体系将资金直接支付给收款人（即商品或劳务的供应商等）或用款单位（即具体申请和使用财政性资金的预算单位）账户。

财政授权支付是指预算单位按照财政部门的授权，自行向代理银行签发支付指令，代理银行根据支付指令，在财政部门批准的预算单位的用款额度内，通过国库单一账户体系将资金支付到收款人账户。

1. 财政直接支付程序。

预算单位实行财政直接支付的财政性资金包括工资支出、工程采购支出、物品和服务采购支出。财政直接支付的申请由预算单位按财政部门批复的部门预算和资金使用进度汇总，填写"财政直接支付汇总申请书"，报财政部门国库支付执行机构。财政部门国库支付执行机构审核预算单位提出的支付申请无误后，开具"财政直接支付汇总清算额度通知单"和"财政直接支付凭证"，经财政部门国库管理机构加盖印章签发后，分别送中国人民银行和代理银行。代理银行根据"财政直接支付凭证"及时将资金直接支付给收款人或用款单位。

代理银行依据财政部门国库支付执行机构的支付指令，将当日实际支付的资金，按预算单位分预算科目汇总，附实际支付清单与国库单一账户进行资金清算。代理银行根据"财政直接支付凭证"办理支出后，开具"财政直接支付入账通知书"发给预算单位。预算单位根据收到的支付凭证进行会计核算。

2. 财政授权支付程序。

财政授权支付程序主要适用于未纳入工资支出，工程采购支出，物品、服务采购支出管理的购买支出和零星支出。财政部门根据批准的预算单位用款计划中的月度授权支付额，每月终了前以"财政授权支付汇总清算额度通知单"、"财政授权支付额度通知单"的形式分别通知中国人民银行、代理银行。

代理银行在收到财政部门下达的"财政授权支付额度通知单"时，向相关预算单位发出"财政授权支付额度到账通知书"，基层预算单位凭据"财政授权支付额度到账通知书"所确定的额度，在月度用款限额内自行开具支付令支用资金；代理银行凭据"财政授权支付额度通知单"受理预算单位财政授权支付业务，控制预算单位的支付金额，并与国库单一账户进行资金清算。

预算单位支用授权额度时，填制财政部门统一制定的"财政授权支付凭证"送代理银行，代理银行根据"财政授权支付凭证"，通过零余额账户办理资金支付。

四、政府采购资金财政直接拨付的管理

（一）政府采购资金财政直接拨付的含义

政府采购资金财政直接拨付是将政府采购资金通过代理银行（国有商业银行或股份制商业银行）直接支付给中标供应商的拨款方式。它是现代发达国家政府采购资金普遍采用的资金支付模式。

政府采购资金是指采购机关获取货物、工程和服务时支付的资金，包括财政性资金（预算资金和预算外资金）和与财政性资金相配套的单位自筹资金。

预算资金是指财政预算安排的资金，包括预算执行中追加的资金。

预算外资金是指按规定缴入财政专户和经财政部门批准留用的未纳入财政预算收入管理的财政性资金。

单位自筹资金是指采购机关按照政府采购拼盘项目要求，按规定用单位自有资金安排的资金。

在我国，政府采购资金实行财政直接拨付和单位支付相结合，统一管理、统一核算、专款专用。实行财政直接拨付办法的采购项目和范围由各级财政部门政府采购主管机构确定。

中国人民银行国库部门负责对商业银行办理政府采购资金划拨业务的资格进行认证，财政部门根据采购资金实际支付情况，对认证合格的商业银行通过招标形式确定政府采购资金划拨业务的代理银行。财政国库管理机构应当在代理银行按规定开设用于支付政府采购资金的专户（简称"政府采购资金专户"）。任何部门（包括集中采购机关）都不得自行开设政府采购资金专户。政府采购资金实行财政直接拨付办法后不改变采购机关的预算级次和单位会计管理职责。

（二）政府采购资金财政直接拨付的支付方式

政府采购资金财政直接拨付分为三种方式，即财政全额直接拨付方式（简称全额拨付方式）、财政差额直接拨付方式（简称"差额拨付方式"）及采购卡支付方式。

1. 全额拨付方式是指财政部门和采购机关按照先集中后支付的原则，在采购活动开始前，采购机关必须先将单位自筹资金和预算外资金汇集到政府采购资金专户；需要支付资金时，财政部门根据合同履行情况，将预算资金和已经汇集的单位自筹资金和预算外资金，通过政府采购资金专户一并拨付给中标供应商。

2. 差额支付方式是指财政部门和采购机关按照政府采购拼盘项目合同中约定的各方负担的资金比例，分别将预算资金和预算外资金及单位自筹资金支付给中标供应商。采购资金全部为预算资金的采购项目也实行这种支付方式。

3. 采购卡支付方式是指采购机关使用选定的某家商业银行单位借记卡支付采购资金的行为。采购卡支付方式适用于采购机关经常性的零星采购项目。采购卡支付方式的管理办法和核算办法由财政部会同中国人民银行另行制定。

政府采购项目的具体拨款方式，由同级财政部门根据实际情况确定。

（三）财政直接拨付方式的具体管理程序

1. 资金汇集。实行全额支付方式的采购项目，采购机关应当在政府采购活动开始前三个工作日内，依据政府采购计划将应分担的预算外资金（包括缴入财政专户和财政部门批准留用的资金）及单位自筹资金足额划入政府采购资金专户。

实行差额支付方式的采购项目，采购机关应当在确保具备支付应分担资金能力的前提下开展采购活动。

2. 支付申请。采购机关根据合同约定需要付款时，应当向同级财政部门政府采购主管机构提交预算拨款申请书和有关采购文件。其中，实行差额支付方式，必须经财政部门政府采购主管机构确认已先支付单位自筹资金和预算外资金后，方可提出支付预算资金申请。采购文件主要包括：财政部门批复的采购预算、采购合同副本、验收结算书或质量验收报告、接受履行报告，采购机关已支付应分担资金的付款凭证、采购的发货票、供应商银行账户及财政部要求的其他资料。

3．支付。财政部门的国库管理机构审核采购机关填报的政府采购资金拨款申请书或预算资金拨款申请书无误后，按实际发生数并通过政府采购资金专户支付给供应商。

差额支付方式应当遵循先预算单位自筹资金和预算外资金，后支付预算资金的顺序执行。因采购机关未能履行付款义务而引起的法律责任，全部由采购机关承担。人民银行国库应当依据财政部门开具的支付指令拨付预算资金。

在现行的机构设置中，预算收支管理任务主要由财政部门的预算处和国库处共同负责。国库处是财政国库执行机构，具体负责国库资金调拨以及与国库部门的协调配合等事务。财政国库执行机构实行财政国库执行机构会计。财政国库执行机构会计是财政总预算会计的延伸，其会计核算按《财政总预算会计制度》执行。

第七章　财政总预算会计净资产的核算

净资产是一级政府所掌管的资产净值，即资产总额减去负债总额的剩余部分。财政总预算会计的净资产包括各项结余、预算周转金及财政周转基金等。

第一节　财政结余资金的核算

结余是指财政年度收入与支出相抵后的余额。财政各项结余包括一般预算结余、基金预算结余和专用基金结余。各项结余必须分别核算，不得混淆。各项结余应每年结算一次。年终将各项收入与相应的支出冲销后，即成为该项资金的当年结余。当年结余加上年年末滚存结余为本年年末滚存结余。

为了核算和监督各级财政结余资金的增减变动及结存情况，需按各项财政收支分别设置"预算结余"、"基金预算结余"、"专用基金结余"等账户。

"预算结余"账户是用来核算各级财政预算收支的年终执行结果的。该账户贷方登记年终从"一般预算收入"、"补助收入——一般预算补助"、"上解收入"、"调入资金"等账户转入的预算收入的数额；借方登记从"一般预算支出"、"补助支出——一般预算补助"、"上解支出"等账户转入的预算支出的数额；余额在贷方，反映本年的预算滚存结余（含有价证券）。

根据本年预算结余增设（提取）周转金时，借记"预算结余"账户，贷记"预算周转金"账户。

"基金预算结余"账户用来核算各级财政管理的政府性基金收支的年终执行结果。该账户贷方记录年终从"基金预算收入"、"补助收入——基金预算补助"账户转入的基金预算收入额；借方记录年终从"基金预算支出"、"补助支出——基金预算补助"、"调出资金"账户转入的基金预算支出数；余额在贷方，反映本年基金预算滚存结余数，转入下年度。

"专用基金结余"账户用来核算总预算会计管理的专用基金收支的年终执行结果。该账户贷方记录年终从"专用基金收入"账户转入的数额；借方记录年终从"专用基金支出"账户转入的数额；余额在贷方，反映本年专用基金的滚存结余，转入下年度。

【例7-1】某市财政局年终有关收入和支出账户余额为：

项　目	余　额
一般预算收入	50 000 000（贷）
补助收入——一般预算补助	2 000 000（贷）
上解收入	1 000 000（贷）
调入资金	3 000 000（贷）
一般预算支出	45 000 000（借）
补助支出——一般预算补助	1 500 000（借）
上解支出	800 000（借）
基金预算收入	5 000 000（贷）
补助收入——基金预算补助	1 500 000（贷）
基金预算支出	4 000 000（借）
补助支出——基金预算补助	1 200 000（借）
调出资金	500 000（借）
专用基金收入	2 000 000（贷）
专用基金支出	1 800 000（借）

（1）结转预算收入：

借：一般预算收入	50 000 000
补助收入——一般预算补助	2 000 000
上解收入	1 000 000
调入资金	3 000 000
贷：预算结余	56 000 000

（2）结转预算支出：

借：预算结余	47 300 000
贷：一般预算支出	45 000 000
补助支出——一般预算补助	1 500 000
上解支出	800 000

（3）结转基金预算收入：

借：基金预算收入	5 000 000
补助收入——基金预算补助	1 500 000
贷：基金预算结余	6 500 000

（4）结转基金预算支出：

借：基金预算结余	5 700 000
贷：基金预算支出	4 000 000
补助支出——基金预算补助	1 200 000
调出资金	500 000

（5）结转专用基金收入：

借：专用基金收入	2 000 000
贷：专用基金结余	2 000 000

（6）结转专用基金支出：

借：专用基金结余   1 800 000

  贷：专用基金支出   1 800 000

第二节　预算周转金的管理和核算

一、预算周转金的概念

预算周转金是为调剂预算年度内季节性收支差额，保证及时用款而设置的周转资金。预算周转金一般用年度预算结余资金设置、补充或由上级财政部门拨入。各级政府预算周转金从本级政府预算的结余中设置和补充，其额度应当逐步达到本级政府预算支出总额的4%。设置必要的预算周转金，是各级财政灵活调度预算资金的重要保证。

二、预算周转金的管理原则

设置和动用预算周转金必须遵循以下原则：

1．预算周转金一般从年度预算结余中提取设置、补充或由上级财政部门拨入。

2．预算周转金由本级政府财政部门管理，只供平衡预算收支的临时周转使用，不能用于财政开支。

3．已设置或补充的预算周转金，未经上级财政部门批准，不得随意减少。年终，必须保持原核定数，逐年结转。

4．预算周转金的数额，应与预算支出规模相适应。随着预算支出的逐年增长，预算周转金也应相应地扩充。

三、预算周转金的核算

为了核算各级财政设置用于平衡季节性预算收支差额周转使用的资金，需设置"预算周转金"账户。设置和补充预算周转金时，借记"预算结余"账户，贷记"预算周转金"账户。

【例7-2】某市财政局按规定提取用于平衡季节性预算收支差额周转使用的预算周转金1 000 000 元。

借：预算结余   1 000 000

  贷：预算周转金   1 000 000

【例7-3】收到上级机关拨来的预算周转金 250 000 元。

借：国库存款   250 000

  贷：预算周转金   250 000

第三节 财政周转基金的管理和核算

财政周转基金是财政用于有偿使用的资金，在列报财政支出的同时转入。周转金的利息收入（或占用费收入）按规定扣除必要的业务费用后应用于补充财政周转基金。

"财政周转基金"账户用来核算各级财政部门设置的有偿使用资金。用预算资金增补有偿使用周转基金时，借记有关预算支出账户，贷记"国库存款"账户；同时借记"其他财政存款"账户，贷记"财政周转基金"账户。收回财政周转基金时，借记"财政周转基金"账户，贷记有关预算支出账户；用财政周转金收入补充财政周转基金时，借记"财政周转金收入"账户，贷记"财政周转基金"账户。按我国相关规定程序报经核销的无法收回的逾期财政周转金贷款时，借记"财政周转基金"账户，贷记"待处理财政周转基金"账户。

【例7-4】某市财政局用预算资金450 000元（其中一般预算支出250 000元，基金预算支出20 000元），增补有偿使用周转基金。

借：一般预算支出　　　　　　　　　　　　　　　　　　250 000
　　基金预算支出　　　　　　　　　　　　　　　　　　200 000
　　贷：财政周转基金　　　　　　　　　　　　　　　　　　450 000

第八章 财政总预算会计报告

财政总预算会计报告是各级财政部门根据日常的核算资料定期编制的反映各级财政预算收支执行情况及其结果的书面报告，是各级政府和上级财政部门了解情况、掌握政策、评价预算执行工作的重要依据，也是编制下年度预算的基础。

第一节 财政总预算会计报告概述

一、财政总预算会计报告体系及作用

财政总预算会计报告是由地方各级财政机关逐级编制上报的、反映预算收支完成情况的报告文件。主要包括年报、旬报、月报和月份执行情况分析书面说明等。通过这些报告，可以掌握各级财政总预算的收支执行和完成情况，从而了解国民经济和社会经济发展情况以及各项事业指标执行进度与完成情况。

由各级国库编报的预算收支项目电报，按旬、按月逐级汇总上报，它反映了不同预算级次的预算收支情况。由事业、行政单位向同级财政机关报送的单位预算会计报表，按月编报，由主管部门汇总后报同级财政机关汇编月份预算收支报表，它反映了各事业、行政单位的支出情况及事业发展进度。由国有企业填报的各种报表，经各级财政机关分别汇总，逐级上报。由参与预算执行的各职能部门填报的各种报表，包括工商税收报表、海关税收缴库月报表、农业税征收旬报表、基本建设支出月报。

财政总预算会计是预算执行的一项重要的核算工作。通过会计记录和会计报表，可以及时反映预算收支执行情况及存在的问题。

国家金库是国家预算收支的收纳、保管和支拨机关。国家金库的各种报表也可以及时、全面、正确地反映预算收支的执行情况和存在的问题。预算会计和国库工作，可以为预算执行进行检查以及制定规章制度和方针政策提供可靠的信息资料。

二、财政总预算会计报表种类及编制要求

1. 财政总预算会计报表的种类。
（1）财政总预算会计报表按编制的时间分有旬报、月报、季报和年报。

（2）财政总预算会计报表按经济内容划分有：资产负债表、预算执行情况表、财政周转金收支情况表、财政周转金的投放情况表、预算执行情况说明书及其他附表等。其他附表有基本数字表和行政事业单位收支汇总表。

（3）财政总预算会计报表按编制单位划分为：本级财政总预算会计报表和汇总财政总预算会计报表。

2. 财政总预算会计报表的编制要求。财政总预算会计报表中有关数字的编制基础是：预算收入部分以缴入基层国库的数字为准；预算支出部分，行政事业费以基层单位的银行支出数为准；建设银行经办的基本建设支出，以建设银行的银行支出数为准；财政部门经费的直接支出，以财政拨款数为准。

财政总预算会计报表的编制要符合数字真实、内容完整、报送及时的基本要求。

（1）数字真实。财政总预算会计报表的数字是反映国家预算实际执行情况的数字。各级财政总预算会计人员应根据核对无误的账户记录编制和汇总会计报表，切实做到账表相符，有根有据，不能有任何虚假和伪造数字的现象。

（2）内容完整。各级财政总预算会计必须按照统一规定应编报的报表和各报表规定填写的内容、项目、数字计算方法和编制口径填报，以保证全国财政总预算会计报表的统一汇总和分析。年报还要有预算收支执行情况及结果的文字说明。汇总报表的单位，要把所属单位的报表汇集齐全，防止漏报。报表中不便于用数字说明的部分，要用文字说明附于表后。

（3）报送及时。各级财政总预算会计应加强日常会计核算工作，督促有关单位及时记账、结账，在规定期限内报出数字，以便及时编报，迅速汇总。

三、决算报表编审的组织工作

财政总预算会计的年报，即各级政府决算报表，反映着年度预算收支的最终结果。各级总预算会计在财政部门主要领导人的领导下，参与或具体负责组织下列决策草案编审工作：

（1）参与组织制定决算草案编审办法。根据上级财政部门的统一要求和本行政区域预算管理的需要，提出年终收支清理，数字编列口径，决算审查和组织领导等具体要求，并对财政结算、结余处理等具体问题规定处理办法。

（2）参与制发或根据上级财政部门的要求结合本行政区域的具体情况转（制）发本行政区域财政总决算统一表格和本级单位决算统一表格。协同财务部门设计基本数字表及其他附表。

（3）办理全年各项收支、预拨款项、往来款项等会计对账、结账工作。

（4）对下级财政部门和同级单位预算主管部门布置决算草案编审工作，并督促检查和及时汇总报送决算。

（5）审查、汇总所属财政决算草案收支各表，并负责全部决算草案的审查汇总工作。

（6）编写决算说明书。向上级财政部门汇报决算编审工作情况，进行上下级财政之间的财政体制结算以及财政总决算的文件，归档工作。

四、财政总预算会计报表的编制程序

财政总预算会计报表要从基层开始逐级层层汇总编报，不得估列。事业单位、行政单位的收支汇总表是财政总预算会计报表的一个重要组成部分，必须从基层单位编报，由主管部门逐级汇总后，报同级财政部门，并由财政总预算会计进行汇总。参与国家预算执行的国库、建设银行的报表是财政总预算会计记账和报表的重要组成部分，必须由这些机构逐级汇总报同级财政部门，汇入财政总预算会计报表。

各级财政部门应将汇总编制的本级决算草案及时报本级政府审定。各级财政部门应按照上级财政部门规定的时限和份数，将经本级人民政府审定的本行政区域决算草案逐级及时报送备案。计划单列城市的会计报表和年度财政决算在报省级财政部门的同时，直接报送财政部。

第二节　财政总预算会计报表编制

一、旬报的编制

旬报是反映从月初到本旬止的预算收支主要指标完成情况的报表。于每月上旬、中旬各编一次，只列报若干主要收支的数字。下旬免报，以月报代替。旬报要求及时、快速、简明扼要。旬报预算收入项目，根据预算收入明细账上的旬累计数填列。旬报支出项目以本旬财政拨款数填列。县级旬报应在旬末一月内报上级财政部门，一般以电话报出。上级财政部门在收齐下级财政部门电旬报后，加上本级预算收支数字，汇总电报上一级财政部门。一般要求省、自治区、直辖市的旬报在旬后 3 日内以电报上报财政部。旬报的基本格式如表 8-1 所示。

表 8-1　　　　　　　　　　　　　　　预算收支旬报

编制单位：　　　　　　　　　　　年　　月　　日　　　　　　　　　　单位：千元

电报代号	项　目	金　额	电报代号	项　目	金　额
	收入合计：			支出合计：	
	工商税收			其中：	
	其中：			基础建设支出	
	增值税			价格补贴支出	
	营业税			行政事业费支出	
	企业所得税				
	耕地占用税				
	国有企业上缴利润				
	国有企业计划亏损补贴				
	其他收入				

二、月报的编制

月报是反映从年初至本月末止的预算收支执行及资产、负债、净资产情况的报表。具体分为资产负债表、一般预算收入月报、一般预算支出月报、基金预算收支月报。也可以将一般预算收支月报与基金预算收支月报合并编报。

表内各项数字除要求填列截止报告月底的累计数字外，还要报送预算执行情况说明书。

财政总预算会计的月报表（除资产负债表）按收支配比要求编制，分为"预算收入月报"、"预算支出月报"等。预算收入内容按"政府预算收支科目"的规定和复式预算要求，收入报到"款"，支出报到"款"和主要的"项"级科目。

"预算收入月报"、"预算支出月报"的格式分别见表8-2和表8-3所示。

表 8-2   **预算收入月报**

填报单位：   年   月   单位：千元

电报代号	收入项目（预算科目）	当月数	累计数
	1．增值税 其中：国内增值税 2．消费税 其中：国内消费税 3．营业税 其中：铁道营业税 （以下略）		
	合　计		

表 8-3   **预算支出月报**

填报单位：   年   月   单位：千元

电报代号	收入项目（预算科目）	本月完成数	累计完成数
	1．基础建设支出 其中：冶金工业基建支出 2．冶金工业改造资金 其中：冶金工业挖潜改造资金 3．简易建筑费 其中：商业简易建筑费 （以下略）		
	合　计		

三、年报的编制

年报又称为年度决算报表，是全面反映各级财政预算收支执行结果的报表。它既是分析检查各级财政全年预算收支执行情况及其结果的依据，又是安排下年度预算的重要参考资料。因此，年度终了，要在认真进行年终清理的基础上，做好年终结算和年终结账工作，按规定编制好年报。

在编制年报之前应做好年终清理、结算和结账工作。

1. 年终清理并结算。为了如实反映全年预算收入的执行结果，保证年终决算收支数字的准确性，在年终决算之前，各级财政部门要对全年的预算收支和往来款项等，进行全面的清查、核对。主要清查：

（1）核对年度预算收支数额。预算收支是考核各级财政全年预算收支执行结果，进行会计结算的依据。因此，年终前各级财政总预算会计，应配合预算管理部门把本级财政总预算与上、下级财政总预算和本级各单位预算之间的全年预算数核对清楚。追加追减、上划下划数字，必须在年度终了前核对完毕。为了便于年终清理，本年预算的追加追减和企事业单位的上划下划，一般截至11月底为止。各项预算拨款，一般截至12月25日为止。

（2）清理本年预算收支。凡属本年的一般预算收入，都要认真清理，年终前必须如数缴入国库。督促国库在年终库款报解整理期内，迅速报齐当年的预算收入。应在本年预算支领列报的款项，非特殊原因，应在年终前办理完毕。

（3）组织征收机关和国库进行年度对账。年度终了后，按照国库制度的规定，支库应设置10天的库款报解整理期（设置决算清理期的年度，库款报解整理期相应顺延）。各经收处12月31日前所收款项均应在"库款报解整理期"内报达支库，列入当年决算。同时，各级国库要按年度决算对账办法编制收入对账单，分送同级财政部门、征收机关核对签章。保证财政收入数字的一致。

（4）清理核对当年拨款支出。各级总预算会计对本级各单位的拨款支出应与单位的拨款收入核对清楚。对于当年安排的非包干使用的拨款，其结余部分应根据具体情况处理。属于单位正常周转占用的资金，仍可作为预算支出处理；属于应收回的拨款，应及时收回，并按收回数相应冲减预算支出。属于预拨下年度的经费，不得列入当年预算支出。

（5）清理往来款项。各级财政的暂收、暂付等各种往来款项，要在年度终了前认真清理结算，做到人欠收回，欠人归还。应转作各项收入或各项支出的款项，要及时转入本年有关收支账。

（6）清理财政周转金收支。各级财政预算部门或周转金管理机构应对财政周转金收支款项、上下级财政之间的财政周转金借入借出款项进行清理。同时对于各项财政周转金贷放款进行清理。财政周转金明细账由财政业务部门核算的，各预算部门或周转金管理机构应与业务部门的明细账进行核对，做到账账相符。

（7）进行年终财政结算。各级财政要在年终清理的基础上，结清上下级财政总预算之间的预算调拨收支和往来款项。要按照财政管理体制的规定，计算出全年应补助、应上解和应返还数额，与年度预算执行过程中已补助、已上解和已返还数额进行比较，结合借垫款项，计算出全年最后应补或应退数额，填制"年终财政决算单"，经核对无误后，作为年终财政结算凭证，据以入账。

各级总预算会计，对年终决算清理期内发生的会计事项，应当划清会计年度。属于清理上年度的会计事项，记入上年度账内；属于新年度的会计事项，记入新账。要防止错记漏记。

2. 年终结账。经过年终清理和结算，把各项结算收支记入旧账后，即可办理年终结账。年终结账工作一般分为年终转账、结算旧账和记入新账三个环节，依次作账。

（1）年终转账。计算出各账户 12 月份合计数和全年累计数，结出 12 月末余额，编制结账前的"资产负债表"。再将应对冲转账的各个收入、支出账户余额，填制 12 月份的记账凭证（凭证按 12 月份连续编号，填制实际处理日期），分别转入"预算结余"、"基金预算结余"和"专用基金结余"账户。将当年"财政周转金支出"转入"财政周转金收入"账户，并将财政周转金收支相抵后的余额转入"财政周转基金"账户。

① 将"一般预算收入"、"补助收入——一般预算补助"、"上解收入"、"调入资金"等账户余额转入"预算结余"账户。

借：一般预算收入

补助收入——一般预算补助

上解收入

调入资金

贷：预算结余

② 将全年"一般预算支出"、"补助支出——一般预算补助"、"上解支出"账户累计余额转入"预算结余"账户。

借：预算结算

贷：一般预算支出

补助支出——一般预算补助

上解支出

③ 将"基金预算收入"、"补助收入——基金预算补助"账户年末余额转入"基金预算结余"账户。

借：基金预算收入

补助收入——基金预算补助

贷：基金预算结余

④ 将"基金预算支出"、"补助支出——基金预算补助"、"调出资金"账户年末余额转入"基金预算结余"账户。

借：基金预算结余

贷：基金预算支出

补助支出——基金预算补助

调出资金

⑤ 将"专用基金收入"账户年末余额转入"专用基金结余"账户。

借：专用基金收入

贷：专用基金结余

⑥ 将"专用基金支出"账户年末余额转入"专用基金结余"账户。

借：专用基金结余

　　贷：专用基金支出

⑦ 将"财政周转金支出"账户余额转入"财政周转金收入"账户。

借：财政周转金收入

　　贷：财政周转金支出

⑧ 将"财政周转金收入"账户的收支相抵后的差额转入"财政周转基金"账户。

借：财政周转收入

　　贷：财政周转金收入（支大于收）

（2）结清旧账。将各个收入和支出账户的借方、贷方结出全年总计数，然后在下面划双红线，表示本账户全部结清。对年终有余额的账户，在"摘要"栏内注明"结转下年"字样，表示转入新账。

（3）记入新账。根据本年度各个总账账户和明细账户年终转账后的余额编制年终决算"资产负债表"和有关明细表（不编记账凭证），将表列各账户的余额直接记入新年度有关总账和明细账各账户预留空行的余额栏内，并在"摘要"栏注明"上年结转"字样，以区别新年度发生数。

决算经本级人民代表大会常务委员会（或人民代表大会）审查批准后，如需更正原报决算草案收入、支出数字时，则要相应调整旧账，重新办理结账和记入新账。

3．编审年度决算报表。各级财政总预算会计在进行年终结账后，应根据上级财政部门颁发的决算编审文件和总决算统一表格，编制年终决算报表，即年报。年报的种类、格式和内容由财政部根据国家预算管理的要求和总预算会计制度的基本精神作统一规定。各省、自治区、直辖市财政机关可以根据本地区的特殊需要，作适当的补充。

财政总预算会计的年报，一般包括：财政收支决算总表、财政收入决算明细表、财政支出决算明细表、财政决算年终资产负债表及各种基金收支明细表等。

（1）资产负债表。《财政总预算会计制度》设计的资产负债表不是真正意义上的资产负债表，而是资产负债表和预算收支表的集合。财政总预算会计的资产负债表同样如此。其内容既要反映各级财政总预算会计某一时日（期末）拥有的资产、负债和净资产情况；又要反映各级财政总预算会计某一时期（月内）预算收支执行情况。其基本格式如表8-4所示。

表8-4　　　　　　　　　　　　　　　　　资产负债表

编制单位：　　　　　　　　　　　年　月　日　　　　　　　　　　　单位：千元

资产部类			负债部类		
科目名称	年初数	期末数	科目名称	年初数	期末数
资产合计			负债合计		
国库存款			暂存款		
其他财政存款			与上级往来		
有价证券			借入款		
在途款			借入财政周转金		

续表

资产部类			负债部类		
科目名称	年初数	期末数	科目名称	年初数	期末数
暂付款			净资产合计		
与下级往来			预算结余		
预拨经费			基金预算结余		
基建拨款			专用基金结余		
基建周转金放款			预算周转金		
借出财政周转金			财政周转基金		
待处理财政周转金					
资产部类总计			负债部类总计		

（2）财政收支决算总表。该表反映各级财政部门预算收入、预算支出的执行结果及结余情况。本表只填列预算、决算收支大类的数字。"预算调整数"填列各地区在年初"人代会"通过的收支预算数基础上，经调整后的全年预算数。"国有企业计划亏损补贴类"、"所得税退税类"数字应为负数。"城市维护费类"支出，包括用城市维护建设税和地方机动财力安排的城市维护支出，不包括计划安排的城建基建投资。个别地区如发生有"地方政府向国外借款收入"的，在收支合计线下根据以支定收的原则，同时列收到支。即："地方政府向国外借款安排的支出"、"地方政府向国外借款还本付息支出"两项之和，要与"地方政府向国外借款收入"数字一致。"社会保险基金收入"在收支合计线下根据以收定支的原则同时列收列支，即"社会保险基金支出"与"社会保险基金支出结余"之和，要与"社会保险基金收入"数字一致。有价证券利息收入，列入"其他收入类"中。排污费和水资源费结余列报在"结转下年支出结余"的"专款支出"中。财政收支决算总表的格式和内容见表8-5所示。

表8-5　　　　　　　　　　20××年财政收支决算总表　　　　　　　　　单位：千元

收 入				支 出			
预算科目	行号	预算调整数	决算数	预算科目	行号	预算调整数	决算数
工商税收类	1			基本建设支出类	57		
农牧业税和耕地占用税类	2			企业挖潜改造资金类	58		
企业所得税类	3			简易建筑费类	59		
国有企业上缴利润类	4			地质勘探费类	60		
国有企业计划亏损补贴类	5			科技"三项费用"类	61		
国家能源交通重点建设基金收入类	6			流动资金类	62		
基本建设贷款归还收入类	7			支援农村生产支出类	63		
其他收入类	8			农林水利气象等部门的事业费类	64		
国家预算调节基金类	9			工业交通部门的事业费类	65		
所得税退税类	10			商业部门事业费类	66		

续表

收　入				支　出			
预算科目	行号	预算调整数	决算数	预算科目	行号	预算调整数	决算数
专项收入类	11			城市维护费类	67		
罚没收入行政性收费收入类	12			文教卫生事业费类	68		
	13			科学事业费类	69		
	14			其他部门的事业费类	70		
	15			抚恤和社会福利救济费类	71		
	16			国防支出类	72		
	17			行政管理费类	73		
	18			公检法支出类	74		
	19			价格补贴支出类	75		
	20			支援不发达地区支出类	76		
	21			其他支出类	77		
	22			总预备费类	78		
	23			专款支出类	79		
	24			农业综合开发支出类	80		
	25				81		
	26				82		
	27				83		
收入合计	28			支出合计	84		

（3）财政收入决算明细表。该表是按部门、分用途详细地反映各"类、款、项、目"支出数字的报表。应根据地方财政总预算会计预算收入明细账汇总填列。其格式如表8-6所示。

表8-6　　　　　　　　　　　　20××年财政收入决算明细表

收　入			支　出		
预算科目	行号	决算数	预算科目	行号	决算数
工商税收类	1		私营和个体投资方向调节税	29	
增值税	2		工商税收税款滞纳金税款收入	30	
一般增值税	3		农牧业税和耕地占用税类	31	
一般产品增值税	4		农牧业税	32	
校办、福利、外商企业退增值税	5		农业税	33	
营业税	6		牧业税	34	
一般营业税	7		农业特产税	35	
营业税退税	8		耕地占用税	36	
校办、福利、外商企业退营业税	9		契税	37	

续表

收　　入			支　　出		
预算科目	行号	决算数	预算科目	行号	决算数
个人所得税	10		企业所得税类	38	
土地增值税	11		国有企业上缴利润类	39	
外商投资企业和外国企业所得税	12		国有企业计划亏损补贴类	40	
一般合资企业所得税	13		国家能源交通重点建设基金收入类	41	
一般中外合作企业所得税	14		地方行政单事业位上缴的能源交通基金	42	
一般外资企业所得税	15		地方财政上缴的能源交通基金	43	
一般外国企业所得税	16		城镇集体企业上缴的能源交通基金	44	
城市维护建设税	17		城乡集体和个体工商户上缴的能源交通基金	45	
车船税	18		地方其他单位上缴的能源交通基金	46	
房产税	19		能源交通基金罚款和滞纳金收入	47	
屠宰税	20		基本建设贷款归还收入类	48	
资源税	21		其他收入类	49	
城镇土地使用税	22		事业收入	50	
印花税	23		外事服务收入	51	
证券交易印花税	24		中外合资企业其他收入	52	
其他印花税	25		中方职工补贴收入	53	
筵席税	26		场地使用费收入	54	
固定资产投资方向调节税	27		其他收入	55	
投资方向调节税	28		国家资源管理收入	56	

（4）财政支出决算明细表。该表是按部门、分用途详细地反映各"类、款、项、目"支出数字的报表。应根据地方财政总预算会计预算支出明细账有关数字和下级财政部门预算支出明细账汇总填列。其格式如表 8-7 所示。

表 8-7　　　　　　　　　　　　　　**20××年财政支出决算明细表**

部门	行号	基本建设支出类			企业挖潜改造资金类	简易建筑费类	科技三项费用类	流动资金类	公交部门事业费类	商业部门事业费类
		合计	拨改贷	预算拨款						
本类合计	1									
工业部门小计	2									
冶金工业	3									
有色金属工业	4									
煤炭工业	5									
石油工业	6									
石油化学工业	7									

部门	行号	基本建设支出类			企业挖潜改造资金类	简易建筑费类	科技三项费用类	流动资金类	公交部门事业费类	商业部门事业费类
电力工业	8									
核工业	9									
兵器工业	10									
化学工业	11									
机械工业	12									
电子工业	13									
汽车工业	14									
航空工业	15									
航天工业	16									
船舶工业	17									
建筑材料	18									
轻工业	19									
纺织	20									
医药企业	21									
森工企业	22									
地质	23									
包装	24									
其他	25									
建筑工程企业	26									
施工企业	27									
交通、邮电部门小计	28									
铁道	29									

（5）财政周转金投放情况表。该表是用于反映年度财政周转金规模、周转金放款、借出及回收情况的报表。其基本格式如表8-8所示。

表8-8　　　　　　　　　　　　　财政周转金投放情况表

项目	年初数	本期增加数	本期减少数	期末数	项目	年初数	本期回收数	期末数
财政周转基金					财政周转金放款			
向上级借入					1.			
					2.			
					3.			
					……			
					借出财政周转金			

续表

项目	年初数	本期增加数	本期减少数	期末数	项目	年初数	本期回收数	期末数
					1.			
					2.			
					3.			
					……			

（6）财政周转金收支情况表。该表是用于反映各级财政周转金收入、支出及结余分配情况的报表。该表分为左右两方，左方反映财政周转金利息收入、占用费收入情况；右方反映周转金占用费、业务费支出情况。各项收支应按具体项目填列。本表编制要求按照财政部规定办理。其基本格式如表8-9所示。

表8-9　　　　　　　　　　财政周转金收支情况表　　　　　单位：千元

财政周转金收入		财政周转金支出	
项　目	金　额	项　目	金　额
利息收入		占用费支出	
占用费收入		业务支出	
转入财政周转金		其他	
合　计		合　计	

（7）财政周转基金变动情况表。该表是用于反映财政周转金年度内增减变化情况的报表。其中"财政周转基金年初数"加上"本年预算安排数"、"本年占用费及利息转入数"、"上级拨入数"和其他增加数"，减去"本年核销（待处理周转金）数"即为财政周转基金"年末数"。填报本表时，有关预算安排增加数和其他增加数应按实有项目列出细目。"待处理财政周转金"的"本年核销数"是指按规定的程序报经批准核销的数额。未经批准，不得自行核销。其基本格式如表8-10所示。

表8-10　　　　　　　　　　财政周转基金变动情况表　　　　　单位：千元

序号	项　目	金　额	序号	项　目	金　额
1	财政周转基金年初数		9	其他增加数	
2	本年预算安排数		10	1.	
3	1.		11	2.	
4	2.		12	3.	
5	3.		13		
6	……		14	……	
7	本年占用费及利息转入		15	待处理周转基金年初数	
8	上级拨入数		16	本年增加数	

续表

序号	项目	金额	序号	项目	金额
17	本年减少数		20	本年核销数	
18	其中		21	待处理周转基金期末数	
19	收回数				

（8）财政基金预算收支决算总表。该表是用于反映各级财政基金预算收支执行结果和结余情况的报表。其格式及内容如表 8-11 所示。

表 8-11　　　　　　　　　　　　财政基金预算收支决算总表

收　　入				支　　出			
预算科目项目	行号	决算数	备注	预算科目项目	行号	决算数	备注
各项附加收入	1			基本建设支出类	29		
农牧业税附加	2			其中：工业部门支出	30		
盐税提成	3			农业部门支出	31		
城镇公用事业附加	4			教育部门支出	32		
渔业建设附加	5			水利部本支出	33		
其他附加	6			城市公用部门支出	34		
集中企业收入	7			更新改造支出	35		
集中折旧基金	8			大修理支出	36		
集中利润	9			简易建筑费支出	37		
集中其他收入	10			城市维护支出	38		
集中事业收入	11			科技"三项费用"支出	39		
公房租赁收入	12			事业支出	40		
集中其他收入	13			上缴国家能源交通基金	41		
	14			上缴国家预算调节基金	42		
	15			其他支出	43		
	16				44		
	17				45		
本年收入合计	18			本年度支出合计	46		
上级补助收入	19			解缴上级支出	47		
下级补助收入	20			补助下级支出	48		
调入资金	21			调出资金	49		
兑付有价证券	22			购买有价证券	50		
上年结余	23			年终滚存节余	51		
其中：结转下年的支出	24			其中：结转下年的支出	52		
安排使用业税附加结余	25			下年安排使用的农业税附加结余	53		

续表

收　入				支　出			
预算科目项目	行号	决算数	备注	预算科目项目	行号	决算数	备注
净结余	26			净结余	54		
	27				55		
总计	28			总计	56		

（9）专用基金收支情况表。该表是用于反映专用基金年度增减变化情况的报表。它是根据专用基金收、支明细账按项目填报的。其格式如表 8-12 所示。

表 8-12　　　　　　　　　　　专用基金收支情况表　　　　　　　　　　单位：千元

收　　入	金　　额	支　　出	金　　额
粮食风险基金收入		粮食风险基金支出	
……		……	
……		……	
收入合计		支出合计	
上年结余		滚存结余	
1. 粮食风险基金		1. 粮食风险基金	
2. ……		2. ……	
总计		总计	

（10）各种基本数字表。该类报表属于决算报表附表，是反映行政事业单位的机构、人员、开支标准等定员定额和业务成果的报表。

（11）财政决算说明书。决算说明书是决算会计报表的重要组成部分。财政决算编成后，还要根据决算收支数字，结合国民经济和社会发展计划的有关指标，以及平时积累的调查研究资料，详细分析财政收支完成好坏的原因，总结一年来预算管理工作的经验和存在的问题，编写决算说明书，连同决算报表一并报送同级人民政府。经过同级人民政府审阅同意后，再报送上级财政部门汇编成地区和全国的财政决算。

第三节　财政报表的审核及分析

一、会计报表的审核

为了保证总预算会计报表数字正确，内容完整，如实反映核算执行情况，各级财政部门对于本级各主管部门和下级财政部门的会计报表，必须认真审核，以保证报表的质量。

对会计报表的审核，主要包括两方面的内容：一是政策性审核；二是技术性审核。政策性审核是从贯彻政策、执行制度等方面，对各项预算收支执行情况及其结果进行审核；技术性审核是从会计报表数字关系、数字计算的准确程度等方面，对各项预算收支执行情况及其结果进行审核。

1．政策性审核。

（1）预算收入方面应着重审查的内容包括：

① 属于本年的预算收入是否按照国家政策、预算管理体制和有缴款办法，及时足额地缴入国库；是否有无故拖欠、截留、挪用国库收入的情况；是否将应缴的收入以暂存款过在往来账上等。

② 收入退库是否符合国家规定范围，对应列作预算支出或改列预算支出的款项，有无继续办理退库，仍作冲减收入办理，企业亏损退库是否控制在年度核定的计划指标以内，超计划亏损退库是否经过批准等。

③ 年终决算收入数与 12 月份预算会计报表中全年累计数如有较大出入，要具体查明原因。属于违反财经纪律、转移资金的要及时纠正。

（2）预算支出方面应着重审查的内容包括：

① 列入本年决算支出是否符合规定的年度，有无本年预拨下年度经费列入本年决算支出。

② 决算支出是否按规定的列报口径列支。

③ 预算支出是否编列齐全，有无漏报现象，有无在国家核定的预算和计划之外任意扩大支出，提高标准，以及其他违反财政制度的开支。

④ 年终决算支出和12月份会计报表所列全年累计支出数如有较大增加，要查明原因，重点查明超支和增支中有无违反财经纪律的情况。

2．技术性审核。

（1）审核内容包括：

① 审核决算报表之间的有关数字是否一致。

② 审核上下年度有关数字是否一致。

③ 审核上下级财政总决算之间、财政部门决算与单位决算之间有关上解、补助、暂收、暂付往来和拨款项目数字是否一致。

④ 审核财政总决算报表的有关数字与其他有关部门的财务决算、税收年报和国库年报等有关数字是否一致。

（2）审核方法。对总预算会计报表审核的方法，主要有由上级财政部门审核和组织同级地方财政部门总预算会计人员联审互查等两种形式。由上级财政部门审核是经常采用的一种形式，而联审互查有利于加快报表编审进度和互相交流经验。

（3）处理规定。对总预算会计报表审核后，如发现有违法乱纪行为，应提出处理意见，迅速报请有关部门，属于少报收入，多列支出方面的，要予以收缴和剔除；属于漏报某些报表或项目方面的，要责令编报单位及时补报；属于计算错误、归类错误以及列项错误等技术方面的要予以更正。

二、会计报表的汇总

总预算会计报表，要从基层单位开始，逐级层层汇总编报，不得估列代编。单位预算会计报表，是总预算会计报表的一个组成部分，必须从基层单位产生，由主管部门逐级汇总后，报同级财政部门汇入总预算会计报表；参与组织预算执行的国库、建设银行以及办理和监督中央级限额拨款的国家银行的预算收支执行报表等，是总预算会计记账和报账的重要组成部分，必须由这些机构汇总报同级财政部门，汇入总预算会计报表。

县及县以上财政总预算会计，除编制本级报表外，还要连同所属总预算会计报表，一并汇总为全地区的总预算会计报表。对所属总预算会计报表不作会计记录。向上级总预算会计只报送汇总报表，不报本级报表，以反映各级总预算的全面执行情况。

上级财政总预算会计在编制汇总会计报表时，应将上下级之间对应账户的数字予以冲销，以避免重复计列收支。方法是将本级报表中的"补助支出"和所属下级报表中的"上级补助收入"冲销；本级报表中的"下级上解收入"与所属下级报表中的"上解支出"冲销；本级报表中的"与下级往来"与所属下级报表中的"与上级往来"冲销。而其余各数字均将本级报表和所属下级报表中的相同账户的数字相加则可得到汇总会计报表的有关数字。

决算报表汇编完成后，地方各级财政决算报请各级人民政府审核，并提请同级人民代表大会讨论、审核和批准。国家财政决算报请国务院审核，并提交全国人民代表大会讨论、审查和批准。

三、会计报表的分析

各级财政总预算会计报表，概括、集中地反映了各级财政总预算的执行情况，但它还不能直接说明预算收支完成好坏的原因。为了总结预算管理的经验教训，肯定成绩，揭露矛盾，不断组织预算收支过程中的平衡，保证预算收支任务的圆满实现，提高预算管理工作的水平，必须做好会计报表的分析工作。

财政会计报表分析一般采用比较分析法，即将本期实际数与预算数比较，与上期实际数比较，以及以同类指标在不同地区、单位之间进行比较。本期实际数（预算执行数）与预算数进行比较，以考核预算收支执行的情况和进度；本期实际与上期实际完成数进行比较，并从中找出先进与落后的差距及其对预算收支的影响程度，进而分析原因，挖掘潜力，以不断改进预算管理工作。

比较分析法，只能用于同性质指标间的数量比较。因此，在比较之前，必须注意对比指标的可比性，如对比指标采用的口径和时间是否一致，在经济特点上是否可比等。

总预算会计分析的内容主要有：预算收支完成情况总的分析，预算收入完成情况的分析，预算支出完成情况的分析。它是根据财政收支总表、有关明细表、基本数字表、国民经济计划完成情况的资料以及历史资料和实际调查研究所取得的资料来进行的。

【例8-1】 现以某县20××年总预算执行情况为例，说明怎样进行会计报表的分析。

（一）预算收支完成总情况的分析

该县全年收入预算为 30 000 000 元，实际完成 33 000 000 元，超收 3 000 000 元，即超收 10%完成了收入预算任务；全年支出预算为 15 000 000 元，实际完成 14 500 000 元，即节约了 3.33%，全年收入超收和支出结余共 3 500 000 元，实现了增收节支，预算收支任务完成情况是良好的。

（二）预算收入完成情况的分析

在对预算收入完成情况进行分析之前，应先根据会计报表及有关资料，编制预算收入完成情况分析表，然后再逐项进行分析。预算完成表的格式如表 8-13 所示。

表 8-13　　　　　　　　××县 20××年预算收入完成情况分析表　　　　　　单位：千元

收入项目	上年完成数	本年预算数	本年完成数	本年完成数为预算%	本年完成数比上年±%
一、工商税收	15 650	17 500	19 750	112.86	+26.20
增值税	10 090	11 400	12 650	110.96	+25.37
消费税	250	300	365	121.67	+46.00
营业税	1 600	1 750	1 950	111.43	+21.29
外商投资企业所得税	2 150	2 350	2 920	124.26	+35.81
个人所得税	435	500	600	120.00	37.93
城市维护建设税	1 000	1 050	1 100	104.76	+10.00
其他税收	125	150	165	110.00	+32.00
二、农牧业税和耕地占用税	2 500	2 750	3 000	109.09	+20.00
三、国有企业所得税	3 750	5 850	6 100	104.27	+62.67
四、国有企业上缴利润	3 500	4 200	4 350	103.57	+24.29
五、国有企业计划亏损补贴	−600	−550	−500	90.91	−16.67
六、其他收入	200	250	300	120.00	+50.00
合　计	25 000	30 000	33 000	110.00	+32.00

从表 8-13 所列数字可以看出，该县全年预算收入总额达到了 33 000 000 元，超过预算 10%，即 3 000 000 元，比上年增长 32%，增收 8 000 000 元，成绩是显著的，应逐项并有重点的分析各项预算收入完成情况及原因。

（1）该县全年工商税收全年预算数为 17 500 000 元，实际完成了 19 750 000 元，超过预算 12.86%，即 2 250 000 元，占全部预算收入超收总额的 75%，为各类收入超收额之冠。比上年增收 26.2%，即 4 100 000 元，增收幅度和数额均较大。因此，应作为分析的重点。其具体情况如下：

一是增值税为 12 650 000 元，超过预算 10.96%，即 1 250 000 元，比上年增长 25.37%，应深入分析超收的原因，是由于农业生产增长、销售增加。售价提高所致，还是由于加强了税收征工所致。

二是消费税为 365 000 元，超过预算 21.67%，即 65 000 元。比上年增收 115 000 元，增长 46%，增长幅度较大，应分析增收原因是由于成产增长，还是征管工作加强。

三是营业税为 1 950 000 元，比预算超收 11.43%，比上年增长 21.29%。应分析是由于商品流通扩大、服务性行业发展，还是由于税收征管工作的改进，而增加了这类税收收入。

四是外商投资企业所得税为 2 920 000 元，比预算超收 24.26%，比上年增长 35.81%，应结合外商投资的发展，对外商投资企业税收政策的落实和征管工作的加强的情况，分析其超收和增长的原因。

五是个人所得税为 600 000 元，比预算超收 20%，比上年增长 37.93%。应结合个人所得税应纳税人的发展和对其应纳税收的征管工作情况，分析其超、增收原因及存在的问题。

六是城市维护建设税为 1 100 000 元，比预算超收 4.76%，比上年增长 10%，应着重分析其是否做到了应收就收，以保证城镇维护与建设的需要。

七是其他工商税为 165 000 元，比预算超收 10%，比上年增长 32%。应具体分析除上述六项税收以外的其他各项工商税收增减变化情况及原因。

（2）该县农牧业税和耕地占用税全年预算数为 2 750 000 元，实际完成 3 000 000 元，比预算超 9.09%，比上年增长 20%，应结合农牧业的发展和农牧业税收制度的改革及耕地占用情况，分析其增长的原因和存在的问题。

（3）国有企业所得税全年预算数为 5 850 000 元，实际完成了 6 100 000 元，超收 4.27%，比上年增收 62.67%，增收的幅度据各类收入的首位。应结合税收制度的改革和企业生产增长、成本降低、所得额增加的情况，分析增长的原因。

（4）该县国有企业上缴利润全年预算数为 4 200 000 元，实际完成 4 350 000 元，超收 3.57%，比上年增长 24.29%。应结合企业生产、销售、成本及经营管理情况，分析上缴利润、资金占用、承包、租赁费和小企业转让收入比往年增减情况及原因。

（5）该县全年预算通过收入退库弥补国有企业计划亏损补贴 550 000 元，实际退库 500 000 元，为预算的 90.91%，比上年减少收入退库 16.67%。应结合企业生产增长、成本降低、经营改善和财政部门帮助企业扭亏增盈采取措施等情况，分析和总结减少企业亏损补贴的原因和经验。

（6）其他收入全年预算数为 250 000 元，实际完成了 300 000 元，超收 20%，比上年增长 50%。应具体的分析各项其他收入增收的原因，进一步做到应收尽收。

（三）预算支出完成情况的分析

在对预算支出完成情况进行分析之前，也应当现根据会计报表及有关材料，编制预算支出完成情况分析表，然后再逐项进行分析。预算支出完成情况分析表的格式如表 8-14 所示。

表8-14 ××县20××年预算支出完成情况分析表 单位：千元

支出项目	上年完成数	本年预算数	本年完成数	本年完成数	
				为预算%	比上年±%
一、基本建设支出	1 000	900	800	88.89	-20.00
二、企业挖潜改造资金	400	500	495	99.00	+23.75
三、简易建筑费	200	190	190	100.00	-5.00
四、科技"三项费用"	550	600	600	100.00	+9.09
五、流动资金	250	200	200	100.00	-20.00
六、支持农村生产支出	728.5	700	650	92.86	-10.87
七、农林水利气象等部门的事业费	940	1 000	925	92.50	-1.60
八、工业交通等部门的事业费	225	250	245	98.00	+8.89
九、商业部门事业费	17.5	20	19	95.00	+8.57
十、城市维护费	1 550	1 650	1 700	103.03	+9.68
十一、支持不发达地区支出	105	100	90	90.00	-14.29
十二、文教事业费	3 937.5	4 275	4 320	101.05	+9.71
十三、科学事业费	437.5	475	480	101.05	+9.71
十四、其他部分的事业费	40	45	41	91.11	+2.50
十五、抚恤和社会福利救济费	440	500	460	92.00	+4.54
十六、行政管理费	1 125	1 100	1 100	100.00	-2.22
十七、公检法支出	381.5	400	350	87.50	-8.26
十八、政策性补贴支出	900	1 545	1 1315	85.11	+46.11
十九、其他支出	522.5	550	520	94.55	-0.48
合　计	13 750	15 000	14 500	96.67	+5.45

从表8-14所列数字中可以看到，该县全年预算支出完成数为14 500 000元，为预算数的96.67%，当年支出结余500 000元，但支出总额仍较上年增长5.45%。如果再按计划保证了该县国民经济和社会发展计划对资金需要的前提下，提高了资金使用效益，节省了各项支出，其预算支出完成情况则是良好的，应进一步分析各项预算支出的完成情况。

（1）该县全年基本建设支出为80 000元，为预算的88.89%，比上年减少20%。应分析未完成基本建设支出预算的原因。对于已完工基本建设项目，则应分析其工程质量，造价升降和交付使用后的效益。

（2）该县全年企业挖潜改造资金支出800 000元，为预算的99%，比上年增长23.75%，应重点分析各项挖潜改造项目完成后的效益如何。

（3）该县全年简易建筑费支出为190 000元，按预算完成了，比上年减少5%。应分析其资金使用效果，特别是对减少仓储物资损失发挥的作用如何。

（4）该县全年科技"三项费用"按预算支出了6 000 000元，比上年增长9.09%。应分析其中用于新产品试制、中间试验和重要科学研究补助费各多少，效益如何。

（5）该县全年按预算支出流动资金200 000元。列入县级预算的流动资金支出，是指县财政拨给以自筹资金纳入预算的企业所需自有流动资金。应着重分析拨付流动资金后，对企业生产经营状况发生的影响。

（6）该县全年支出农村生产支出为 650 000 元，为预算的 92.86%，比上年减少 10.87%。应分析对农田水利建设、农业科学技术推广和促进农林牧副渔业发展发挥的作用。同时，应分析这类支出未完成预算和比上年下降的具体原因。

（7）该县全年农林水利气象等部门的事业费支出为 925 000 元，为预算的 92.5%，比上年略有减少。应着重分析其资金使用效果和定员定额执行情况。

（8）该县全年城市维护费支出超预算 30.3%，共支出 1 700 000 元，仅次于文教科学卫生支出总额，为了保证城镇各项生产建设事业的顺利进行，为了提高城镇人民生活水平和生活质量，该县在预算年度用于城镇维护和建设的支出比预算略有超出，比上年增长 9.68%，如确实必要应予以肯定，并着重分析其使用效果。

（9）该县全年文教科学卫生事业支出为 4 800 000 元，占支出总额三分之一，为各类支出之冠，应作为分析的重点。这类支出超预算 1.05%，比上年增长了 9.71%。为了提高人民的文化科学水平和保障人民的健康，在执行预算过程中适当压缩其他支出而增加文教科学卫生支出是必要的。应当详细分析各项支出的资金使用效果和定员定额执行情况。

（10）抚恤和社会福利救济费支出为 460 000 元，为预算的 92%，比上年增长 4.54 个百分点。应分析其是否做到了专款专用、重点使用、统一管理和群众监督，资金使用的经济效益和社会效益如何。

（11）该县全年行政管理费支出为 1 100 000 元，与预算一致，比上年支出减少了 2.22%。如果在保证各项行政管理工作对资金需要的前提下，由于大力精简机构人员，努力节省开支，则行政管理费预算执行情况是良好的。

（12）该县全年政策补贴支出为 1 315 000 元，为预算的 85.11%，但较上年增长 46.11%，在各类支出中增长的幅度最大。应分析用于粮、油、棉加价款及价差补贴，民用煤销售价补贴，农业生产资料价差和工矿产品价格补贴各多少，以及较上年增加和较少的原因。

（四）预算平衡情况的分析

对预算平衡情况的分析，包括对当年预算收支平衡情况的分析和对加上上年结余、减去结转下年支出后平衡情况的分析。

假如上述某县 20××年度是补助收入 1 500 000 元，上解支出 16 500 000 元，那么，该县当年决算收入为 33 000 000 元，加上市补助收入 1 500 000 元，共计 34 500 000 元；当年决算支出为 14 500 000 元，加上上解支出 16 500 000 元，共计 31 000 000 元；收支相抵后，结余为 3 500 000 元，实现了当年收支平衡，并有较多的结余。如果加上上年结余收入 2 000 000 元，当年的滚存结余则为 5 500 000 元。在滚存结余中，有 3 500 000 元按规定结转下年继续使用。这样，该县当年的净结余则为 2 000 000 元（5 500 000－3 500 000），可以作为下年的机动财力。

以上所述，是对总预算款及报表分析的简略举例。实际情况要比上述举例复杂得多，分析的内容也比上述举例广泛得多。因此，在实践中，应当紧密结合当时当地的具体情况和进行预算管理的需要，对总预算会计报表进行认证的、深入的分析，以发挥总预算会计报表在预算管理中的作用。

第九章　行政单位会计核算概述

行政单位会计是指各级行政单位以货币为主要计量单位，对行政单位预算资金和其他资金的运动进行核算和监督的专业会计。它是预算会计体系中的重要组成部分。

第一节　行政单位会计的基本任务及特点

一、行政单位的概念

行政单位是指管理国家事务的国家机构，其人员列入国家行政编制，所需经费全部由国家预算拨给。行政单位具体包括：

1. 国家各级权力机关，指各级人民代表大会及其所属机构。
2. 各级行政机关，指从国务院到省、市、县、乡的各级人民政府及其所属机构。
3. 司法和检察机关，指各级司法部门、人民法院和人民检察院。
4. 此外，有些单位虽不属于行政单位，如各党派、人民团体，因其人员列入行政编制，经费也由预算拨给，也视同行政单位对待。

军队虽然也通过预算拨款解决经费，但因人员不属于行政编制，不划为行政单位，而作为独立的系统。

行政单位的职责是完成国家所赋予的各项行政管理任务，它虽不直接参与物质生产，但它们为社会再生产创造良好的环境，提供有效的服务和安全保障。

行政单位为完成自身的任务，需要业务活动经费。它们一方面要按照财政部门或上级主管部门核准的预算，有计划地领拨经费；另一方面，又要按照预算规定的用途使用经费。因此，行政单位会计的对象是各级行政单位预算资金和其他资金的收支、结余运动。

二、行政单位会计的基本任务

根据《中华人民共和国会计法》和《行政单位会计制度》的规定，会计具有核算和监督两大基本职能，行政单位会计，作为反映和监督中央和地方各级行政单位预算执行情况的专业会计，其主要任务是进行会计核算，实行会计监督，参与经济事业计划实施的管理。

具体包括：

1．进行会计核算。会计核算是会计工作的重要组成部分和最基本的任务，它以货币为主要计量单位，对会计主体一定时期内的经济活动进行真实、准确、完整的记录、计算和报告。会计核算的对象具体表现为各种各样的经济活动，主要包括经费的领拨、收入的实现、支出的列报；货币资金、往来款项、财产物资的日常管理等事项的会计核算，并根据会计核算的结果编报有关会计报表。

2．实行会计监督。按照国家的有关规定，对单位经济活动的合法性和有效性实行监督是会计的另一项主要任务。

3．执行国家规定的会计制度，做好日常核算管理工作。行政单位会计应当根据会计制度的规定，认真做好各项资金的记账、对账和报账等日常工作，做到凭证合法、手续完备、数据准确，为国家预算管理和行政单位财务管理提供准确的核算资料。

4．参与本部门有关业务计划的拟定，考核、分析预算执行情况，妥善调度、合理安排和有效使用资金，保证行政工作任务的完成。

三、行政单位会计的特点

行政单位会计的特点是相对于财政总预算会计和事业单位会计而言的。

1．核算对象不同。财政总预算会计的核算对象是国家和各级政府预算资金的集中、分配及其结果。事业单位会计的核算对象是预算资金的领拨使用、事业收支、经营收支等资金活动。行政单位会计的核算对象则是纯预算收支运动。

2．支出列报依据不同。行政单位会计和事业单位会计均是以经费的实际支出数列报支出；而财政总预算会计则是以拨款数列报支出。

3．结账基础不同。事业单位会计的结账基础既需用收付实现制，又需用权责发生制，而行政单位会计与财政总预算会计的结账基础均是收付实现制。

4．会计主体不同。财政总预算会计的会计主体是国家或一级政府，行政单位会计与事业单位会计的会计主体均是一个具体的单位。

第二节　行政单位会计的要素划分及会计科目

一、行政单位会计核算内容的要素划分

行政单位主要依靠国家预算拨款履行其立法、行政和司法等管理职能，因此，行政单位向国家取得预算拨款收入，向所属单位拨出经费，自身为行使管理职能而发生的经费支出以及经费结余就是行政单位会计核算的主要内容。

行政单位会计核算的具体内容是行政单位会计的资产、负债、净资产、收入、支出五大要素。

1．资产指行政单位占有或者使用的能以货币计量的经济资源。包括财产、债权和其他权利。行政单位的资产分为流动资产和固定资产两大类。流动资产是指可以在一年内变现或者耗用的资产。包括现金、银行存款、有价证券、暂付款、借出款以及材料等。固定资产是指单位价值在规定标准（500 元）以上，使用期限在一年以上并且在使用过程中保持其实物形态的资产。包括房屋、建筑物、专用设备、一般设备、交通设备、文物和陈列品、图书、其他符合固定资产标准的资产。

2．负债是指行政单位所承担的，能以货币计量，需要以资产或劳务偿付的债务。包括应缴预算收入、暂存款、借入款和代管款项等。

3．净资产指行政单位的资产总额减去负债总额的差额，是行政单位代表国家掌管的净资产。它包括固定基金、专用基金、普通基金。

资产、负债和基金三要素之间的关系是：

$$资产＝负债＋基金$$

4．收入是指行政单位进行公务活动，依法从财政部门或上级主管部门取得的各项拨款。它包括拨入经费、拨入专项基金、其他收入、附属机构缴款。

5．支出是指行政单位为履行其管理职能，进行公务活动所发生的各种开支。包括经费支出、专项资金支出、其他支出、拨出经费、拨出专项资金、补助支出等。

资产、负债、基金、收入、支出五要素之间的关系是：

$$资产＝负债＋基金＋收入－支出$$
$$资产＋支出＝负债＋基金＋收入$$

二、行政单位会计核算体系

（一）会计科目

行政单位会计的会计科目是对行政单位会计核算对象的具体内容进行科学分类的一种方法。行政单位的会计科目是各级行政单位会计设置账户、确定核算内容的依据。行政单位会计与财政总预算会计相比，需增设现金、材料、固定资产等科目，与事业单位会计相比，没有应收账款、应收票据、应付账款及有关经营收支科目。这是由行政单位会计核算内容决定的。

各级行政单位会计必须按照财政部《行政单位会计制度》的规定设置会计科目和使用会计科目。各科目均为汇总检查行政单位资金活动情况和结果的全国统一的总账科目。非经财政部同意，不得随意减并，不需用的科目可以不用。统一规定会计科目编号，以便于编制会计凭证，登记账簿、查阅账目，实行会计电算化。各级行政单位在使用会计科目编号时，应与会计科目名称同时使用。可以只用会计科目名称，不用会计科目编号，但不得只用会计科目编号，不用会计科目名称。

财政部制定的《行政单位通用会计科目表》如表 9-1 所示。

表 9-1　　　　　　　　　　　行政单位通用会计科目表

类别	科目名称	编号	核算内容
一、资产类	现金	101	核算行政单位的库存现金
	银行存款	102	核算行政单位存入银行和其他金融机构的各种存款
	有价证券	103	核算行政单位购买的有价证券的库存数
	暂付款	104	核算行政单位各项暂付、预付和应收款项
	库存材料	105	核算行政单位库存的行政用物资材料
	固定资产	106	核算行政单位固定资产的原价
	零余额账户用款额度	107	核算预算单位在授权支付额度内办理授权支付业务
	财政应返还额度	115	核算财政直接支付或授权支付预算指标数与当年财政直接或授权支付实际数的差额
二、负债类	应缴预算款	201	核算行政单位代收的属于财政预算收入的应缴款项
	应缴财政专户款	202	核算行政单位应缴财政专户的预算外资金收入款项
	暂存款	203	核算行政单位在其行政业务活动中发生的各种暂存、预收和应付等待结算款项
三、净资产类	固定基金	301	核算行政单位固定资产所占用的基金
	结余	303	核算行政单位各项收入与支出相抵后的余额
四、收入类	拨入经费	401	核算行政单位按照经费领报关系收到的由财政部门或上级单位拨入的行政经费
	预算外资金收入	404	核算行政单位经财政专户拨回或确认留用的预算外资金收入
	其他收入	407	核算行政单位除上述各项收入以外的收入
五、支出类	经费支出	501	核算行政单位在行政业务活动中发生的各项支出
	拨出经费	502	核算行政单位按核定预算将财政或上级单位拨入的经费按预算级次转拨给下属预算单位的资金
	结转自筹基建	505	核算行政单位经批准用预算经费以外的资金安排基本建设所筹集并转存建设银行的资金

　　《行政单位会计制度》设置的会计科目均为统一的总账科目。各行政单位在全国统一的总账科目下，可根据需要自行设置明细科目。其中需要特别提到的是"经费支出"明细科目，为便于汇总上报，须按国家预算支出科目的"目"、"节"级科目设置。"经费支出"总账科目按预算支出的"款"或"项"设置，按"目"设二级明细科目。新的《行政单位会计制度》规定为十二个目级科目：工资、补助工资、职工福利费、离退休人员费用、人民助学金、公务费、设备购置费、修缮费、业务费、其他费用、差额补助费、主要副食品价格补贴。每一个"目"再进行更细的分类，即为"节"，也就是三级明细科目。如公务费科目可分为"办公费"、"邮电费"、"水电费"、"差旅费"、"会议费"、"租赁费"等若干"节"。

（二）会计凭证

1．原始凭证。行政单位会计采用的原始凭证主要有支出报销凭证、收入凭证、往来结算凭证、缴拨款凭证、材料收付凭证等几大类。

（1）收款凭证。行政单位会计最重要的收款凭证为收款收据。属于自制原始凭证。单位收到各种款项时，都要给付款方开具收据，以表示单位实际收到了款项，并将收款收据作为登记资产（现金或银行存款）增加和其他有关项目增减的依据。行政单位会计开具收款收据时，要在收据上加盖本单位的财务专用章，经办的会计人员应在收据上签名盖章。

（2）费用支出凭证。费用支出凭证指行政单位报销经费所用的凭证。它包括外来原始凭证和自制原始凭证。外来原始凭证指报销经费的购货发票，接受劳务、服务的发票，以及单位人员出差实际花费的报销凭证等。自制原始凭证则主要指单位发放工资、福利费等时的工资单，单位领用材料时的收料单、发料单等。会计要认真审核费用支出凭证的合理合法性，是否经有关人员签字。费用支出凭证的格式各式各样，此处不一一列举。

（3）银行结算凭证。银行结算凭证指单位与银行往来取得的各种内外部凭证。主要有单位向银行送存款项时的送款单、现金支票、银行存款转账支票的存根、信汇委托书、付款委托书的副联等。银行结算凭证除现金支票可只以支票存根为报销单据外，其余凭证都要附有单位经办人员从外部取得的发货票及其他单据。银行结算凭证的基本格式均是由银行设计的。

（4）缴拨款凭证。缴拨款凭证是行政单位同主管部门或财政部门发生收入上缴或退回等的书面证明。应缴国家的各种预算收入，由单位填具"国库缴款书"上缴国库，应由主管部门集中缴库；应由单位集中缴库的，由单位上报后通过银行汇解；误缴国库的款项，由收款机关填制"收入退还书"退库归还。"国库缴款书"和"收入退还书"由财政部门统一印制，单位按规定使用。

2．记账凭证。行政单位的记账凭证是由会计部门依据审核无误的原始凭证填制的，指明经济业务所涉及账户名称、金额和记账方向的凭证，也是登记会计账簿的直接依据。

行政单位的记账凭证有两种：一种是专用记账凭证，它包括收款凭证、付款凭证和转账凭证；另一种不分收、付、转，只有一种格式的通用记账凭证。目前各单位普遍采用"通用记账凭证"。

各行政单位应根据审核无误的原始凭证，归类整理编制记账凭证。记账凭证的各项内容必须填列齐全，经复核后凭以记账。制证人必须签名或盖章。属于经费拨出、年终结账和更正错误的记账凭证可不附原始凭证，但应经主管人员签章。

记账凭证要按照会计事项发生的日期、顺序整理制证记账。按照制证的顺序，每月从第一号起编一个连续号。记账凭证的日期，按照以下规定填列：

（1）月份终了尚未结账前，收到上月的收入凭证，可填到所属月份的最末一日。结账后，按实际处理账务的日期填列。

（2）根据支出月报的银行支出数编制的记账凭证，填列会计报表所属月份的最末一日。

（3）办理年终结账的记账凭证，填列实际处理账务的日期，并注上"上年度"字样，凭证编号仍按上年12月份的顺序连续编列。

（4）其余会计事项，一律按发生的日期填列。

记账凭证应每月按顺序号整理，连同所附的原始凭证加上封面，装订成册保管。

各行政单位会计凭证发生错误时，不得挖补、涂抹、刮擦或使用化学药水消字，应按下列方法更正：

① 发现未登记账簿的记账凭证错误，应将原记账凭证作废，重新编制记账凭证登记入账。

② 发现已经登记账簿的记账凭证错误，应采用"红字冲账法"或"补充登记法"更正。采用计算机作记账凭证的，用"红字冲账法"时以负数表示。

（三）会计账簿

账簿是由具有一定格式，互相联系的若干账页组成，以会计凭证为依据，用以全面、系统、序时、分类记录各项经济业务的簿籍。账簿按用途分为序时账簿、分类账簿和备查账簿。

行政单位会计应设置序时账簿，包括现金日记账和银行存款日记账。序时账簿用来序时登记行政单位现金和银行存款业务的收支发生情况。现金日记账和银行存款日记账的格式一般都为三栏式的订本账。

行政单位会计还应设置分类账，包括总分类账和明细分类账。行政单位会计的总账一般采用借、贷、余三栏式。明细账一般也采用三栏式。核算财产物资的则可用数量金额式。对余额进行分析的多栏式明细账则是行政单位账簿组织中比较特殊的一种账簿。这种账簿主要用于"经费支出"明细账。其他收入、其他支出明细账也可采用。

会计账簿的使用，以每一会计年度为限。每一账簿启用时，应填写"经管人员一览表"和"账簿目录"，附于账簿扉页上。手工记账必须用蓝、黑色墨水书写，不得使用铅笔、圆珠笔。红色墨水除登记收入负数使用外，只能在划线、改错、冲账时使用。账簿必须按照编定的页数连续记载，不得隔页、跳行。如因工作疏忽发生跳行或隔页时，应当将空行、空页划线注销，并由记账人员签名盖章。

登记账簿要及时准确，日清月结，文字和数字的书写要清晰整洁。

会计账簿应根据审核无误的会计凭证登记。记账时，将记账凭证的编号记入账簿内；记账后，在记账凭证上用"√"符号注明，表示已登记入账。各种账簿记录应按月结账，求出本月发生额和余额。

账簿记录如发生错误，不能挖补、涂抹、刮擦或用化学药水除迹。应按下列方法更正：

1．手工记账发生文字或数字书写错误，用"划线更正法"更正，并由记账人员在更正处盖章。

2．由于记账凭证科目对应关系填错引起的，应按采用红字冲账法和补充更正法更正的记账凭证登记账簿。

第十章 行政单位资产的核算

资产是行政单位占用或使用的，能以货币计量的经济资源。包括流动资产和固定资产两大类。

第一节 行政单位流动资产的核算

行政单位流动资产是指行政单位在一年内变现或耗用的资产，主要有货币资产、应收账项和材料等。

一、现金的核算

行政单位在执行行政管理活动中，都需要一定量的货币资金。为了正确、及时地进行现金结算并如实反映和严格监督现金的收支、结存情况，行政单位应加强现金管理，遵循各种手续，保证现金的安全、完整，要指定专职出纳员办理现金业务。

1. 现金管理原则。

（1）各单位的现金除按银行规定的现金额度，保留备用库存现金外，都必须存入银行。

（2）出纳员付出现金，应当在原始凭证上加盖"现金付讫"戳记，并在当天入账，不准以白纸条冲抵现金入账。

（3）收付现金的各种原始凭证，根据各单位的具体情况由会计主管人员或会计审核，并按月连续编号。出纳员应于每日业务终了前结清当日账目，核对账面库存与实际库存是否相符。

（4）坚持"钱账分管、互相牵制"的原则，即会计和出纳分工明确，各负其责、互相牵制。做到出纳管钱不管账，会计管账不管钱。

（5）严格按照国家规定的范围使用现金。不符合现金支取条件的应通过银行转账结算。

2. 现金的核算。为了核算和监督行政单位现金收支及结存情况，需设置"现金"账户。该账户借方登记现金的增加；贷方登记现金的减少；余额在借方，反映单位库存现金实有数。有外币现金的单位还要设置外币现金账户。

行政单位收到现金时，借记"现金"账户，贷记"银行存款"等相关账户；支付现金时，借记有关账户，贷记"现金"账户。

【例10-1】某行政机关从开户银行提款 10 000 元以备零用。

| 借：现金 | 10 000 | |
| 贷：银行存款 | | 10 000 |

【例10-2】某行政单位职员出差借支现金1 000元。

| 借：暂付款——××职工 | 1 000 | |
| 贷：现金 | | 1 000 |

【例10-3】某行政单位办公室报销办公用品500元。

| 借：经费支出——公务费 | 500 | |
| 贷：现金 | | 500 |

【例10-4】〖例10-2〗中职工报销差旅费800元，余款收回现金。

借：现金	200	
经费支出——公务费	800	
贷：暂付款——××职工		1 000

【例10-5】某行政单位变卖废旧报纸，取得收入180元。

| 借：现金 | 180 | |
| 贷：其他收入——废品变价收入 | | 180 |

【例10-6】某行政单位将收入的现金5 000元送存开户行。

| 借：银行存款 | 5 000 | |
| 贷：现金 | | 5 000 |

行政单位应设置"现金日记账"，由出纳员根据收、付款凭证，按照业务的发生顺序逐笔登记。每日终了，应计算当日的现金收入合计数、现金支出合计数和结余数，并将结余数与库存数相核对，做到账款相符。发现不符时，应及时查明原因。在未查明原因之前，对于现金长款的，可先作"暂存款"处理，增加库存现金的账面记录；若无法查明原因的，作为预算收入缴库；对于现金短款的，可先作"暂付款"处理，减少库存现金的账面记录，待查明原因后再按制度规定据以核销。

【例10-7】某行政单位在盘点库存现金时，发现库存数比账面数多了900元，暂时无法查明原因。

| 借：现金——长款 | 900 | |
| 贷：暂存款 | | 900 |

【例10-8】经查明，多余的现金不属于本单位所有，也没找到相关人，经领导批准作无主款处理。

| 借：暂存款 | 900 | |
| 贷：应缴预算款——无主款 | | 900 |

假如在调查过程中，发现少付了某笔支出，应：

| 借：暂存款 | 900 | |
| 贷：现金 | | 900 |

【例10-9】某行政单位在盘点现金时，发现库存数比账面数少了100元，因暂时无法查明原因，先作暂付款处理。

| 借：暂付款 | 100 | |

  贷：现金——短款   100

  【例10-10】经分析查明，短少的100元现金是由于责任人工作失误所致，经领导批准，同意作支出核销。

  借：经费支出——其他费用   100

    贷：暂付款   100

二、银行存款的核算

  1．银行存款管理规定。银行是全国的现金出纳中心。按照国家现金管理的规定，行政单位的各项资金拨入、调出与使用都必须在国家银行开立"银行存款"户，通过银行办理转账结算。有外币的单位，应在有关银行开立"外币存款户"。行政单位的拨入资金不准以个人名义在银行开户存取。

  行政单位办理银行开户时，要履行银行规定的申请开户程序，送上级单位或同级财政部门审批后，向开户银行办理开户手续。未经审批同意不得自行到银行开户。

  为了加强行政单位银行存款的管理，行政单位必须遵守下列银行账户的管理原则：

  （1）严格遵守银行的各项结算制度和现金管理制度，接受银行的监督。

  （2）银行账户只限于本单位使用，不得出租、出借、套用或转让。

  （3）各单位应当严格管理支票，不得签发"空头支票"。空白支票必须严格领用和注销手续，支票存根应由领取人签章。支票存根不得散失。各单位应按月与开户银行核对账目，保证账账相符。平时开出的支票应尽量避免跨月支取，年终开出的支票一律不准跨年支取。

  2．银行存款的结算方式。结算是指结清往来单位之间债权债务的经济行为。结算分为现金结算和转账结算两种。根据中国人民银行有关结算办法规定，目前可以采用的转账结算方式有：银行汇票、商业汇票、银行本票、汇兑、支票、委托收款和异地托收承付等结算方式。由于行政单位的业务比较单一、简单，其转账结算主要采用支票、汇兑、银行汇票等方式。有关转账结算的具体结算程序，可参见中国人民银行颁发的《支付结算办法》以及国际结算的有关规定。

  3．银行存款的核算。为了核算和监督行政单位银行存款的增减变动及其结存情况，需设置"银行存款"账户。该账户借方反映因财政或上级主管部门拨入经费和其他原因使行政单位增加的银行存款数；贷方反映行政单位因支取和转账结算而减少行政单位的银行存款数；余额在借方，反映行政单位银行存款结存数。

  【例10-11】某行政单位收到财政部门或上级主管部门预拨经费800 000元。

  借：银行存款   800 000

    贷：拨入经费   80 000

  【例10-12】某行政单位开出现金支票从银行提取现金备发工资160 000元。

  借：现金   160 000

    贷：银行存款   160 000

【例10-13】某行政单位开出银行转账支票到某商场购买材料 10 000 元，一般办公用品 2 000 元。

借：库存材料   10 000

经费支出——办公费   2 000

贷：银行存款   12 000

【例10-14】行政单位转拨经费 100 000 元给下属单位。

借：拨出经费   100 000

贷：银行存款   100 000

【例10-15】行政单位收到海外友人赞助资金 1 000 000 元。

借：银行存款   1 000 000

贷：其他收入——捐赠收入   1 000 000

【例10-16】行政单位修缮房屋，按合同规定先预付款项 50 000 元。

借：暂付款——修缮费   50 000

贷：银行存款   50 000

行政单位应按开户银行、存款种类，分别设置"银行存款日记账"，由出纳人员根据银行收、付款凭证，按照业务发生的时间顺序逐日逐笔登记。每日终了，应计算当日银行存款收入合计数、银行存款支出合计数和银行存款结存数。收到银行的对账单时，应编制"银行存款余额调节表"检查银行存款的记录是否有差错，如有差错，应及时查明原因。银行存款余额调节表的编制和核对方法可参照第二章事业单位会计。

4．外币存款的核算。外币泛指外国货币。根据我国外汇管理的有关规定，外币在国内不能流通和使用，持有外币的行政单位，必须按规定向当地中国银行申请开立"银行存款——××外币户"，并严格按照国家外汇管理的有关规定使用。

有外币存款的行政单位，应在"银行存款"账户下，分别人民币和各种外币设置"银行存款日记账"进行明细核算。

行政单位发生的外币业务，应按当日市场汇率将外币金额折合为人民币记账，并登记外国货币金额和折合率。年度终了（外币存款业务量较大的单位可按季或月结算），行政单位应将外币账户余额按期末市场汇率折合为人民币，作为外币账户期末人民币余额。调整后的各种外币账户人民币余额与原账面人民币余额的差额，作为汇兑损益列入"经费支出"账户。

其会计分录如下：

（1）当发生汇兑损失时：

借：经费支出

贷：银行存款

（2）当发生汇兑收益时：

借：银行存款

贷：经费支出

三、有价证券的核算

有价证券是由国家指定的证券发行部门依照法定程序发行的。约定在一定期限内还本付息的信用凭证。有价证券包括债券和股票。

行政单位购进有价证券时，应当遵守以下管理原则：

（1）行政单位按国家规定只能购买"国库券"，不得购买其他有价证券，并严格执行国务院发布的《国库券条例》，不能购买股票。

（2）行政单位购买"国库券"的现金来源只能使用国家规定其有权自行支配的自有资金（含经费结余和其他结余）购买，不得使用预算资金、专项资金购买。

（3）购买的"国库券"应作为货币资金妥善保管，保证账券相符。

（4）各单位购买的"国库券"都作为有价证券库存处理，不能作为支出数报销。

（5）行政单位购买"国库券"带来的收入列入"其他收入"。

为了正确地核算和监督各行政单位购入的"国库券"及到期兑付情况，应设置"有价证券"账户。该账户借方反映行政事业单位用其自行支配的自有资金购买的国库券额；贷方反映国库券到期收回的本金；余额在借方反映行政单位尚未到期兑付的国库券额。

行政单位购入有价证券时，按照实际支付的款项，借记"有价证券"账户，贷记"银行存款"账户；兑付本息时，借记"银行存款"账户，贷记"有价证券"账户（本金），贷记"其他收入"账户（利息）。

【例10-17】某行政单位按规定用结余资金购入国库券60 000元。

借：有价证券 　　　　　　　　　　　　　　　　　　　　　60 000
　　贷：银行存款 　　　　　　　　　　　　　　　　　　　　60 000

【例10-18】某行政单位收回到期的国库券本息66 000元。其中本金60 000元，利息6 000元。

借：银行存款 　　　　　　　　　　　　　　　　　　　　　66 000
　　贷：有价证券 　　　　　　　　　　　　　　　　　　　60 000
　　　　其他收入——利息收入 　　　　　　　　　　　　　　6 000

四、暂付款的核算

暂付款是行政单位在执行预算过程中与其他单位和个人发生的临时性债权结算业务。如职工出差预借差旅费借款，因公办事借出的备用金等。

各行政单位的暂付款项必须遵守预算资金管理有关规定，严格管理，认真加以控制。暂付款根据收款单位或收款人的借款收据，经本单位负责人签批，会计主管人员审核后办理；前借未清的，原则上不得办理第二次借款。单位财务部门应要求借款者及时办理结清手续，防止长期拖欠，占用单位资金。

暂付款所属报账单位的备用金，既要根据实际需要，又要压缩暂付款数额，定期结报。年终时，备用金原则上全部结清收回，下年初另行办理。

为了核算和监督行政单位暂付款的增减变动及结存情况，应设置"暂付款"账户。该账户借方登记暂付款的增加数；贷方登记暂付款的收回数；余额在借方，表示期末暂付款的结存款。该账户应按借款对象设置明细账户。

【例10-19】某行政单位职工张明出差借支1 500元，以现金支付。

　　借：暂付款——张明　　　　　　　　　　　　　　　　　　　1 500
　　　　贷：现金　　　　　　　　　　　　　　　　　　　　　　　　　1 500

【例10-20】某行政单位下属部门从财务部门领取备用金5 000元，财务部门开出现金支票支付。

　　借：暂付款——××部门　　　　　　　　　　　　　　　　　5 000
　　　　贷：银行存款　　　　　　　　　　　　　　　　　　　　　　　5 000

【例10-21】上述职工出差回单位报销，交回发票1 000元，交回剩余现金500元。

　　借：现金　　　　　　　　　　　　　　　　　　　　　　　　　500
　　　　经费支出——差旅费　　　　　　　　　　　　　　　　　1 000
　　　　贷：暂付款——张明　　　　　　　　　　　　　　　　　　　1 500

【例10-22】年终行政单位的下属部门到财务部门结清备用金，交回发票4 500元，交回500元现金。

　　借：经费支出——公务费　　　　　　　　　　　　　　　　　4 500
　　　　现金　　　　　　　　　　　　　　　　　　　　　　　　　500
　　　　贷：暂付款——××部门　　　　　　　　　　　　　　　　　5 000

【例10-23】某行政单位预付购买办公设备价款10 000元。

　　借：暂付款——××设备　　　　　　　　　　　　　　　　　10 000
　　　　贷：银行存款　　　　　　　　　　　　　　　　　　　　　　10 000

【例10-24】〖例10-23〗上例设备到货，总价值28 000元，开出转账支票支付货款余款。

　　借：经费支出——设备购置费　　　　　　　　　　　　　　　28 000
　　　　贷：暂付款——××设备　　　　　　　　　　　　　　　　　10 000
　　　　　　银行存款　　　　　　　　　　　　　　　　　　　　　18 000
　　借：固定资产——××设备　　　　　　　　　　　　　　　　28 000
　　　　贷：固定基金　　　　　　　　　　　　　　　　　　　　　　28 000

五、零余额账户用款额度的核算

"零余额账户用款额度"科目用来核算纳入财政国库单一账户制度改革的行政单位在单位零余额账户中的授权支付业务。

行政单位收到银行转来的"授权支付用款额度到账通知书"后，根据通知书所列数额，借记"零余额账户用款额度"科目，贷记"拨入经费"科目；行政单位购买物品、接受服务等支用额度时，借记"经费支出"或"库存材料"科目，贷记"零余额账户用款额度"科目；行政单位从零余额账户提取现金时，借记"现金"科目，贷记"零余额账户用款额度"科目。年度终了，零余额用款额度必须清零。

【例10-25】某行政单位收到代理银行转来的"授权支付用款额度到账通知书"，本月该单位财政授权支付额度为480 000元。

借：零余额账户用款额度 480 000
  贷：拨入经费——财政授权支付 480 000

【例10-26】某行政单位到从零余额账户提取现金6 400元，用于支付材料款。

借：现金 6 400
  贷：零余额账户用款额度 6 400

同时：

借：库存材料 6 400
  贷：现金 6 400

六、库存材料的核算

1．行政单位材料的日常管理。行政单位的材料，主要是指行政单位购买的各种材料、物资，包括一般材料和工具用具。行政单位在执行行政管理过程中，也需要耗用一定量的材料物质。一般来说，行政单位耗用的材料主要是办公用品。由于数量不大，品种不多，随购随用，不需要大量的库存。在购买时，可直接列入经费支出。但对于个别购入数量较多，陆续耗用的材料物资，应通过"材料"核算。

行政单位的材料按其用途分类，一般分为：原材料、燃料、修理用备件、低值易耗品四类。

行政单位所需的材料一般由采购、调拨、自制或委托加工等方式取得。对于购入、调拨材料，要严格实行计划管理，先由用料部门根据工作需要，提出用料计划；材料管理部门根据用料计划和材料库存情况，汇编材料采购计划，经会计主管理人员审核，由单位领导人或其授权人批准后，按计划执行。

材料购入或调拨时，应对凭证所列的品种、规格、数量等认真地进行验收。各单位的材料保管要做到科学管理，存放有序，便于收发，尽可能集中。

2．行政单位材料的计价。行政单位的材料价格一般按实际成本计价（含税价格）。购入、调入的材料，分别购价和调拨价格记账；购入、调入材料的运杂费，不计入材料价格，可直接列为经费支出。行政单位发出、报损和清查中多出、缺少的材料，按库存平均价格记账，一般采用加权平均法计算库存材料的平均价格。行政单位对于不需用的材料，应及时调拨或变价处理。调出材料收回的价款，直接列示款项的增加，同时对于变价处理过程中产生的损益，应当增、减当期相关支出。

3．材料的账务处理。为了核算和监督行政单位购入库存材料和发出领用材料及其期末结存情况，需设置"库存材料"账户。该账户借方登记行政单位购入用量较大，多次领用材料的实际成本；贷方登记行政单位领用各种库存材料的实际成本；余额在借方，表示行政单位库存材料的实际成本。本账户按材料品种设置明细账进行明细核算。

【例10-27】某行政单位以银行存款购入用量较大的通用材料一批，价款50 000元，以现金支付运费 200 元。

　　　借：库存材料　　　　　　　　　　　　　　　　　　　　　　　　　50 000
　　　　　贷：银行存款　　　　　　　　　　　　　　　　　　　　　　　　　50 000
　　　借：经费支出——运输费　　　　　　　　　　　　　　　　　　　　　　200
　　　　　贷：现金　　　　　　　　　　　　　　　　　　　　　　　　　　　　200

【例 10-28】某行政单位用料部门领用材料一批，按加权平均成本计价 1 000 元。

　　　借：经费支出——材料费　　　　　　　　　　　　　　　　　　　　　1 000
　　　　　贷：库存材料　　　　　　　　　　　　　　　　　　　　　　　　　1 000

【例 10-29】某行政单位以支票购买办公用料 2 500 元，直接投入使用。

　　　借：经费支出——办公用料　　　　　　　　　　　　　　　　　　　　2 500
　　　　　贷：银行存款　　　　　　　　　　　　　　　　　　　　　　　　　2 500

【例 10-30】某行政单位购入一批低值易耗品，货款 10 000 元，以银行存款支付。

　　　借：库存材料——低值易耗品　　　　　　　　　　　　　　　　　　10 000
　　　　　贷：银行存款　　　　　　　　　　　　　　　　　　　　　　　　10 000

【例 10-31】某行政单位的下属部门领用低值易耗品 5 000 元。

　　　借：经费支出　　　　　　　　　　　　　　　　　　　　　　　　　5 000
　　　　　贷：库存材料——低值易耗品　　　　　　　　　　　　　　　　　5 000

【例 10-32】年终材料盘点发现盘亏材料 500 元，报批准记入经费支出。

　　　借：经费支出——材料盘亏　　　　　　　　　　　　　　　　　　　　500
　　　　　贷：库存材料——材料盘亏　　　　　　　　　　　　　　　　　　　500

【例 10-33】某行政单位盘盈甲材料 50 千克，单价 20 元。

　　　借：库存材料——甲材料　　　　　　　　　　　　　　　　　　　　1 000
　　　　　贷：经费支出——材料盘盈　　　　　　　　　　　　　　　　　　1 000

【例 10-34】某行政单位将一批不需用的材料对外销售，取得价款 2 000 元，该批材料账上成本为 1 800 元。

　　　借：银行存款　　　　　　　　　　　　　　　　　　　　　　　　　2 000
　　　　　贷：经费支出——材料销售　　　　　　　　　　　　　　　　　　　200
　　　　　　库存材料——材料销售　　　　　　　　　　　　　　　　　　1 800

假如该批材料账上成本为 2 500 元，则：

　　　借：银行存款　　　　　　　　　　　　　　　　　　　　　　　　　2 000
　　　　　经费支出——材料销售　　　　　　　　　　　　　　　　　　　　500
　　　　　贷：库存材料——材料销售　　　　2 500

第二节　行政单位固定资产的核算

　　行政单位固定资产是指可供长期使用而不改变其实物形态的设备与设施。它是行政机关完成行政管理工作必要的物资条件。各行政单位应当建立必要的管理办法，切实管好、用好固定资产。

一、固定资产的分类

新制度规定，行政单位的固定资产指一般设备单位价值在 500 元以上，专用设备单位价值在 800 元以上，使用期限在一年以上，并在使用过程中基本保持原有实物形态的资产。

行政单位的固定资产分为：

1．房屋建筑物。包括行政单位拥有占用权和使用权的房屋、建筑物及其附属设施。包括办公大楼、库房、职工宿舍、职工食堂、锅炉、围墙、水塔及房屋的附属设施。

2．专用设备。是指行政单位根据业务工作的实际需要购置的各种具有专门性能和专门用途的设备，如公安消防用的专用设备、仪器等。

3．一般设备。是指行政单位用于业务工作的通用性设备，包括办公用具、交通工具等。

4．其他固定资产。是指不属于以上三项的其他固定资产。

二、固定资产的计价

固定资产的计价是指以货币表现的固定资产价值。为了如实地反映固定资产价值的增减变动，保证核算统一性，各行政单位应按国家规定的统一计价原则，对固定资产进行计价。

（1）购入或调入的固定资产应分别按造价、购价和调拨价入账。包括买价、运费、包装费、安装费及购置车辆支付的附加费。注意购买固定资产过程中的差旅费不计入固定资产成本。

（2）自行建造的固定资产，按其实际耗用的料、工、费全部支出入账。

（3）基建完工的固定资产，按竣工决算所确认的价值入账。

（4）在原有固定资产基础上进行改扩建的固定资产，应按改扩建发生的支出减去改建、扩建过程中的变价收入后的净增价值，增记固定资产。

（5）接受捐赠的固定资产，按照同类固定资产的市场价格或根据所提供的有关凭据记账。接受固定资产时发生的相关费用也应计入固定资产价值。

（6）盘盈固定资产按重置完全价值入账。

行政单位的固定资产，按规定不计提折旧，因此调出、变卖、报废固定资产时，都按其原值注销；变卖固定资产带来的收入计入其他收入；报废过程中所发生的清理费用，直接列入经费支出。

三、固定资产的核算

为了核算和监督行政单位固定资产的增减变动及结存情况，应设置"固定资产"和"固定基金"账户。

"固定资产"账户用来核算和监督行政单位占有的全部固定资产的原始价值。该账户的借方登记各种渠道增加的固定资产原值；贷方登记调出、出售、报废固定资产的原值；余额在借方反映行政单位期末占用的全部固定资产原值。该账户应按固定资产的分类目录设置明细账进行明细核算。

"固定基金"账户用来核算行政单位以各种渠道增加固定资产所形成的固定资金。该账户贷方反映因增加固定资产而增加的固定基金；借方反映因减少固定资产而减少的固定基金；余额在贷方，反映行政单位期末占用固定资产所形成的固定基金。该账户只设置总账账户，不设置明细账户。

行政单位购买固定资产时，一方面要反映"固定资产"和"固定基金"同时增加；另一方面要反映增加该项固定资产所用的资金，减少货币资金的同时列入相应的支出。

【例10-35】某行政单位用预算拨款资金购入设备一台，买价、运杂费及安装费共计200 000元，货款以银行存款支付。

借：经费支出——设备购置费 200 000
　　贷：银行存款 200 000

同时：

借：固定资产——××设备 200 000
　　贷：固定基金 200 000

【例10-36】某行政单位用其经费购入汽车一辆，该汽车购价250 000元，车辆购买费50 000元，共计255 000元，均以银行存款支付。

借：经费支出 255 000
　　贷：银行存款 255 000

同时：

借：固定资产——汽车 255 000
　　贷：固定基金 255 000

【例10-37】某行政单位用专项资金改扩建其办公楼。改扩建支出150 000元，改扩建过程中获得残料价值出售收入8 000元。

借：经费支出——专项支出——改扩建工程 150 000
　　贷：银行存款 150 000
借：银行存款 8 000
　　贷：经费支出——专项支出——改扩建工程 8 000

同时：

借：固定资产——改扩建工程 142 000
　　贷：固定基金 142 000

【例10-38】某行政单位接受外单位捐赠汽车一辆价值200 000元，发生与该汽车有关的费用10 000元，以银行存款支付。

借：经费支出——其他费用 10 000
　　贷：银行存款 10 000

同时：

借：固定资产——捐赠资产 210 000

贷：固定基金	210 000

【例10-39】某行政单位经上级批准有偿出售旧固定资产一项，账面价值 800 000 元，获出售收入 500 000 元，货款已收到存入银行。

借：固定基金	800 000
贷：固定资产	800 000
借：银行存款	500 000
贷：其他收入——资产转让收入	500 000

【例10-40】某行政单位经上级批准无偿调出已使用过期不需用的设备一台给相关部门，该设备原账面价值 700 000 元。

借：固定基金	700 000
贷：固定资产	700 000

【例10-41】某行政单位经上级批准报废已无法使用的固定资产一项，原账面价值 900 000 元，其变价收入 5 000 元，支付清理费 1 000 元。

借：固定基金	900 000
贷：固定资产	900 000
借：银行存款	5 000
贷：其他收入——变价收入	5 000
借：经费支出——其他费用	1 000
贷：银行存款	1 000

【例10-42】某行政单位在固定资产清查过程中，盘亏设备一台，账面原值 50 000 元，现经有关部门批准同意报废。

借：固定基金	50 000
贷：固定资产	50 000

【例10-43】某行政单位在固定资产清查中，发现未入账的设备一台，完全重置价值为 80 000 元。

借：固定资产	80 000
贷：固定基金	80 000

第十一章　行政单位负债的核算

负债是各级行政单位承担的，能以货币计量的，需以各项资产偿付的债务。包括应缴预算收入、暂存款、借入款和代管资金等。行政单位就其职能和目标来说，一般不应该，也不可能发生大量的债务。即使发生了少量的负债，行政单位也应该严格加强管理，定期清查，及时结算，防止拖欠。

第一节　应缴预算款的管理和核算

一、应缴预算款的内容

行政单位应缴预算款是指行政单位在公务活动中，按规定取得的各项应缴财政预算的各种款项，主要包括：

（1）纳入预算管理的政府性基金。包括公安部门、商贸部门、文教部门、社会保障部门、农业部门和其他部门的基金收入和地方财政税费的附加收入。

（2）纳入预算管理的行政性收费收入。各级行政部门按国家规定收取的各种费用。如公安部门收取的身份证工本费、户口簿工本费、出入境管理费、各种车辆管理费等；司法部门收取的公证费、长期法律顾问收费；民政部门收取的婚姻登记费、社团登记费；财政部门收取的专控商品附加费；税务部门收取的税务登记证工本费；工商行政管理部门收取的企业法人登记费、经营执照工本费、商标注册费；物价部门收取的许可证工本费；外事部门收取的护照费、登记费等。

（3）罚没收入，指国家各级司法、行政执法机关和经济管理部门依法查处，应上缴国库的各项罚没收入和没收物品的变价收入款。

（4）各行政管理部门收到的应上缴国库的无主财物变价收入款。

（5）各行政管理部门在执行过程中追回的应上缴国库的赃物和赃款变价收入款。

（6）其他按照预算规定上缴国库的各项收入。

二、应缴预算款的管理要求

应缴预算款是行政单位按规定应该上缴政府预算的收入。行政单位应当依法积极组织应缴预算收入，并按时足额上缴财政，不得列入暂存款和其他收入；不得分成、提留、坐支、挪用，更不得转作单位小金库；各单位收到的应缴预算收入款，应及时存入银行账户，并逐级上缴。应缴预算收入款原则上按月清缴，年终必须将全年的应缴预算收入款全部缴入国库。

三、应缴预算款的核算

为了核算和监督各级行政单位按规定应上缴国家预算收入的收缴情况，应设置"应缴预算款"账户。该账户贷方反映各行政单位按照国家规定依法收取的各种应缴预算收入款；借方反映行政单位实际上缴给财政的应缴预算收入款；余额在贷方反映各行政单位应缴未缴给财政的预算收入款。该账户应按预算收入的不同款项设置明细账进行明细核算。

【例11-1】某行政单位收到各种规费收入 5 000 元。

借：现金 5 000
 贷：应缴预算款——规费收入 5 000

【例11-2】某行政单位依法收得罚没收入 3 000 元。

借：现金 3 000
 贷：应缴预算款——罚没收入 3 000

【例11-3】某行政单位将本月取得的罚没收入和规费收入共计 60 000 元全数上缴财政。

借：应缴预算款 60 000
 贷：银行存款 60 000

第二节　应缴财政专户款的管理和核算

一、应缴财政专户款概述

应缴财政专户款是行政单位按规定代收的应上缴财政专户的预算外资金。应上缴财政专户的预算外资金的范围按财政部规定办理。行政单位收到应上缴财政专户款尚未上缴时，形成了一项负债。

按照《国务院关于加强预算外资金管理的决定》规定，国家机关、事业单位和社会团体为履行或代行政府职能，依照国家法律、法规和具有法律效力的规章而收取、提取和安排使用的未纳入国家预算管理的各种财政性资金，属于预算外资金。其范围主要包括以下五类：

1. 根据法律、法规和具有法律效力的规章收取、提取的行政事业性收费、基金和凭借政府权力筹集的资金。

2. 国务院或省级人民政府及其财政、计划（物价）部门共同审批的行政事业性收费收入。

3. 国务院以及财政部审批建立的基金、附加收入等。

4. 主管部门从所属单位及中的上缴资金。

5. 用于乡（镇）政府开支的乡自筹资金和乡统筹资金。

6. 其他未纳入财政预算管理的财政性资金。

行政单位的预算外资金作为国家财政性资金，不是部门或单位的自有资金，必须纳入财政管理。财政部门要在银行开设统一的专户，用于预算外资金收入和支出的管理。部门和单位的预算外收入必须上缴同级财政专户，支出由同级财政按预算外资金收支计划和单位财务收支计划统筹安排，从财政专户中拨付，实行"收支两条线"管理。对其中少数费用开支有特殊需要的预算外资金，经财政部门核定收支计划后，可按可能的比例或按收支结余的款项定期纳入同级财政专户。因此，预算外资金日常的上缴方式有三种，即按全额上缴、按比例上缴和按预算外资金结余上缴三种方式。

二、应缴财政专户款的账务处理

为了核算行政单位应上缴财政专户款的形成、解缴等情况，应设置"应缴财政专户款"账户。该账户贷方反映行政单位按规定代收的应上缴财政专户款；借方反映实际上缴的应上缴财政专户款；余额在贷方，表示行政单位应缴未缴的应上缴财政专户款。年终应全部上缴，上缴后，本账户无余额。本账户应按预算外资金的类别设置明细账。

行政单位预算外资金按规定上缴财政专户，由于上缴方式不同，其核算的过程和结果也会存在一定的差异。

1. 行政单位预算外资金实行全额上缴财政专户的方式。行政单位预算外资金实行全额上缴财政专户办法的，日常收到预算外资金的各项收入时，借记"银行存款"或"现金"账户，贷记"应缴财政专户款"账户；定期上缴财政专户时，借记"应缴财政专户款"账户，贷记"银行存款"账户；当收到财政拨给的返还款时，借记"银行存款"账户，贷记"预算外资金收入"账户。

【例11-4】某行政单位预算外资金实行全额上缴的预算外资金核算方法，发生如下经济业务：

（1）本月2日，收到预算外资金收入现金280元；还收到支票一张，金额20 000元的预算外资金收入。

借：银行存款　　　　　　　　　　　　　　　　　　20 000
　　现金　　　　　　　　　　　　　　　　　　　　　　280
　　　贷：应缴财政专户款　　　　　　　　　　　　　　　20 280

（2）月末，本单位将本期汇集的预算外资金收入共计50 000元上缴财政专户。

借：应缴财政专户款　　　　　　　　　　　　　　　50 000
　　　贷：银行存款　　　　　　　　　　　　　　　　　50 000

（3）收到财政专户核拨的预算外资金30 000元，其中，10 000元属于应返还所属单位的预算外资金。

借：银行存款　　　　　　　　　　　　　　　　　　30 000
　　　贷：预算外资金收入　　　　　　　　　　　　　　20 000
　　　　　暂存款——所属单位　　　　　　　　　　　　10 000

2. 行政单位预算外资金实行按比例上缴财政专户的方式。行政单位经财政部门批准实行按比例上缴财政专户办法的，在取得预算外资金收入时，按财政部门核定的上缴比例，借记"现金"或"银行存款"账户，贷记"应缴财政专户款"账户；按财政部门核定的留用比例，借记"现金"或"银行存款"账户，贷记"预算外资金收入"账户；定期上缴财政专户时，借记"应缴财政专户款"账户，贷记"银行存款"账户。

【例11-5】某行政单位预算外资金实行按比例上缴的预算外资金核算方法，限定比例为60%上缴，40%留用，发生如下经济业务：

（1）取得预算外资金收入 20 000 元，存入银行。

借：银行存款	20 000
贷：预算外资金收入	8 000
应缴财政专户款	12 000

（2）月末，本单位将本期汇集的预算外资金收入上缴财政专户。

借：应缴财政专户款	12 000
贷：银行存款	12 000

3. 实行结余上缴财政专户的方式。行政单位经财政部门批准实行结余上缴财政专户的方式的，在日常收到预算外资金的各项收入时，借记"银行存款"或"现金"账户，贷记"预算外资金收入"账户；日常使用预算外资金时，借记"经费支出——预算外支出"账户，贷记"现金"或"银行存款"账户；期末，将本期发生的预算外支出与预算外资金收入对冲，形成预算外资金收支结余。借记"预算外资金收入"账户，贷记"经费支出——预算外支出"账户；将结余转入应缴财政专户时，借记"预算外资金收入"账户，贷记"应缴财政专户款"账户；按规定上缴财政专户时，借记"应缴财政专户款"账户，贷记"银行存款"账户。

【例11-6】某事业单位预算外资金实行结余上缴的预算外资金核算方法，发生如下经济业务：

（1）该单位取得预算外资金收入 40 000 元，存入银行。

借：银行存款	40 000
贷：预算外资金收入	40 000

（2）该单位用预算外资金购入一般设备一台，价款 1 000 元，以存款支付。

借：经费支出——预算外支出——设备购置	1 000
贷：银行存款	1 000

同时：

借：固定资产	1 000
贷：固定基金	1 000

（3）期末，结算预算外资金结余：

借：预算外资金收入	1 000
贷：经费支出——预算外支出——设备购置	1 000

（4）将预算外资金结余转为应缴财政专户资金：

借：预算外资金收入	39 000
贷：应缴财政专户款	39 000

（5）将应缴财政专户款上缴财政专户：

借：应缴财政专户款　　　　　　　　　　　　　　　　　　　　39 000

　　贷：银行存款　　　　　　　　　　　　　　　　　　　　　　39 000

第三节　暂存款的核算

一、暂存款的核算内容

暂存款是行政单位在执行预算过程中与其他单位和个人发生的债务结算款项。各项暂存款要注意及时清理和归还，不得长期挂账。

二、暂存款的会计核算

为了核算和监督行政单位发生的临时性暂存款（包括住房基金、住房公积金），应设置"暂存款"账户。该账户贷方登记行政单位收到其他单位或个人的暂存款及取得的住房基金；借方登记结算退回的暂存款及住房基金的运用；余额在贷方反映尚未结清的暂存款负债额及住房基金的结余数。该账户应按债务对象设置明细账。对住房基金要根据住房基金的来源和运用设置辅助账、明细账进行明细核算。

【例11-7】某财政局财务部门收到其他单位预订统一账表资料汇款5 000元。

借：银行存款　　　　　　　　　　　　　　　　　　　　　　　5 000

　　贷：暂存款——××　　　　　　　　　　　　　　　　　　　5 000

【例11-8】假设财政局印制账表时，通过"库存材料"科目核算入库了，则发出账表时应贷记"库存材料"科目；现已按订购对象发出账表价款5 000元。

借：暂存款——××　　　　　　　　　　　　　　　　　　　　5 000

　　贷：库存材料　　　　　　　　　　　　　　　　　　　　　　5 000

【例11-9】假设财政局印制账表时，未通过"库存材料"科目核算入库，而是直接作为经费支出，则发出账表的价款应冲减经费支出。现已按订购对象发出账表价款5 000元。

借：暂存款——××　　　　　　　　　　　　　　　　　　　　5 000

　　贷：经费支出　　　　　　　　　　　　　　　　　　　　　　5000

【例11-10】某行政单位收到一笔性质不清的款项5 000元。

借：银行存款　　　　　　　　　　　　　　　　　　　　　　　5 000

　　贷：暂存款　　　　　　　　　　　　　　　　　　　　　　　5 000

【例11-11】经核实，该笔性质不清的款项是所属某事业单位将应直接缴入财政专户的预算外资金上缴到主管行政单位，予以退回。

借：暂存款　　　　　　　　　　　　　　　　　　　　　　　　5 000

　　贷：银行存款　　　　　　　　　　　　　　　　　　　　　　5 000

第十二章　行政单位收入和支出的核算

　　行政单位是国家为满足社会公共需要而设立的，主要行使国家社会管理和公共服务职能，没有社会生产职能。行政单位在履行职能过程中的资金耗费，主要依靠国家财政拨款，不可能像企业那样通过生产经营成果的销售实现价值补偿并取得利润，进而实现简单再生产和扩大再生产。因而，行政单位在财务资金管理上具有以下特点：

　　1. 经费来源的单一性：主要依靠财政拨款。

　　2. 经费保障的优先性：行政单位属于典型的社会公共需要，在公共支出中位于优先保障地位。

　　3. 财务管理的统一性：第一，行政单位在财务管理工作中，有统一的工作方针，都必须贯彻执行"勤俭建国，厉行节约"的方针；第二，有统一的机构、编制；第三，有统一的财务管理制度，包括《行政单位财务规则》和《行政单位会计制度》；第四，有统一的经费开支标准。

第一节　行政单位收入的管理及核算

　　行政单位收入是指行政单位为完成行政任务，从同级财政部门或上级单位取得的经费预算拨款、专项资金拨款、按规定取得的预算外资金收入及其他收入等。

一、拨入经费的核算

　　1. 拨入经费的概念和管理要求。行政单位的拨入经费是指行政单位依照经费领拨关系，按照批准的经费预算和规定的手续，向财政部门或上级主管部门请领的经费。如有所属机构和单位，还应就请领的经费按规定拨付给其所属机构和单位，这就是行政单位的领拨关系。

　　（1）领拨经费的依据。各级财政单位领拨经费的依据是传达财政部门或上级主管单位审校批准后的单位预算。单位预算是各级行政单位根据国家政策和要求，结合本单位的计划和任务，参照上年度单位预算的执行情况和预算年度的变化数据，编制的年度预算资金收支计划。单位预算中所确定的各项经费支出的方向、范围和规定的项目开支标准，是实现会计控制，加强财政管理的基础，也是财政部门或上级主管部门向所属单位预算拨款的参考依据。

行政单位应当根据核定的年度预算指标和工作计划，在每个季度开始前，按照国家预算收支科目，按"款"分项编制"经费拨款申请单"，报同级财政部门或上级单位核定，作为领拨经费的依据。财政部门或主管单位收到所属单位的"季度与月度用款计划"后，应根据工作计划进度以及单位资金结存情况，核定各月拨款数，并据以及时拨款。

（2）领拨经费的原则。经费领拨是执行国家预算的主要环节，是行政单位执行任务的财力保证。因此各行政单位领拨经费时，应坚持"按计划领拨经费，按进度领拨经费，按用款领拨经费，按级次领拨经费"等原则。

（3）领拨经费的方式。领拨经费的方式有两种：划拨资金和限额拨款。

① 划拨资金是财政部门根据各行政主管部门的申请按月开出"预算拨款凭证"，通知国库将财政存款划到申请单位在银行开立的存款户，由主管单位按规定用途办理转拨或支用，月末由用款单位编报单位预算支出报表的一种拨款方式。目前各级财政机关对所属行政单位拨款和中央财政部对部分单位的事业经费拨款采用此方式。

② 限额拨款是财政机关根据各行政主管部门的申请在核定年度预算内分期给用款单位下达用款额度，由主管单位在额度内支用或转拨，月末由银行系统编报支出月报，报告支出情况，并和财政机关进行资金结算的一种拨款方式。目前只有中央行政管理经费和建设银行的基建拨款采用此方式。

2．经费拨款收入的核算。为了核算和监督各级行政单位经费拨款的领拨情况，应设置"拨入经费"账户。该账户贷方登记各行政单位按照经费领拨关系，由同级财政或上级主管部门拨入的预算经费拨款；该账户平时的贷方余额反映经费拨款的累计数，于年终将其从本账户的借方转入"结余"账户的贷方；结转后该账户无余额。本账户应按拨入经费的管理要求分别设置"拨入经常性经费"和"拨入专项经费"两个明细账户进行明细核算。

【例12-1】某行政单位本月按计划收到财政局拨来经费拨款1 000 000元。

借：银行存款 1 000 000
　　贷：拨入经费——拨入经常性经费 1 000 000

【例12-2】某行政单位本月按计划收到同级财政拨来的设备专款500 000元。

借：银行存款 500 000
　　贷：拨入经费——拨入专项经费 500 000

【例12-3】某行政单位年终将"拨入经费——拨入经常性经费"账户贷方累计余额4 000 000元转入"结余"账户；将"拨入经费——拨入专项经费"账户贷方累计余额2 000 000元转入"结余"账户。

借：拨入经费——拨入经常性经费 4 000 000
　　　　　　——拨入专项经费 2 000 000
　　贷：结余——经常性结余 4 000 000
　　　　　——专项结余 2 000 000

二、预算外资金收入

1．预算外资金收入的概念与管理要求。预算外资金收入是指财政部门按规定从财政专户核拨给行政单位的预算外资金和部分经财政部门核准不上缴预算外资金财政专户，而直接由行政单位按计划使用的预算外资金。预算外资金收入是行政单位开展业务活动而取得的一部分财政性资金。

行政单位对预算外资金收入的管理应遵循以下要求：

（1）分别核算，分类管理。预算外资金收入与拨入经费都是行政单位开展业务活动而取得的财政性资金。其中，预算外资金收入是行政单位从财政专户取得的，而拨入经费是行政单位从国库取得的。由于来源不同，行政单位的预算外资金收入应当与拨入经费分别核算，分类管理。

（2）行政单位的预算外资金收入纳入单位综合财务收支计划。行政单位应按照规定编制单位综合财务收支计划，对预算外资金收入，统一管理，统筹安排各项支出。

2．预算外资金收入的核算。为了核算预算外资金收入业务，行政单位应设置"预算外资金收入"账户。该账户属于收入类账户，当定期结算出应缴预算外资金结余时，记入本账户的借方；当收到从财政专户核拨给本单位的预算外资金收入和经财政部门核准不上缴财政专户的，记入本账户的贷方；该账户平时的贷方余额反映预算外资金收入的累计数，于年终将其从本账户的借方转入"结余"账户的贷方；结转后该账户无余额。本账户应按分别设置"经常性收入"和"专项收入"两个明细账户进行明细核算。

预算外资金收入日常核算请参照本章第三节行政单位负债的核算中的应缴财政专户款的核算。

三、其他收入的核算

其他收入是指行政单位按规定获得的，除拨入经费、预算外资金收入以外的各种收入。它主要包括上级行政单位用非预算资金拨入的补助收入，行政单位在公务活动中按规定收取的不必上缴财政的零星杂项收入、有偿服务收入、有价证券利息收入、存款利息收入及其他收入。行政单位按规定收取的应上缴财政的预算内收入及预算外收入应列为负债，不应列入行政单位的收入，并及时上缴财政。

为了核算行政单位其他收入的形成情况，应设置"其他收入"账户。该账户贷方记录行政单位其他业务收入的取得和实现；借方记录冲销转出数和从"其他支出"账户转入的全年累计发生的其他支出数；余额在贷方反映行政单位累计获得的其他收入净额，年终将其余额全数转入"结余"账户。

【例12-4】某行政单位收到到期的国库券本金 100 000 元，利息收入 10 000 元。

借：银行存款　　　　　　　　　　　　　　　　　　　110 000
　　贷：有价证券　　　　　　　　　　　　　　　　　　　100 000
　　　　其他收入——利息收入　　　　　　　　　　　　　 10 000

【例12-5】某行政单位收到上级行政单位以非预算资金拨入的补助收入 20 000 元。

借：银行存款　　　　　　　　　　　　　　　　　　　 20 000
　　贷：其他收入——补贴收入　　　　　　　　　　　　　 20 000

【例12-6】某行政单位收到出售废旧物品收入 1 000 元。

　　借：银行存款　　　　　　　　　　　　　　　　　　　　　　　1 000
　　　　贷：其他收入——废品收入　　　　　　　　　　　　　　　　　　1 000

【例12-7】某行政单位对外提供技术服务收款收入 180 000 元。
　　借：银行存款　　　　　　　　　　　　　　　　　　　　　　180 000
　　　　贷：其他收入　　　　　　　　　　　　　　　　　　　　　　180 000

【例12-8】某行政单位年终将"其他支出"账户累计发生额 250 000 元转入"其他收入"账户。
　　借：其他收入　　　　　　　　　　　　　　　　　　　　　　250 000
　　　　贷：其他支出　　　　　　　　　　　　　　　　　　　　　　250 000

【例12-9】某行政单位年终将"其他收入"账户贷方余额 80 000 元转入"结余"账户。
　　借：其他收入　　　　　　　　　　　　　　　　　　　　　　80 000
　　　　贷：结余　　　　　　　　　　　　　　　　　　　　　　　80 000

第二节　行政单位支出的管理及核算

　　行政单位支出是指行政单位为了完成公务活动而发生的，按照财务制度和开支标准办理的开支，包括经费支出、拨出经费以及结转自筹基建等。

一、经费支出的核算

　　1．经费支出的概念。行政单位的经费支出是指各级行政单位在执行其单位预算过程中，实际消耗掉的资金和物资，并取得合法报销凭证的"实际支出数"。

　　"实际支出数"是行政单位预算支出的核算基础。这是由预算资金运动的特点所决定的。它是上级机关和财政部门考核单位预算执行情况和核销单位预算支出的依据。

　　"银行支出数"是财政总预算支出的核算基础。财政部门把预算资金拨给主管部门，再由主管部门拨给所属基层单位开户银行。这是财政部门将国库存款转为预算单位经费存款的分配过程。这时的资金对于基层单位来说并没有消耗掉，仅反映财政拨款数。当基层单位从开户银行提取款项后，预算资金才进入使用过程，这就是"银行支出数"。行政单位从银行取得的"银行支出数"在单位表现为两部分：一部分实际消耗掉形成了"实际支出数"；另一部分可能以材料物资、现金或暂付款的形式作为行政单位的日常周转金，叫做"银行支出未报数"。因此，行政单位"实际支出数"、"银行支出未报数"、"银行支出数"的关系是：

实际支出数＋银行支出未报数＝银行支出数

　　2．经费支出的内容。行政单位经费支出的内容一般分为三类：一是按支出用途分类；二是按支出性质分类；三是按支出的对象分类。

　　（1）按支出用途分类也就是按国家预算支出科目中"目"级科目及其说明进行的分类。

　　①工资，包括标准工资（基础工资、级别工资、职务工资、工龄工资、津贴以及国家

规定的地区生活补贴），半脱产人员生活费，保留工资等。

② 补助工资，是支付给职工的各种津贴、补贴。包括北方冬季取暖补贴、少数民族职工伙食补贴、护龄补贴、保健津贴、粮价补贴、副食品补贴等。

③ 职工福利费，用于职工福利待遇，解决职工及其家属生、老、病、死等困难所支付的费用。包括支付独生子女保健费、公费医疗费、两个月以上病假人员工资、职工探亲旅费、因公负伤治疗费、职工死亡火葬及费用、长期赡养人员补助费等。

④ 离休、退休人员费用。按规定支付给离退休人员的一切费用以及按规定向劳动行政主管部门缴纳的工人退休养老金。

⑤ 人民助学金，指各类学校学生助学金、奖学金等。

⑥ 公务费，指行政单位日常性管理费用。包括办公费、邮电费、水电费、差旅费、车船保养修理费、会议费等。

⑦ 设备购置费，指行政单位用行政经费购买的，按固定资产管理的办公用一般设备、车辆等购置费及附加费等。

⑧ 修缮费，指行政单位的公用房屋、建筑物及附属设备的修缮费，修缮临时工工资，公房租金等。

⑨ 业务费，指行政单位为完成专业业务所需的消耗性费用开支和购置的低值易耗品。

⑩ 差额补助费，指对实行差额预算管理单位的补助费。

⑪ 主要副食品价格补贴，指单位发放的肉、蛋、油、菜四种主要副食品价格补贴支出。

⑫ 其他费用，指以上各项中不包括的行政单位的其他必需开支。

（2）按支出性质分类。

① 经常性支出：经常性支出是指行政单位为维持正常运转和完成工作任务所发生的支出。它是行政单位基本资金的消耗。

② 专项支出：专项支出是指行政单位为完成专项或特定工作任务发生的支出。一般有专项资金的来源，如：专项会议支出、专项设备购置支出、专项修缮支出等。

（3）按支出对象分类。

① 人员经费支出：主要指用于个人方面的开支。

② 公用经费支出：只为完成行政任务，用于公共事务方面的开支。

行政单位日常经费支出核算，一般按支出性质分类设置二级科目，按支出用途分类的目级科目设置三级明细核算。

3. 经费支出的原则。为了加强节约，控制费用，合理开支，各行政单位办理经费支出时应遵守如下原则：

① 按批准的预算和计划用款，不得办理无预算、无计划或超预算的开支。

② 按财务制度和开支标准办理支出，不得随意提高标准。

③ 勤俭节约，反对浪费，讲求支出的效益。

④ 按规定的资金渠道分别开支，不得相互挪用。

⑤ 支出要有合法的凭证为依据。

4. 经费支出的核算。为了核算和监督经费支出的发生情况，应设置"经费支出"账户。该账户的借方登记行政单位开展业务活动依合法凭证支出的经费数；贷方登记经费支出的冲销转出数；余额在借方，反映行政单位累计发生的经费支出数，年终将其余额全数转入"结余"账户。该账户按"经常性支出"和"专项支出"设置二级账户,按"目"级科目设置三级核算。

【例12-10】行政单位以银行支票交纳电话费3 500元。

借:经费支出——经常性支出——公务费   3 500
 贷:银行存款   3 500

【例12-11】行政单位以银行支票购入办公用品8 000元。

借:经费支出——经常性支出——办公费   8 000
 贷:银行存款   8 000

【例12-12】行政单位职工出差回单位报销,原借款2 000元,现报销交来发票1 500元,交回多余现金500元。

借:现金   500
 经费支出——经常性支出——差旅费   1 500
 贷:暂付款——××职工   2 000

【例12-13】行政单位以拨入的专项经费购入电脑一台,价款8 000元,列入经费支出。

借:经费支出——专项支出——设备购置费   8 000
 贷:银行存款   8 000
借:固定资产   8 000
 贷:固定基金   8 000

【例12-14】行政单位从仓库领回材料1 000元进行固定资产小修理。

借:经费支出——经常性支出——修缮费   1 000
 贷:库存材料   1 000

【例12-15】行政单位按规定提取工会经费15 000元。

借:经费支出——经常性支出   15 000
 贷:暂存款——工会经费   15 000

【例12-16】行政单位某专项工程用的材料8 000元,已列入经常性支出,月底发现应有专项工程支出列支,现转回。

借:经费支出——专项支出   8 000
 贷:经费支出——经常性支出   8 000

【例12-17】行政单位年终将"经费支出——经常性支出"账户的贷方余额800 000元,"经费支出——专项支出"账户的贷方余额20 000元全数转入"结余"账户。

借:结余——经常性结余   800 000
 ——专项结余   200 000
 贷:经费支出——经常性支出   800 000
  ——专项支出   200 000

二、拨出经费的核算

拨出经费是指主管部门或上级单位根据核定的预算对所属单位转拨的经费。转拨经费属于拨入经费的一项支出应按实际发生额记账。

为了核算和监督行政单位拨款的情况，应设置"拨出经费"账户。该账户借方记录行政单位对所属单位拨出的经费数额；贷方反映收回的拨出经费；余额在借方，表示行政单位转拨给所属单位的累计经费，年终将其余额全数转入"结余"账户。该账户应按"拨出经常性经费"和"拨出专项经费"设置明细账户进行明细核算。

【例12-18】某行政主管部门将从财政部门获得的经费拨款按核定的预算 200 000 元转拨给其所属单位作为其经常性经费使用。

    借：拨出经费——拨出经常性经费   200 000
        贷：银行存款   200 000

【例12-19】收回多拨款项 30 000 元。

    借：银行存款   30 000
        贷：拨出经费——拨出经常性经费   30 000

【例12-20】行政单位通过银行拨给所属单位专项资金 80 000 元，用于维修其办公楼。

    借：拨出经费——拨出专项经费   80 000
        贷：银行存款   80 000

【例12-21】年终将"拨出经费——拨出经常性经费"借方累计余额 170 000 元，"拨出经费——拨出专项经费"账户借方累计余额 80 000 元转入"结余"账户。

    借：结余——经常性结余   170 000
            ——专项结余   80 000
        贷：拨出经费——拨出经常性经费   170 000
                  ——拨出专项经费   80 000

三、结转自筹基建的核算

结转自筹基建是行政单位经批准用经费拨款以外的资金安排自筹基本建设，其所筹集并转存建设银行的资金。转存建设银行后，交由单位基建部门管理，财务部门已不再管理此项资金。待基金建成移交使用后，又转入财务部门，借记"固定资产"账户，贷记"固定基金"账户。

行政单位将自筹的基本建设资金转存建设银行时，根据转存款借记"结转自筹基建"账户，贷记"银行存款"账户。年终结账时，应将"结转自筹基建"账户借方余额全数转入"结余"账户，借记"结余"账户，贷记"结转自筹基建"账户。实际上，结账会计分录表明此项资金是用结余资金转存的。

【例12-22】某行政单位经批准用经费拨款以外的资金安排自筹基本建设，将自筹的基本建设资金 1 000 000 元转存于建设银行。

    借：结转自筹基建   1 000 000
        贷：银行存款   1 000 000

【例12-23】年终该事业单位将结转自筹基建 1 000 000 元转账。

    借：结余   1 000 000

贷：结转自筹基建　　　　　　　　　　　　　　　　　　　1 000 000

四、其他支出的核算

其他支出是指行政单位为取得其他收入所发生的相应支出和按规定向上缴单位缴纳的款项。其他支出主要包括行政单位提供设计、检验、技术、信息咨询以及提供有偿服务时获得其他收入而发生的相应支出；按规定上缴上级单位的其他收入款项。

为了核算行政单位的其他支出和上缴款，应设置"其他支出"账户。该账户借方登记行政单位在获得其他收入时发生的支出和上缴给上级部门的款项；贷方于年终将累计发生的其他支出全数转入"其他收入"账户借方，结转后，该账户无余额。在实务中，也可以不设置该账户，直接通过"其他收入"账户的借方来核算其他支出的内容。

【例12-24】某行政单位按规定上缴分成收入 46 000 元。

借：其他支出　　　　　　　　　　　　　　　　　　　　　46 000

　　贷：银行存款　　　　　　　　　　　　　　　　　　　　46 000

【例12-25】某行政单位为取得其他收入发生相应的其他支出 50 000 元。

借：其他支出　　　　　　　　　　　　　　　　　　　　　50000

　　贷：银行存款　　　　　　　　　　　　　　　　　　　　50000

【例12-26】某行政单位于年终将"其他支出"科目全年累计发生额 250 000 元转入"其他收入"账户。

借：其他收入　　　　　　　　　　　　　　　　　　　　　250 000

　　贷：其他支出　　　　　　　　　　　　　　　　　　　　250 000

第十三章　行政单位净资产的核算

净资产是指行政单位的资产减去负债的差额以及特定期间收入减去支出后的差额，包括固定基金和结余。

第一节　行政单位固定基金的核算

一、固定基金的核算

固定基金是指行政单位所掌管的各项固定资产方面占用的资金。"固定基金"是"固定资产"的对应科目。一般来说有固定资产增加就有固定基金的增加；有固定资产的减少就有固定基金的减少。

为了核算和监督行政单位固定基金的增减变动及其结存情况，应设置"固定基金"账户。该账户贷方反映随固定资产增加而形成固定基金的增加；借方反映随固定资产的减少而形成固定基金的减少；余额在贷方反映企业掌握的固定资产方面所占用的资金。行政单位增加固定资产时，借记"固定资产"账户，贷记"固定基金"账户；减少固定资产时，借记"固定基金"账户，贷记"固定资产"账户。

【例13-1】某行政单位以预算拨款购置设备一台，价值50 000元，货款从银行支付。

借：固定资产——××设备　　　　　　　　　　50 000
　　　贷：固定基金　　　　　　　　　　　　　　　　50 000
同时：
借：经费支出——设备购置费　　　　　　　　　50 000
　　　贷：银行存款　　　　　　　　　　　　　　　　50 000

【例13-2】某行政单位以专项资金自购设备一台，价值100 000元，货款以支票支付。

借：固定资产——××设备　　　　　　　　　　100 000
　　　贷：固定基金　　　　　　　　　　　　　　　　100 000
同时：
借：经费支出——专项支出——设备购置费　　　100 000
　　　贷：银行存款　　　　　　　　　　　　　　　　100 000

【例13-3】某行政单位经批准有偿出售不需用设备一台,其账面价值80 000元,以50 000元出售。

借：固定基金 80 000
　　贷：固定资产——××设备 80 000

同时：

借：银行存款 50 000
　　贷：其他收入——变价收入 50 000

【例13-4】某行政单位收到以政府采购方式购置的一台设备,总价为100 000元,价款由财政预算资金全额支付。

借：固定资产——××设备 100 000
　　贷：固定基金 100 000

同时：

借：经费支出——设备购置费 100 000
　　贷：拨入经费 100 000

第二节　行政单位结余资金的核算

行政单位结余资金是行政单位在公务活动过程中经费收支相抵后的余额。行政单位由于厉行节约,合理开支,提高资金利用效率而形成的结余,一年计算一次,是全年资金运行以后的余额。

行政单位的结余分为当年结余和历年滚存结余。当年结余为当年各项收入减去当年各项支出之后的余额。当年的各项收入包括拨入经费、预算外资金收入和其他收入;当年的各项支出包括经费支出、拨出经费和结转自筹基建。历年滚存结余则为年初结余资金数额与本年结余资金数额之和。

为了核算行政单位年度各项收支相抵后的累计金额,应设置"结余"账户。该账户属于净资产类账户,年终,将各项收入账户的贷方余额转入本科目的贷方,将各项支出类账户的借方余额转入本账户的借方。有专项资金收支的行政单位,应将非专项的收支分别转入"结余"账户的"经常性结余"明细账户中;将专项收入和专项支出分别转入"结余"账户的"专项结余"明细账户中。年终本账户的贷方余额为行政单位滚存结余资金。

【例13-5】某行政单位年终将"拨入经费——经常性经费"账户的贷方余额4 000 000元,"经费支出——经常性支出"账户的借方余款3 850 000元,分别转入"结余——经常性结余"账户。

（1）拨入经费。

借：拨入经费——经常性经费 4 000 000
　　贷：结余——经常性结余 4 000 000

（2）转经费支出。

借：结余——经常性结余 3 850 000

    贷：经费支出——经常性支出   3 850 000

【例13-6】年终，结转"拨入经费——拨入专项经费"账户年末贷方余额 90 000 元。

  借：拨入经费——拨入专项经费   90 000

    贷：结余——专项结余   90 000

【例13-7】年终，结转"预算外资金收入"账户年末贷方余额 100 000 元。

  借：预算外资金收入   100 000

    贷：结余——经常性结余   00 000

【例13-8】年终，结转"经费支出——专项支出"账户年末借方余额 70 000 元。

  借：结余——专项结余   70 000

    贷：经费支出——专项支出   70 000

【例13-9】年终，结转"结转自筹基建"账户年末借方余额 60 000 元、"拨出经费——拨出经常性经费"账户年末借方余额 30 000 元以及"拨出经费——拨出专项经费"账户年末借方余额 20 000 元。

  借：结余——经常性结余   90 000

        ——专项结余   20 000

    贷：结转自筹基建   60 000

       拨出经费——拨出经常性经费   30 000

           ——拨出专项经费   20 000

第十四章　行政单位会计报告

第一节　行政单位会计报告概述

一、会计报告的意义

行政单位会计对经常的、大量的日常收支业务，运用会计科目，编审凭证，登记账簿及财产清查等专门的会计核算方法进行核算和监督。但是，日常的会计记录资料毕竟还是比较分散的，不能用来直接、全面反映行政单位一定时期内单位的预算执行情况全貌。行政单位会计在此基础上将日常核算资料进行综合和整理，定期编制出反映行政单位财务状况和预算执行结果的书面文件就是行政单位会计报告。行政单位会计报告包括会计报表和财务说明书。

利用行政单位编制的会计报告，可以分析、检查行政单位预算的计划与实际发生的差额，从而发现行政单位预算执行中存在的问题和潜力；也可以从中发现行政单位对财经纪律、财务制度的遵守情况；有利于总结经验，克服问题，不断提高本行政单位的预算管理水平。

利用行政单位编制的会计报告，便于主管部门了解、分析所属单位预算的执行情况，可以比较所属单位间的差距，了解造成差距的原因，可作为本系统领导决策和进行综合平衡的重要依据。

利用行政单位编制的会计报告或主管部门编制的汇总会计报告，便于财政部门检查、了解各行政单位应上缴的财政任务是否按时足额完成，预算收支是否按计划实现；可据以分析各单位预算资金收支的实际需要量，以便正确地核定预算拨款和调剂预算资金，作为下期编制和审核预算的重要参考依据。

二、会计报表的种类

行政单位会计报告的主要组成部分是会计报表。会计报表按不同的标准有不同的分类。

（1）行政单位会计报表按其反映的经济内容分类分为：资产负债表、经费支出明细表、往来账项明细表、基本数字表等。

（2）行政单位会计报表按照其编制时间分类分为：月报、季报和年报。

（3）行政单位会计报表按编制层次分为单位会计报表和汇总会计报表。

三、会计报表编制要求

（1）数字准确。行政单位会计报表应该是对各行政单位预算执行情况的真实、正确的反映。因此，行政单位在编制会计报表前，所有应入账的预算资金的收支业务，都要全部登记入账，并要切实做到账实相符、账证相符、账账相符，根据核对无误的账簿记录，编制会计报表。数字有根有据，不能估列代编，更不准弄虚作假，要保证会计报表数字准确无误。

（2）内容完整。会计报表要严格按照上级统一规定的报表种类、格式、内容、计算方法和填制口径编报，以保证逐级分析和汇总的需要。会计报表中每一行次、项目均应一一填明。凡上级规定应加报的补充资料和要求作文字情况说明的，也要分别照报，以保证会计报表的内容完整。

（3）报送及时。会计报表的时间性很强，如果编报不及时，就会失去它应有的作用，且影响各单位报表的及时汇总上报，从而影响会计信息使用者作出正确的决策。

四、行政单位年终清理结算和结账

（一）年终清理结算

年终清理结算是指行政单位编制年度决算报表的一个重要环节，各单位一定要根据财政部门和上级主管部门的要求，做好此项工作。它是保证单位决算报表数字准确、真实、完整的一项基础工作。年终清理结算，就是对单位全年预算资金和其他资金收支活动进行全面清理、核对、整理和结算的工作。其主要内容有：

1. 清理核对年度预算数字和预算领拨数字。年度终了前，财政机关、主管部门和各所属单位之间要认真清理核对全年预算数字，包括追加、追减、上划、下划的预算数字；要认真清理，逐笔核对上、下级之间预算拨款和预算缴款数字。按核定的预算或调整的预算，该拨付的拨付，该缴回的缴回，保证财政、上下级之间的年度预算数、经费领拨数、上缴下拨数均保持一致。

2. 清理各项收支款项。凡属本年的各项收入，都要及时入账；各项应缴预算收入和应缴上级的款项，要在年终前全部上缴；属于本年的各项支出，要按规定的支出渠道如实列报，年度单位支出决算，一律以 12 月 31 日止的实际支出数为准，不得虚列增报支出。

3. 清理债权债务等往来结算款项。行政单位的暂付款、借出款等债权和暂存款、借入款、代管资金等债务，年终前都要认真清理、严格控制；凡是在年终前可以结算清楚的，一定要结算清楚，做到人欠收回，欠人归还。属于应转列有关收入和支出的往来款项，一定要及时转入有关收入、支出账户，不得在往来账上长期挂账，影响收入、支出数字不实。清理中如发现呆账、坏账或付不出去的应付款项，要报告单位领导，经批示后按规定处理。

4. 清理货币资金和财产物资。年终，现金、银行存款、有价证券和材料、固定资产等财产物资，都要认真清理、盘点、对账，做到账账相符，账实相符。

5. 清理上下级单位之间的资金调拨收支。清理核对上下级单位之间除经费预算缴拨款以外的资金调拨收支，做到上下级数字一致。比如，下级单位应上缴上级的提成，应按时上缴；上级应对下级进行补助的，应及时拨付补助款，上下数字应保持一致。

（二）年终结账

年终清理结算完毕，在办理 12 月份结账的基础上，即可进行年终结账。年终结账工作，一般分为年终转账、结清旧账和记入新账三个环节。

1. 年终转账。账目核对无误后，首先计算出各账户借方或贷方的 12 月份合计数和全年累计数，结出 12 月末的余额。然后，根据 12 月末的余额，编制结账前的"资产负债表"，经试算平衡无误后，再将应对冲结转的各个收支账户的余额按年终冲转办法，填制 12 月 31 日的记账凭证办理冲账结转。

年终转账的主要内容：将本年实现的收入及发生的支出全数转入"结余"账户，编制转账分录。

借：拨入经费
　　预算外资金收入
　　其他收入
　　贷：经费支出
　　　　拨出经费
　　　　结转自筹基建
　　　　结余

2. 结清旧账。将结账后无余额的账户结出全年累计数，然后在下面划双红线，表示本账户全部结清。对年终有余额的账户，在"全年累计数"下的"摘要"栏内注明"结转下年"字样，再在下面划双红线，表示年终余额转入新账，旧账结束。

3. 记入新账。根据本年度各个总账、明细账和日记账的账户余额，编制年终决算的"资产负债表"和有关明细表。将表内各账户的年终余额数（不编制记账凭证），直接记入新年度总账、明细账和日记账各账户预留空行的余额栏内，并在"摘要"栏注明"上年结余"字样，以区别新年度发生数。

单位决算经财政部门或上级单位审核批复后，应当调整上报决算数字时，还应当相应调整旧账，重新办理结账和过入新账手续。

第二节　行政单位会计报表的编制及审核分析

一、行政单位会计报表的编制

（一）资产负债表

1. 资产负债表的概念。资产负债表是反映行政单位在某一特定日期财务状况和某一时期预算收支执行情况的会计报表。本来资产负债表是只反映行政单位资产、负债和净资产的内容的。由于预算会计是以会计年度作为一个完整的结账期，各收入、支出账户在年度中间都保留余额，只在年终才把这些账户的余额结平，所以，行政单位月度、季度资产负债表要反映行政单位的收支余额。因此，资产负债表实际上是以"资产＋支出＝负债＋基金＋收入"这一综合平衡原理为依据编制的。

通过编制资产负债表，可以全面了解行政单位资产的总量及各项资产分布状况，负债是否正常，年度内各项收入、支出累计完成情况如何。与预算数对比，还可以发现其预算执行情况。因此，资产负债表是财政部门、上级单位了解行政单位财政收支执行情况和预算管理的工具。年终决算后，所有的收入、支出账户都已结平，此时的资产负债表中收入、支出项目均为零，只有资产、负债和净资产项目有数字可填。这时的资产负债表就是反映行政单位财务状况的会计报表了。行政单位的资产负债表的基本格式如表 14-1 所示。

表 14-1　　　　　　　　　　　　　资产负债表

编制单位：　　　　　　　　　　20××年 12 月 31 日　　　　　　　　　单位：元

科目编号	资产部类	年初数	期末数	科目编号	负债部类	年初数	期末数
	一、资产类				二、负债类		
101	现金			201	应缴预算款		
102	银行存款			202	应缴财政专户款		
103	有价证券			203	暂存款		
104	暂付款				负债合计		
105	库存材料				三、净资产类		
106	固定资产			301			
	零余额账户用款额度			303	固定基金		
	财政应返还额度				结余		
	资产合计				其中：经常性结余		
	五、支出类				专项结余		
501	经费支出				净资产合计		
502	拨出经费				四、收入类		
505	结转自筹基建			401	拨入经费		
				404	预算外资金收入		
	支出合计			407	其他收入		
					收入合计		
	资产部类合计				负债部类合计		

2. 资产负债表的编制。资产负债表各项目都设有"年初数"和"期末数"两栏。其中，年初数为上年年末数，按上年决算后结转本年的各总账科目年初数填列。如果本年度的项目与上年末各项目的名称和内容不一致，则应调整后填入。"期末数"表示报告期末的

财务状况，因而，应根据截止报告月份的各项目的总账科目期末余额填列。

年末编制资产负债表时，有结账前资产负债表，与结账后资产负债表。结账前资产负债表是在未对收入、支出账户进行结转情况下编制的，资产负债表中资产、负债、净资产、收入、支出项目都要根据相应项目的年末总账科目余额填列。结账后资产负债表是对收入、支出账户进行结转后的情况下编制的。资产负债表中只需填列资产、负债和净资产项目，收入、支出项目基本上无数可填（除个别专项资金账户外）。

（二）收入支出总表

收入支出总表是反应行政单位年度收支总规模的报表，它由收入、支出和结余三部分组成。通过收入支出总表可以反映行政单位经费收支及结余情况。行政单位收入支出总表的格式如表14-2所示。

表 14-2　　　　　　　　　　　　收入支出总表

编制单位：　　　　　　　　　　20××年12月31日　　　　　　　　　　单位：元

收　　入			支　　出			结　余
项目	本月数	本年累计数	项目	本月数	本年累计数	
拨入经费 其中：专项经费 预算外资金收入 其中：专项经费 　　　其他收入			拨出经费 经费支出 其中：经常性支出 　　　专项支出 结转自筹基建			结转当年结余 其中：专项结余 以前年度结余
收入总计			支出总计			

收入支出总表的有关栏目，应当根据行政单位实有各项收支项目汇总填列。

（1）表首。填写编制单位的名称、编制日期和货币单位。

（2）本月数。指行政单位本月实际取得的收入数和实际发生的支出数，根据有关收入和支出账户本月发生额填列。

（3）本年累计数。指行政单位年初至报告期末止实际取得的收入合计数和实际发生的支出合计数，根据有关收入和支出账户期末累计发生额填列。

（4）上级主管部门汇总本表时，应将本行政单位收入支出总表中"拨出经费"的数字与所属单位收入支出总表中的"拨入经费"数字进行对冲。

（三）经费支出明细表

经费支出明细表是反映行政单位一定时期内单位预算执行情况的报表，是考核行政单位预算经费实际支出情况的依据。经费支出明细表要求按预算支出明细账分"款"、"项"、"目"列报，按财政部门的规定分别列出"全年预算款"和"实际支出款"。经费支出明细表的基本格式如表14-3所示。

表 14-3 经费支出明细表

编制单位： 20××年12月 单位：元

项目	合计	基本工资	补助工资	其他工资	职工福利费	社会保障费	助学金	公务费	设备购置费	修缮费	业务费	其他费用	备注
列次	1	2	3	4	5	6	7	8	9	10	11	12	13
经费支出													
经常性支出													
其中：													
1.财政拨款支出													
2.预算外支出													
专项支出													
其中：													
1.财政拨款支出													
2.预算外支出													

通过阅读经费支出明细表，可以了解行政单位预算支出执行情况，从而对财政部门或上级主管部门加强预算管理，控制预算拨款数均有重要意义。

（四）基本数字表

基本数字表是反映行政单位定员定额执行情况的报表。它是考核行政单位人员编制、开支标准、分析行政单位业务进度和成果的依据。由于单位业务性质不同，表中具体项目也不尽相同，因此，各单位基本数字表的项目，应按财政部门和上级主管部门规定的项目填列。

二、行政单位会计报表分析

（一）会计报表的审核

会计报表，特别是年终决算会计报表编好之后，要认真进行审核，确认无误之后才能上报。上级单位对所属单位上报的会计报表，还要再一次进行审核。

1. 政策性审核。政策性审核主要是审查行政单位的会计报表中反映的资金收支和预算执行情况是否符合国家政策、法规、制度，有无违反财经纪律的现象。

（1）预算执行情况的审核。审核有无截留应拨给下属单位的经费。本单位经费支出是否严格控制，有无不合理支出，比如有没有把预算经费挪用去搞职工宿舍的基本建设或进行高档装修，或进行大规模的职工福利工程；是否有随意提高开支标准、扩大开支范围的情况；人员经费和公用经费的比例关系是否有较大和不正常改变等。

（2）专项资金使用情况的审核。审核专项资金是否用到了指定的项目，是否做到了专款专用，是否单独建账，单独核算；项目进度如何，资金使用效益如何；结余资金是否按规定进行了处理等。

（3）其他各项收入、支出的审核。审核各种收费是否符合有关规定；应缴预算收入是否及时、足额上缴了，有没有截留挪用情况（"应缴预算收入"科目有较大余额就属于截留挪用情况之一）；收取附属单位缴款是否按规定收取，有无乱摊派、乱收款现象；各项支出的使用是否合理，有无违法乱纪的开支等。

（4）其他问题的审核。债权债务等往来款项的管理是否严格，是否进行了及时清理结算；材料物资有无积压浪费现象；有价证券的购买是否符合规定，有无足够的资金来源，是否挪用了预算拨款或专项拨款购买有价证券，是否有违反规定炒买炒卖股票及企业债券情况等。

2．技术性审核。技术性审核主要是审核会计报表的数字是否正确，规定的报表是否齐全，表内项目是否按规定填报，有无漏报、错报情况，报送是否及时，报表上各项签章是否齐全等。

（1）审核上下级单位之间预算拨款和专项资金的拨出、拨入数，其他资金的上缴、下拨数是否一致。

（2）审核上下年度有关数字是否一致。

（3）审核各个报表之间的钩稽关系是否正确。

（4）审核各个报表中数字计算是否正确。

（5）审核会计报表中的数字与业务部门提供的数字是否一致。

各行政单位只有对经过认真审核后的会计报表，才能签章上报；上级主管部门只有对所属单位的会计报表进行了认真审核之后，才能进行汇总。

（二）会计报表的汇总

主管会计单位和二级会计单位，为了反映全系统的预算执行情况和财务状况，应对经审核过的所属单位的会计报表及本单位的会计报表进行汇总，编制汇总会计报表。汇总会计报表的种类、格式均与基层单位会计报表相同。

汇总会计报表的编制方法，原则上是将相同项目的金额加计总数后填列。但在汇编资产负债表时，对上下级单位之间对应的上缴、下拨款项应予冲销之后再行汇总，以免重复计算。

（三）会计报表分析

会计报表分析是对会计报表所提供的数据进行加工、分解比较、评价和说明。

行政单位预算会计报表，虽然反映了行政单位在一定时期预算执行的结果和财务收支的状况，但由于预算收支错综复杂，涉及报告期内全部业务活动，会计报表数字还不能具体地说明核算执行结果的好坏及其形成原因。为了进一步弄清预算在执行中超支或结余的具体情况和原因，以肯定成绩、找出差距、揭露矛盾、改进工作，就需要对会计报表的数字资料、各项指标内在因素的相互关系进行全面分析研究，总结预算管理工作中的经验教训，寻找进一步增收节支，提高资金使用效益的途径，为编制下年预算提供依据，以不断提高预算管理水平。

会计报表分析一般采用比较分析法和构成比率分析法。

比较分析法是通过对相同内容，不同时间或不同地点的会计指标以减法形式对比，发现差异的一种方法。比较分析法的主要比较形式有：年度预算收支实际与计划（预算），与上期、上年同期或某一完成较好的历史时期，与其他同类单位的相同指标进行对比分析，发现差异、分析原因。

构成比率分析法是通过计算出各个组成部分在总体中所占的比重，从而找出各项目变化的规律。例如，用结构分析某行政单位业务收入、支出活动情况时，计算出各项收入占总收入的比重；各项支出占总经费支出的比重。通过对收入和支出的结构分析，就可以了解各项收入、支出的结构是否合理，便于采取措施加以改进。

1．经费支出明细表分析。由于行政单位收入来源比较单一，支出项目较多，因此，应重点对经费支出执行情况进行详细分析。

利用经费支出明细表提供的资料，主要分析经费支出预算执行情况。对季度报表分析，可分析预算执行的进度。对决算报表分析，可以了解年度预算的最终执行结果。

利用经费支出明细表提供的资料，还可以用构成比率法分析各项费用占总费用的比重，如人员经费占总经费的百分比，公用经费占总费用的百分比。通过分析，可发现问题，以便促使单位合理调整人员经费和公用经费的比例。

2．资产负债表分析。年终结账后资产负债表主要是反映行政单位期末财务状况的报表。通过对资产负债表分析发现单位的资产分布是否合理。负债状况是否得当、净资产有多大，进而对总体财务状况进行综合评价，发现问题，提出改进措施，以便充分发挥现有资产的利用效率。由于行政单位的负债较少，因而，资产负债表的分析不如经费支明细表分析重要。

第十五章　公立事业单位会计核算概述

公立事业单位会计由于适用的主体性质、核算的业务内容、记账的基础选择等都具有与其他专业会计不同的规范，因而，在会计核算上具有其特征。

第一节　公立事业单位会计的概念及特点

一、事业单位会计的概念

1. 事业单位的特点。事业单位是指受国家机关领导，一般不具有社会生产职能和国家管理职能，直接或间接为社会经济建设和改善人民生活服务的单位。公立事业单位是国家为社会公益目的，由国家机关举办或者其他组织利用国家资源举办的，通过生产精神产品和提供各种劳务的形式直接、间接地为社会提供生产、生活性服务的特定单位。主要包括：经济建设事业，文教、科学、卫生事业，以及抚恤和社会救济等事业单位。

事业单位具有如下特点：

（1）事业单位不具有社会生产职能。这是事业单位区别于企业单位的一个重要特征。事业单位虽有的提供服务与社会生产有关，但多为间接服务，与企业单位的社会生产职能不同。事业单位虽然一般不直接创造物质财富，但是，对于整个社会再生产起着基础、先行作用。科学技术是第一生产力，国民经济的发展需要依靠科学技术。我国科研单位不仅可以创造大量的无形智力产品，同时，还可以生产出少量高、精、尖产品。科研单位的科学技术能促进社会生产力的提高和经济发展，并运用其科学技术成果于生产中，产生巨大的经济效益。

（2）事业单位不具有国家管理职能。这是事业单位区别于行政单位的重要特征。行政单位像事业单位一样，不具有社会生产的职能，但它具有组织和管理社会公务活动的职能。事业单位则没有国家赋予的管理社会公务活动的权利，因而不具有国家管理职能。

（3）事业单位是社会不可缺少的组成部分。事业单位既不直接生产物质财富，也不参与国家管理，但是事业单位直接或间接地为上层建筑、经济建设和人民生活服务。科研单位创造出科研成果运用于社会生产中，使经济得到发展，技术得到进步，效益得到提高；我国文化教育单位不断为社会培养高质量的人才，在社会经济发展中起到了核心作用；医疗卫生单位肩负着提高人民身体素质、保护人民健康体魄的重任。因此，事业单位是整个国民经济中不可缺少的部分。没有这些部门的业务活动，社会生产和人民生活将无法顺利进行，科学技术、人民文化生活水平不可能取得进步，经济得不到快速的发展。

（4）事业单位一般要接受国家行政机关的领导。大多数事业单位都是由国家出资建立，依靠国家拨款运转，为行政单位的下属机构，接受所属行政单位的领导。

2．事业单位的分类。事业单位具体包括经济建设事业单位，文教、科学、卫生事业单位，社会福利事业单位和其他事业单位。

（1）经济建设事业单位包括为农业服务的农垦、农机、种子、园艺单位；为牧业服务的畜牧、兽医等单位；为林业服务的造林、育林、森林保护；为渔业服务的水产技术、渔政等单位；为其他方面服务的水利、气象、地质、勘探、设计、测量、地震、水文、计量、环保等单位。

（2）文教、科学、卫生事业单位主要包括自然科学、社会科学等各类科研单位；高等院校、中等专业学校、技工学校、中小学校及幼儿教育等教学单位；出版文物、广播电视单位；文艺演出及活动场所，体育训练机构及场所；各种医院、卫生院、防疫站、药品检验、妇幼保健、计划生育等单位。

（3）社会福利事业单位包括残疾人及老年人扶养单位、殡葬单位、社会救济、优抚事业单位等。

（4）其他事业单位主要指交通管理、劳改劳教、社会咨询、法律服务等单位。

3．事业单位资金管理。事业单位和企业及其他单位一样，进行业务活动就需要资金。事业单位的资金主要实行以收抵支、差额补助。按业务性质和收支情况，在资金预算管理上又可分为三种：

一是由行政拨款，单位在国家规定范围内，可以组织部分业务收入，用以弥补其拨款不足和发展事业。如各级各类公立学校、卫生防疫站等。这些单位也叫做全额预算单位。

二是单位以其业务收入抵补其业务支出，其支出大于收入的差额，由国家财政拨款解决。收支差额均由单位统一核算，国家预算只列差额补助部分。若收入大于支出，其差额按规定上缴主管部门或财政部门。这些单位也叫做差额预算单位。

三是单位以自己的业务收入抵补其相应的支出，并实行经济核算制，结余留用形成各种基金，用于弥补超支或发展事业，所获收益按规定上缴主管部门或财政部门。

为了保证各事业单位管好、用好资金，提高资金的使用效果必须借助于会计管理。

4．事业单位会计的定义。事业单位会计就是以货币为主要计量单位，运用一系列的会计方法，核算和监督事业单位预算资金和经营资金的增减变动及其结果的一种专业会计。事业单位会计是预算会计的一个组成部分。

事业单位的会计核算工作必须遵守国家有关法律、法规及《事业单位会计准则（试行）》的规定。事业单位的各项资金和财产均应纳入单位的会计核算。

事业单位会计核算统一采用借贷记账法。事业单位会计核算中记录的文字应当使用中文，少数民族地区可以同时采用少数民族文字。事业单位会计核算必须以人民币为记账本位币；发生外币收支的，应折算为人民币核算。加强事业单位会计核算，有利于在保证事业单位业务活动的社会效益的前提下，使事业单位资金使用的经济效益日益提高。

二、事业单位会计的特点

1. 核算对象包括预算资金和经营资金。事业单位的资金运动方式有两种：实行非成本核算的单位，根据收支计划从政府财政部门取得预算经费，组织部分业务收入，按照规定用途安排各项事业支出，其执行结果为收支结余或超支。实行成本核算的单位，取得经营资金，实行资金周转循环。因此，事业单位会计的核算对象既包括预算资金的收支运动，又包括经营资金的循环运动。

2. 会计记账基础既采用收付实现制，又采用权责发生制。事业单位的会计内容决定了它的记账基础，既要采用收付实现制，又要采用权责发生制。事业单位对预算资金的核算应采用收付实现制；事业单位对经营资金的核算需采用权责发生制。对于预算资金核算采用收付实现制，有利于正确反映预算资金收支结余情况；对于经营资金核算采用权责发生制有利于正确地确认收入、成本费用，准确地计算盈亏。

3. 资金来源多渠道，要为多方面提供会计信息服务。随着由计划经济体制向市场经济体制的转变，事业单位的资金来源增多，会计信息的需求者也在日益增加，除财政及上级主管部门外，还有投资人、债权人及消费者等。

4. 资金来源的多样化，决定了往往不能单纯以一个事业单位作为会计主体，有时要以有特定来源，同时有特定用途的基金作为会计主体。

5. 具有多层次、多元化的会计核算组织结构。事业单位的组织结构本身具有多层次的特点，按照机构建制和经费领报关系，事业单位会计分为主管会计单位、二级会计单位和基层会计单位；同时，就单个事业单位来看，资金来源渠道较多，支出方向也不单纯地用于本单位的支出需要。因此，在会计核算组织结构上具有多层次、多元化的特点。

三、事业单位会计的基本任务

事业单位会计的主要职责是进行会计核算，实行会计监督，参与经济事业计划管理等。其基本任务包括：

1. 反映和监督预算财务收支情况，确保国家预算收支任务的顺利实现。事业单位会计要严格执行会计制度，认真做好记账、算账和报账工作，情况要真实可靠，以确保国家预算的编制和各项收支任务的完成。

2. 监督预算执行，检查资金使用情况，提高资金使用效益。事业单位会计应根据事业单位计划的要求，及时、合理地组织和供应、适用资金，在积极合理组织资金的同时，要合理安排资金的支出，正确处理不同来源和不同性质的资金使用，提高资金使用效益。

3. 检查预算收支活动，正确执行国家财经方针、政策。事业单位会计要在反映单位预算的同时，以国家的有关财经政策、法令和制度为依据，严格审核各项预算收支的合理性和合法性，检查预算收支活动，促进增收节支。

四、事业单位会计核算的内容

事业单位会计核算的内容即事业单位会计的客体。事业单位会计的客体着眼于事业单位的经济活动，其核算的内容主要是取得业务活动所需经费，从事业务活动时使用经费，对比收支确定经费使用效果（收支结余）。有些事业单位还有部分经营收支和经费收支结余，对经费收支结余和经营收支结余需进行分配。从业务活动内容看，事业单位有的只有业务支出，没有业务收入，全靠国家财政拨款；有的既有业务支出，也有业务收入；有的除了有业务收支外，还有经营收入和经营支出，并要核算成本费用、计算收益、缴纳税款、进行结余分配。因此，按是否有成本核算为标准，事业单位可分为实行成本核算的事业单位和不实行成本核算的事业单位。

实行成本核算的事业单位的会计核算内容显然比不实行成本核算的事业单位的会计核算内容要多、要复杂。无论是否进行成本核算，事业单位均要利用会计这一用货币计量来进行核算和监督的手段控制单位的资金活动，促使单位讲求资金使用效果，力争用尽量少的钱，办更多的事。

第二节　公立事业单位会计核算的一般原则和账户设置

一、事业单位会计核算的一般原则

1. 真实性。会计核算应当以实际发生的经济业务为依据，客观真实地记录、反映各项收支情况和结果。会计信息应当符合国家宏观经济管理的要求，适应预算管理和事业单位财务状况及收支情况的需要，并有利于事业单位加强内部经济管理。对于国家指定用途的资金，应当按规定的用途使用，并单独核算反映。会计报表应当全面反映事业单位的财务收支情况及结果。对于重要的业务事项，应当单独反映。

2. 一致性。会计核算应当按照规定的会计处理方法进行。同类单位会计指标应当口径一致，相互可比。会计处理方法应前后各期保持一致，一经选用，不得随意变更。如确有必要变更，应将变更的情况、原因和对单位财务收支情况及结果的影响在会计报告中说明。

3. 明晰性。会计记录和会计报表应当清晰明了，便于理解和运用。会计核算应当及时进行，各项财产物资应当按照取得或购建时的实际支出计价。除国家另有规定外，不得自行调整期账面价值。

二、事业单位会计账户

1. 事业单位会计科目。会计科目是对事业单位会计对象的具体内容进行分类核算的标志或项目。为了规范事业单位会计核算，事业单位应按照财政部制定的《事业单位会计制度》的规定设置和使用会计科目，不需用的会计科目可以不用。实行成本核算的事业单位，可根据实际情况自行增设或减设或合并使用某些会计科目；不实行成本核算的事业单位，可选用适合经费核算的有关科目。

每一会计科目都具体反映会计要素的特定内容。各会计科目之间，既有内在联系，又有严格的质的界定。对每一个会计科目都规定了一定的名称、编号和核算内容。会计科目是设置账户和核算各项经济业务的依据。各单位根据其实际业务情况设置明细科目。财政部设置的通用会计科目，不需用的科目可以不用。统一规定的会计科目编号，各单位不得打乱重编。

财政部《事业单位会计制度》中规定的事业单位通用会计科目共设有 42 个，其中，资产类 12 个，负债类 8 个，净资产类 6 个，收入类 7 个，支出类 10 个。各科目核算的主要内容如表 15-1 所示。

表 15-1　　　　　　　　　　　事业单位通用会计科目及核算内容

类别	科目名称	编号	核算内容
一、资产类	现金	101	核算事业单位的库存现金
	银行存款	102	核算事业单位存入银行和其他金融机构的各种存款
	零余额账户用款额度	103	核算事业单位财政授权支付业务
	应收票据	105	核算事业单位因从事经营活动销售而收到的商业汇票
	应收账款	106	核算事业单位因提供劳务、开展有偿服务及销售产品等业务应收取的款项
	预付账款	108	核算按照合同规定预付给供应单位的款项
	其他应收款	110	核算事业单位除应收票据、应收账款、预付账款以外的其他应收、暂付款项
	材料	115	核算事业单位库存的物资材料以及达不到固定资产标准的工具、器具、低值易耗品等
	产成品	116	核算事业单位生产并已验收入库产品的实际成本
	对外投资	117	核算事业单位通过各种方式向其他单位的投资
	固定资产	120	核算事业单位固定资产的原价
	无形资产	124	核算事业单位的专利权、非专利技术、著作权、商标权、土地使用权、商誉等各种无形资产的价值
二、负债类	借入款项	201	核算事业单位从财政部门、上级主管部门、金融机构借入的有偿使用的款项
	应付票据	202	核算事业单位对外发生债务时所开出、承兑的商业汇票
	应付账款	203	核算事业单位因购买材料、物资或接受劳务供应而发生的应付给供应单位的款项
	预收账款	204	核算事业单位因购买材料、物资或接受劳务单位预收的款项
	其他应付款	207	核算事业单位应付、暂收其他单位或个人的款项
	应缴预算款	208	核算事业单位按规定应缴入国家预算或个人的款项
	应缴财政专户款	209	核算事业单位按规定代收的应上缴财政专户的预算外资金
	应交税金	210	核算事业单位应缴纳的各种税金

续表

类别	科目名称	编号	核算内容
三、净资产类	事业基金	301	核算事业单位拥有的非限定用途的净资产
	固定基金	302	核算事业单位因购入、自制、调入、融资租入（有所有权）、接受捐赠以及盘盈固定资产所形成的基金
	专用基金	303	核算事业单位按规定提取、设置的有专门用途的资金的收入、支出及结存情况
	事业结余	306	核算事业单位在一定期间除经营收支、专款收支外各项收支相抵后的余额
	经营结余	307	核算事业单位在一定期间各项经营收入与经营支出相抵后的余额
	结余分配	308	核算事业单位当年结余分配的情况和结果
四、收入类	财政补助收入	401	核算事业单位按照核定的预算和经费领报关系收到的由财政部门或上级单位拨入的各类事业经费
	上级补助收入	403	核算事业单位收到上级单位拨入的非财政补助资金
	拨入专款	404	核算事业单位收到财政部门、上级单位或其他单位拨入的有指定用途，并需要单独报账的专项资金
	事业收入	405	核算事业单位收到的从财政专户核拨的预算外资金
	财政专户返还收入	406	核算事业单位开展专业业务活动及辅助活动所取得的收入
	经营收入	409	核算事业单位在专业活动及辅助活动之外开展非独立核算经营活动所取得的收入
	附属单位缴款	412	核算事业单位收到附属单位按规定缴来的款项
	其他收入	413	核算事业单位除上述各项收入以外的收入
五、支出类	拨出经费	501	核算事业单位按核定的预算拨付所属单位的预算资金
	拨出专款	502	核算主管部门或上级单位拨给所属单位的需要独立报账的专项资金
	专款支出	503	核算由财政部门、上级单位和其他单位拨入的指定项目或用途并需要独立报账的专项资金的实际支出数
	事业支出	504	核算事业单位开展各项专业业务活动及其辅助活动发生的实际支出
	经营支出	505	核算事业单位在专业业务活动及其辅助活动之外开展非独立核算经营活动发生的各项支出
	成本费用	509	以及实行内部成本核算单位已销产品实际成本核算实行内部成本核算的事业单位应列入劳务（产品、商品）成本的各项费用
	销售税金	512	核算事业单位提供劳务或销售产品应负担的税金及其附加费用
	上缴上级支出	516	核算附属于上级单位的独立核算单位按规定的标准或比例上缴上级单位的支出
	对附属单位补助	517	核算事业单位用非财政预算资金对附属单位补助发生的支出
	结转自筹基建	520	核算事业单位经批准用财政补助收入以外的资金安排自筹基本建设，其所筹集并转存建设银行的资金

2. 事业单位会计账户。事业单位会计账户是根据会计科目而设置的，提供一个记录

的场所。账户记录的基本内容一般是以一定的账页格式组成的，不同的账页格式组成不同的会计账簿。

事业单位的会计账簿包括：

（1）分类账簿。是对全部经济业务按其性质划分账户类别进行登记的账簿。分类账簿分为总分类账簿（简称总账）和明细分类账簿（简称明细账）。总账作为核算资产、负债、净资产、收入、支出、结余的总括情况是平衡账务，控制和核对各明细账的。总账的基本格式通常采用三栏式账簿，按照会计科目名称设置账户。明细账是用以对总账有关科目进行明细核算的账簿。明细账的格式一般采用三栏式或多栏式。明细账主要设置收入明细账、支出明细账和往来明细账等。收入明细账包括财政补助收入明细账、事业收入明细账、经营收入明细账、拨入专款明细账、附属单位缴款明细账及其他收入明细账。支出明细账包括拨出经费明细账、拨出专款明细账、专项资金支出明细账、事业支出明细账、经营支出明细账及对附属单位补助明细账。往来款项明细账包括应收账款明细账、其他应收款明细账、应付账款明细账、其他应付款明细账。

（2）序时账簿，又称日记账簿。是按照经济业务发生时间的先后顺序，逐日、逐笔连续登记的账簿。日记账又分为现金日记账和银行存款日记账。

现金日记账是用来核算本单位现金收支情况的账簿，一般采用三栏式格式。现金日记账由现金出纳人员根据现金收支原始凭证按照业务发生的先后顺序逐笔登记。每日结出余额并与库存现金核对。

银行存款日记账是用来核算本单位存入开户银行的款项收支情况的账簿。其格式与现金日记账一样。由银行存款出纳人员根据银行存款收付凭证按业务发生的先后顺序逐笔登记，并定期与银行对账单核对。

每日终了，日记账应结出余额，以便单位了解其现金和银行存款余额。现金结存的账面数额应与库存实有现金核对一致。

（3）备查账簿。是对某些未能在日记账、分类账等主要账簿中登记的事项进行补充登记的辅助账簿。如租出、租入固定资产备查簿。

第十六章 公立事业单位资产的核算

事业单位的资产是指事业单位占有或者使用的，能以货币计量的经济资源，包括各种财产、债权和其他权利。事业单位的资产可以是有形的，也可以是无形的；可以是实物形态的，也可以是货币形态的。

事业单位的资产除了具有资产的共性外，还具有如下特点：

一是具有非经营性。事业单位是为社会提供服务的，从事的是非营利性的经济活动，事业单位的资产主要用于事业单位的事业活动，具有明显的有用性特征；当然也有一部分是属于经营性的，事业单位的非经营性资产转为经营性资产是需要按照既定的程序报批的。

二是在取得的手段和方式上具有无偿性。事业单位的资产来源是国家拨款、社会捐赠为主，不是强制性的，而是无偿的。

在实际工作中，为了加强事业单位的资产管理，其资产一般根据其变现能力的强弱分为流动资产、对外投资、固定资产和无形资产等；其中，流动资产包括货币资金、应收及预付款项和存货。这种分类与会计科目设置的对应关系如表 16-1 所示。

表 16-1　　　　　　　　　事业单位资产分类与会计科目设置的对应关系

资产分类	科目设置
流动资产	现金、银行存款、应收票据、应收账款、预付账款、其他应收款、材料、产成品
对外投资	对外投资
固定资产	固定资产
无形资产	无形资产

（1）从大类上看，事业单位资产中没有递延资产。事业单位发生的开办费等，均由国家拨款解决，直接列入相关支出，无须在以后年度分期摊销。

（2）从流动资产的科目设置上看，没有低值易耗品、待摊费用等需摊销的科目；应收账款也没有备抵账户，没有提取坏账准备，上述费用一旦发生，均在发生当期列入支出；存货的类别划分也不像企业划分得那么详细。

（3）从对外投资看，事业单位对外投资没有区分长期投资和短期投资，事业单位流动资产中也不包含短期投资的内容。

（4）从固定资产类别来看，没有在建工程项目。事业单位的在建工程情况在事业单位的基本建设账簿中单独反映，不在本账中核算。而固定资产也没有设置累计折旧账户，事业单位固定资产在实务中只反映其资金的占用，而不反映各期价值的损耗。

第一节 事业单位货币资金的核算

一、事业单位现金的核算

（一）事业单位现金的概念及管理制度

现金是指事业单位的库存现金。事业单位的库存现金主要用于事业单位日常零星开支。现金是流动资产及其他所有资产中最富流动性的一种资产。现金既可以直接投入流通，发挥货币流通手段的职能，也可以随时投入支用，发挥货币支付手段的职能，还可以随时存入银行，发挥货币贮藏手段的职能。现金的这些特性决定了事业单位必须严格遵守国家关于现金管理的各项规定，加强和健全对现金的内部控制制度，确保现金的安全，提高现金的使用效率，防止发生不必要的损失和浪费。

根据现金管理制度和银行结算制度的规定，每个单位都必须在银行或其他金融机构开设存款账户，借以办理存取和账款结算。单位的现金除了按规定限额以内可以保存少量现金以外，都必须送存银行。企业的一切结算除了有规定可以采用现金结算以外，均要通过银行办理转账。

由于现金的流动性很强，事业单位应严格按照国家的现金管理规定来办理各项现金收付业务。事业单位为了管好现金，需要建立和完善内部现金管理制度，其内容包括内部控制制度、稽核制度、定期清查盘点制度和现金出纳业务的手续制度。

1. 内部控制制度是指事业单位内部现金管理中实行钱账分管，相互制约的一种管理制度。具体包括：

（1）钱账分管。为了保证现金的安全，防止各种错误、弊端地发生，现金的收付、结算、审核、登记等工作，不得由一个人完成。一般来讲，各单位应单独设置现金出纳员岗位，由出纳员专门负责现金的收付工作，并登记现金日记账。现金出纳员不得兼管收入费用、债权债务的登记工作，不得兼任稽核和档案保管工作。会计人员和出纳员应分别设岗，实行会计管账不管钱，出纳管钱不管账的内部控制制度。

（2）严密现金收付手续。事业单位办理任何现金收支，都必须以合法的原始凭证作依据。对于收到的现金分两种情况处理：

属于各项收入的现金，应当根据开给对方的收款收据收取现金，并加盖"现金付讫"戳记。

属于暂付款结算后交回的多余现金，使用借款三联单的由会计人员退还原借据副联，出纳员不给对方另开收据；不使用借款三联单的，由出纳员另开给收据。出纳员付出现金后，应当在原始单据上加盖"现金付讫"戳记，并当天入账，不准以借据抵现金入账。收付现金的各种原始单据，应根据各单位的具体情况，指定专门人员进行审核，由出纳员按月连续编写，作为现金出纳账的顺序号。

（3）如实反映现金库存数额。收付现金要及时记账，每天业务终了要结出余额，做到日清月结，账款相符。不得以借据或白条抵库。出纳员在将账面库存与实际库存核对时，如发现长款或短款，应及时查明原因，作出处理。

2．现金管理的原则。

（1）按规定范围支付现金的原则。根据《现金管理暂行条例》规定，各单位可以在下列范围内使用现金：

① 职工工资、津贴。

② 个人劳务报酬，包括稿费、讲课费以及其他专门工作报酬。

③ 根据国家规定颁发给个人的科学技术、文化艺术、体育等各种奖金。

④ 各种劳保、福利费用以及国家规定的对个人的其他支出。

⑤ 向个人收购农副产品和其他物资的价款。

⑥ 出差人员必须随身携带的差旅费。

⑦ 结算起点（1 000 元）以下的零星支出。

⑧ 中国人民银行确定需要支付现金的其他支出。

事业单位必须严格遵守上述有关现金使用范围的规定，不属于该范围的其他支出必须通过银行转账支付。

（2）遵守库存现金限额的原则。为了既保证各单位使用现金的需要，又防止积压现金和保障现金安全的需要，银行对各单位核定了库存现金限额。这个限额一般不超过本单位3～5 天的日常零星开支所需的现金。边远地区和交通不便地区的单位，可以多于 5 天，但不得超过 15 天的日常零星开支。各单位超过库存现金核准的限额，应及时送存银行。

（3）不得坐支现金的原则。坐支是指用收到的现金直接办理现金的支出。各单位收入的现金应当于当日送存开户银行。当日送存确有困难的，由开户银行确定送存时间。需要支付现金时，从本单位的库存现金限额中支付，或者从开户银行提取，不得从本单位现金收入中直接支付。因特殊情况需坐支现金的，应当事先报经开户银行审查批准，由开户银行核定坐支范围和限额，坐支单位应当定期向银行报送坐支金额和使用情况。

3．稽核制度及清查制度。稽核制度是指事业单位对预算收支进行审核查对制度；现金定期清查制度是指会计主管或会计人员定期对出纳人员经管的现金进行清查盘点，检查账款是否相符，有无挪用公款等违反现金管理制度之行为。

4．现金出纳业务的手续制度。现金出纳业务的手续制度是指出纳人员办理现金收付业务时，必然按规定的现金使用范围，依据合法的凭证收付现金；收付现金必须当面点清并进行复核；逐日逐笔登记现金日记账并做到日清月结。

（二）事业单位现金的核算

为了总括地核算和监督事业单位库存现金的收支结存情况，需设置"现金"账户进行总分类核算。事业单位收到现金时，借记本账户，贷记有关账户；支出现金时，借记有关账户，贷记本账户。本账户借方余额反映事业单位库存现金数额。

现金的明细分类核算又称为序日核算。它是通过设置和登记"现金日记账"进行的。现金日记账是现金的序时账簿，由出纳人员根据审核无误后的现金收、付款凭证，按照业务的发生顺序逐日逐笔登记的。每日终了，应计算当日的现金结余数，并将结余额与实际库存现金数核对，做到账款相符。

现金业务较多，单独设有收款部门的单位（如医院），收款部门的收款员应将每天所收现金连同收款收据副联编制"现金收入日报表"，送会计部门的出纳员核收；或者将所收现金直接送存开户银行后，将收据副联及"现金收入日报"和向银行送存现金的凭证一并交会计部门的会计员核收记账。有外币现金的事业单位，应分别按人民币、各种外币设置"现金日记账"进行明细核算。

1．现金收入的账务处理。

【例16-1】某事业单位从银行提取现金10 000元作为零星开支。

借：现金 10 000

　　贷：银行存款 10 000

【例16-2】某学校职工刘军出差回来报账，实际发生2 800元的差旅费（原来预借了3 000元）。

借：现金 200

　　事业支出——差旅费 2 800

　　　贷：其他应收款 3 000

【例16-3】某事业单位开展经营活动，零星销售产品一批，货款200元，增值税额34元。

借：现金 234

　　贷：经营收入 200

　　　应交税金——应交增值税（销项税额） 34

【例16-4】某事业单位将一批废旧报纸出售，取得变价收入138元。

借：现金 138

　　贷：其他收入 138

2．现金支出的账务处理。

【例16-5】某事业单位出纳员将当天收到的现金5 000送存开户银行。

借：银行存款 5 000

　　贷：现金 5 000

【例16-6】某学校职工刘军从财务部门借款3 000元准备出差。

借：其他应收款——刘军 3 000

　　贷：现金 3 000

【例16-7】某事业单位开展事业活动，购买办公用品一批，货款600元，用现金支付。

借：事业支出 600

　　贷：现金 600

【例16-8】某事业单位用现金支付本月职工工资138 000元。

借：事业支出——基本工资 138 000

　　贷：现金 138 000

（三）事业单位库存现金的清查

事业单位为了保证现金的安全，做到账实相符，必须做好现金清查工作。事业单位库存现金的清查是采用实地盘点法，即以库存现金实有数与账面余额相核对。通过清查，如果发现账款不相符，应及时查明原因，妥善处理。

现金清查包括出纳每日的清查核对和专门的清查小组定期或不定期的清查。当组成清查小组进行清查盘点时，出纳人员必须在场。清查盘点后应将账存数与实存数核对，并编制"现金盘点报告表"，注明实存数、账存数和余缺金额。对于账实不符的情况，应查明原因，并及时请领导审批。但在未查明原因之前，应先调整账面余额使账实相符，等查明原因并报经领导审批后，再根据具体情况进行处理。具体如下：

1. 对于现金长款，即库存现金实有数大于账面结存数，应将账外多出来的现金入账，借记"现金——长款"账户，贷记"其他应付款"账户；查明原因并报经领导审批后，如属错收，应退回；如属无主款，应作为应缴预算款，上缴国库。

【例16-9】某学校财务部门对出纳手头的现金进行清查时，其实有款比账面余额多了100元。

借：现金——长款   100
 贷：其他应付款   100

【例16-10】经查明，该100元是少付给职工李明的报销款，已经补付给李明。

借：其他应付款   100
 贷：现金   100

2. 对于现金短款，应借记"其他应收款"账户，贷记"现金——短款"账户；查明原因并报经领导审批后，如应由责任人或保险公司赔偿并收回现金时，借记"现金"账户，贷记"其他应收款"账户；如属正常误差产生或无法查明原因的，应借记"事业支出——其他费用"账户，贷记"其他应收款"账户。

【例16-11】某事业单位在进行现金清查时，发现现金短款了50元。

借：其他应收款   50
 贷：现金——短款   50

【例16-12】经调查，未能查明原因，报经领导批准转为当期支出。

借：事业支出——其他费用   50
 贷：其他应收款   50

二、事业单位银行存款的核算

（一）事业单位银行存款的概念及管理规定

银行存款是指事业单位存放在国家银行和其他金融机构的各种存款。我国事业单位银行存款包括人民币存款和外币存款两种。

事业单位在对各种存款的管理上，必须严格按照国家有关规定开立账户以办理有关存款、取款和转账结算等业务。事业单位要特别注意加强对开立账户的管理工作，这是顺利实施对事业单位收支统管的一个重要条件。

在银行存款的管理工作中需要注意：

①事业单位的财务活动在单位负责人的领导下，由单位财务部门统一管理。事业单位内部各部门取得的事业收入、经营收入，都可纳入单位财务部门的统一监管之下，并且原则上应由单位财务部门开立账户，单位其他非独立核算部门不得另设账户。

②事业单位要本着相对集中，利于管理的原则开立账户，防止和杜绝开立账户过多，过滥的现象。

③事业单位必须在经国家有关部门正式批准的银行或非银行金融机构开立账户及办理有关存款、取款和转账结算等业务。

事业单位及其附属非独立核算单位，根据需要可按规定申请开立基本存款账户、一般存款账户、临时存款账户和专用存款账户。其中最主要的是基本存款账户。基本存款账户是事业单位办理日常转账结算和现金收付的账户，工资、奖金等现金的支取只能通过基本存款账户办理。除另有规定外，事业单位只能在银行开立一个基本存款账户。事业单位在银行开立账户后，必须严格遵守开户银行的各项管理制度，接受银行监督。

④事业单位必须遵守国家的法律、法规和《支付结算办法》的各项规定，遵守结算纪律，不准出租、出借账户，不准签发空头支票和远期支票，不准套取银行信用。

（二）事业单位常用的银行结算方式

事业单位办理银行转账结算时，可以采用支票、银行汇票、商业汇票、汇兑、银行本票、委托收款，托收承付七种基本方式进行结算。事业单位发生的大量资金收付业务，可根据《支付结算办法》的规定，通过上述七种结算方式进行结算。

1．支票。支票是银行的存款人签发的给收款人办理结算或委托开户银行将款项支付给收款人的票据。支票分为现金支票和转账支票；现金支票可以转账，转账支票不能支取现金。单位、个体经济户和个人在同城或同一票据交换区域的商品交易和劳务供应以及其他款项的结算均可采用支票的结算方式。支票一律记名，支票金额起点为100元；采用支票结算方式的收款单位，在收到支票时，必须在支票的有效期内（10天）填制进账单，将进账单连同支票一并送交开户银行，根据银行盖章退回的进账单和有关原始凭证编制收款凭证。采用支票结算方式的付款单位，在签发支票时，应根据支票存根和有关原始凭证编制付款凭证。

2．银行本票。银行本票是申请人将款项交存银行，由银行签发给其凭以办理转账或支取现金的票据。单位、个体经济户和个人在同城范围内的商品交易和劳务供应以及其他款项的结算均可采用银行本票的结算方式。银行本票分为定额和不定额两种。银行本票一律记名，允许背书转让。不定额银行本票的金额起点为100元；定额银行本票面额为500元、1 000元、5 000元和10 000元。银行本票的付款期为1个月，逾期银行本票，兑付银行不予受理。采用银行本票结算方式的收款单位，在受理银行本票时，应将银行本票连同进账单一并送交开户银行，根据银行盖章退回的进账单和有关原始凭证编制收款凭证；采用银行本票结算方式的付款单位，在填送银行本票申请书、将款项交存银行并收到银行签发的银行本票时，根据申请书存根联编制付款凭证。

3．银行汇票。银行汇票是汇款人将款项交存当地银行，由银行签发给其持往异地办理转账或支取现金的票据。单位、个体经济户和个人需要支付各种款项，均可采用银行汇票的结算方式。银行汇票一律记名，银行汇票的金额起点为 500 元；银行汇票的付款期为 1 个月，逾期银行汇票，兑付银行不予受理。采用银行汇票结算方式的收款单位，应对银行汇票的内容进行审核。审核无误后，将应收的金额和多余的金额分别填入银行汇票的有关栏目内，然后将银行汇票连同进账单一并送交开户银行，收款单位根据银行盖章退回的进账单和有关原始凭证编制收款凭证；采用银行汇票结算方式的付款单位，在填送银行汇票申请书、将款项交存银行并收到银行签发的银行汇票时，根据申请书存根联编制付款凭证。对于多余退回的款项，付款单位根据银行的收款通知编制收款凭证。

4．商业汇票。商业汇票是收款人或付款人（或承兑申请人）签发的，由承兑人承兑的，并于到期日向收款人或被背书人支付款项的票据，按其承兑人的不同，商业汇票可以分为商业承兑汇票和银行承兑汇票。商业汇票在同城或异地均可使用。签发商业汇票必须以合法的商品交易为基础，禁止签发无商品交易的汇票。商业汇票承兑后，承兑人即付款人负有到期无条件支付票款的责任。商业汇票一律记名，允许背书转让；商业汇票承兑期由交易双方商定，最长不超过 6 个月。采用商业承兑汇票结算方式的收款单位，在商业汇票到期时，将汇票送交开户银行办理收款，在收到银行收账通知时，据以编制收款凭证；采用商业承兑汇票结算方式的付款单位，应在汇票到期前将票款足额交存开户银行，在收到银行付款通知时，据以编制付款凭证。采用银行承兑汇票结算方式的收款单位，在银行承兑汇票到期时，将汇票、解讫通知和进账单一并送交银行，根据银行盖章退回的进账单编制收款凭证；采用银行承兑汇票结算方式的付款单位，应在汇票到期前将票款足额交存开户银行，在收到银行付款通知时，据以编制付款凭证。

5．汇兑。汇兑是汇款人委托银行将款项汇往外地收款人的结算方式。汇兑适用于单位、个体经济户和个人各种款项的结算。汇兑分信汇和电汇两种，由汇款人选择使用。采用汇兑结算方式的收款单位，在收到银行收账通知时，据以编制收款凭证；采用汇兑结算方式的付款单位，在向开户银行办理汇款后，根据汇款回单编制付款凭证。

6．委托收款。委托收款是收款人委托银行向付款人收取款项的结算方式。在银行或其他金融机构开立账户的单位和个体经济户的商品交易、劳务款项以及其他应收款项的结算，均可采用委托收款结算方式。委托收款在同城、异地均可办理，不受金额起点的限制。委托收款分邮寄和电报划回两种，由收款人选用。采用委托收款结算方式的付款单位，根据委托收款凭证的付款通知联和有关原始凭证编制付款凭证。

7．托收承付。托收承付是根据经济合同由收款人发货后委托银行向异地付款单位收取款项，由付款单位向银行承兑付款的结算方式。采用托收承付结算方式的收款单位，在收到银行收账通知时，根据收账通知编制收款凭证；采用托收承付结算方式的付款单位，在承付时根据托收承付结算凭证的承付通知和有关原始凭证编制付款凭证。

（三）事业单位银行存款的账务处理

为了总括地核算和监督事业单位银行存款的收支结存情况，应设置"银行存款"账户进行总分类核算。事业单位将款项存入银行和其他金融机构时，借记本账户，贷记有关账户；提取和支出存款时，借记有关账户，贷记本账户。本账户借方余额反映事业单位银行存款实有数额。

银行存款的明细核算是通过设置和登记"银行存款日记账"进行的。事业单位应按开户银行和其他金融机构的名称以及存款种类等，分别设置"银行存款日记账"，由出纳人员根据收付款凭证逐笔顺序登记，每日终了应结出余额。

有外币存款的事业单位，应在"银行存款"账户下分别以人民币和各种外币设置"银行存款日记账"进行明细核算。

事业单位发生的外币业务，应按当日市场汇率将外币金额折合为人民币记账，并登记外国货币金额和折合率。年度终了（外币存款业务量较大的单位可按季或月结算），事业单位应将外币账户余额按期末市场汇率折合为人民币，作为外币账户期末人民币余额。调整后的各种外币账户人民币余额与原账面人民币余额的差额，作为汇兑损益列入"事业支出"账户或"经营支出"账户。

1. 银行存款收入的核算。

【例16-13】某事业单位收到财政部门拨入的当年预算经费800 000元。

借：银行存款　　　　　　　　　　　　　　　　　800 000
　　贷：财政补助收入　　　　　　　　　　　　　　　800 000

【例16-14】某事业单位开展经营活动销售商品一批，价款3 000元，增值税税额510元，款存银行。

借：银行存款　　　　　　　　　　　　　　　　　3 510
　　贷：经营收入　　　　　　　　　　　　　　　　　3 000
　　　　应交税金——应交增值税（销项税额）　　　　510

【例16-15】某事业单位收到专业业务活动取得的收入46 000元，款存银行。

借：银行存款　　　　　　　　　　　　　　　　　46 000
　　贷：事业收入　　　　　　　　　　　　　　　　　46 000

2. 银行存款支付的核算。

【例16-16】某事业单位开出转账支票支付购买的材料一批，价款4 000元，增值税税额680元。

借：材料　　　　　　　　　　　　　　　　　　　4 000
　　应交税金——应交增值税（进项税额）　　　　680
　　贷：银行存款　　　　　　　　　　　　　　　　　4680

【例16-17】根据预算管理关系，拨付所属单位经费120 000元。

借：拨出经费　　　　　　　　　　　　　　　　　120 000
　　贷：银行存款　　　　　　　　　　　　　　　　　120 000

【例16-18】某事业单位开出转账支票支付购买的办公用品一批，价款2 380元。

借：事业支出——办公费   2 380

 贷：银行存款   2 380

3．外币存款业务的核算。

【例16-19】某科研单位为外商提供技术服务，收取劳务费 5 000 美元，当日的市场汇率为 1∶8。

借：银行存款——美元户   40 000

 贷：事业收入   40 000

于年末调整时（假设年末市场汇率为 1∶7.8）：

借：事业支出——汇兑损益   1 000

 贷：银行存款——美元户   1 000

【例16-20】某事业单位从美元户提取 10 000 美元，兑换成人民币存入银行，当日美元买入价为 8.2 元，当日汇率为 1∶8.23 元。

借：事业支出——汇兑损益   300

  银行存款——人民币户   82 000

 贷：银行存款——美元户   82 300

（四）事业单位银行存款的清查

银行日记账应定期与银行对账，至少每月核对一次。月终时，单位账面金额与银行对账单余额之间如有差额，应逐笔查明原因进行处理。属于未达账项，应编制"银行存款余额调节表"调节相符。银行存款余额调节表的格式见表 16-2。

表 16-2   银行存款余额调节表

         年   月   日   单位：元

项　目	金　额	项　目	金　额
1．单位银行存款账面余额		1．银行对账单余额	
2．加：单位未收，银行已收		2．加：银行未收，单位已收	
3．减：单位未付，银行已付		3．减：银行未付，单位已付	
调整后银行存款余额		调整后银行存款余额	

调节后的余额如果相等，则说明银行存款记录无误，不必调账。调节后的余额如果不相等，则应查明具体原因，及时处理。

三、零余额账户用款额度

零余额账户用款额度是指用于核算纳入财政国库单一账户制度改革的事业单位，在财政授权支付方式下单位零余额账户中的财政补助收入额度。

"零余额账户用款额度"科目用于核算纳入财政国库单一账户制度改革的事业单位在

单位零余额账户中的财政授权支付业务。事业单位收到代理银行转来的财政授权支付到账通知单，并与单位预算和用款计划核对无误后，借记本科目，贷记"财政补助收入"科目；事业单位开具支付令从单位零余额账户中支付款项时，借记"事业支出"、"材料"等有关科目，贷记本科目；从单位零余额账户提现时，借记"现金"科目，贷记本科目。该账户借方余额，反映事业单位尚未使用的财政授权支付额度。

实行财政授权支付方式的事业单位按规定开设"零余额账户用款额度"后，事业单位原有的资产类账户"银行存款"科目的核算内容改变为预算单位的自筹收入、以前年度结余和各种往来款项。

【例16-21】某事业单位实行财政授权支付方式，1月份发生如下业务：

① 收到银行的"授权支付到账通知"，本月的零余额账户用款额度为100 000元，与财政部门批准的分月用款计划核对无误：

借：零余额账户用款额度　　　　　　　　　　　　　　　　　　100 000
　　贷：财政补助收入——财政授权支付　　　　　　　　　　　　　100 000

② 购进材料一批，材料价款与相关采购费用共计1 500元，开出转账支票给供货商，并填写财政部门统一印制的"财政性资金支付凭证"。代理银行收到支票与"财政性资金支付凭证"核对确认后，将财政资金从预算单位零余额账户划拨到供应商账户，同时，将加盖"转讫"章的"财政性资金支付凭证"退给预算单位，单位据以记账。

借：材料　　　　　　　　　　　　　　　　　　　　　　　　　1 500
　　贷：零余额账户用款额度——财政授权支付　　　　　　　　　　1 500

③ 支付职工相关费用200 000元。

借：事业支出　　　　　　　　　　　　　　　　　　　　　　　20 000
　　贷：零余额账户用款额度——财政授权支付　　　　　　　　　　20 000

第二节　事业单位应收票据的核算

一、事业单位应收票据概述

1. 应收票据的定义。应收票据是指事业单位因销售商品或者提供劳务时，采用商业汇票方式进行结算而收到的商业汇票。

2. 商业汇票的基本分类。商业汇票按其承兑人的不同，可以分为商业承兑汇票和银行承兑汇票；按是否带息可分为带息的商业汇票和不带息的商业汇票。带息的商业汇票到期值等于面值加利息；不带息的商业汇票到期值等于面值。

3. 应收票据的计价。按照现行的会计制度要求，应收票据按面值确认入账。从理论上讲，一切应收票据都应按其现值计价，对于载明的利率与类似票据现行市场利率相同的一张带息票据，其到期值的现值等于它的面值；而对于载明的利率不同于类似票据现行市场利率的一张带息票据，或一张不带息的票据，其到期值的现值就不等于它的面值。但由于我国当前的商业汇票均为短期汇票（最长承兑期不超过 6 个月），利息金额不大，所以，在会计实务中为简化核算手续，不论带息的还是不带息的票据均按面值计价。

4. 应收票据的贴现。应收票据款是尚未结算的债权，如果事业单位急需资金，需要提前使用票据款以供周转，事业单位可持未到期的商业汇票向其开户银行申请贴现。所谓贴现就是票据持有人将未到期票据背书转让给银行，银行受理后从票据到期值中扣除按银行贴现率计算确定的贴现息，然后将余额付给持票人，作为银行对持票人的短期贷款，其实质是融通资金的一种形式，此项借款的担保品就是该票据。

二、事业单位应收票据的核算

为了正确地核算和监督事业单位因采用商业汇票结算方式结算而收到的商业汇票金额的发生、收回及结存情况，需设置"应收票据"账户。该账户借方反映商品交易实现后到期应收票据金额；贷方反映到期收回或提前贴现的应收票据金额；余额一般在借方，表示尚未到期的应收票据金额。

事业单位将未到期的无息票据向银行贴现，应按实际收到的金额（扣除贴息后的净额），借记"银行存款"等账户；按贴现息部分，借记"经营支出"或"事业支出"账户，按应收票据的票面金额，贷记"应收票据"账户；事业单位将未到期的带息票据向银行贴现，应按实际收到的金额，借记"银行存款"等账户；按票据利息与贴现息的差额部分，借记或贷记"经营支出"或"事业支出"账户；按应收票据的票面金额，贷记"应收票据"账户。

事业单位应设置"应收票据备查簿"，逐笔登记每一应收票据的种类、号码和出票日期、票面金额、付款人、承兑人、背书人的姓名或单位名称、到期日、收款日和收回金额等资料。

1. 收到应收票据的核算。事业单位收到应收票据，应当按票据面值借记"应收票据"账户，贷记"经营收入"或"事业收入"账户、贷记"应交税金——应交增值税"等账户。

【例16-22】某事业单位开展经营活动销售产品给 A 公司，货已发出，其价款为 10 000元，增值税税率为 17%，按合同约定的结算方式，事业单位收到 A 公司签发并承兑的期限为 60 天，面值为 11 700 元的无息商业汇票。

借：应收票据　　　　　　　　　　　　　　　　　　　　　　11 700
　　贷：经营收入　　　　　　　　　　　　　　　　　　　10 000
　　　　应交税金——应交增值税（销项税额）　　　　　　 1 700

2. 应收票据到期。应收票据到期，如果收回款项，按应收票据到期收回的票面金额，借记"银行存款"账户，贷记"应收票据"账户；如果是带息票据到期，应按票面价值加利息，借记"银行存款"账户，按应收票据到期收回的票面金额，贷记"应收票据"账户，按利息收入贷记"经营支出"或"事业支出"账户。

【例16-23】〖例16-22〗票据在 60 天后到期，收回款项 11 700 元，存入银行。

借：银行存款　　　　　　　　　　　　　　　　　　　　　　11 700
　　贷：应收票据　　　　　　　　　　　　　　　　　　　 11 700

【例16-24】假如〖例16-22〗商业承兑汇票票面利率为 10%，是一张带息的商业汇票，那么到期的账务处理：

借：银行存款　　　　　　　（11 700＋11 700×60×10%÷360）11 895

　　贷：应收票据　　　　　　　　　　　　　　　　　　　　11 700

　　　　经营支出——票据利息　　　　　　　　　　　　　　195

【例16-25】假如〖例16-22〗中不带息的商业汇票到期，A 公司存款账户的存款不足以支付票据款，其账务处理为：

借：应收账款　　　　　　　　　　　　　　　　　　　　11 700

　　贷：应收票据　　　　　　　　　　　　　　　　　　　11 700

3．应收票据贴现的核算。应收票据的贴现要计算贴现息和贴现净额，以便据以进行账务处理。

应收票据贴现的计算步骤：

（1）计算票据到期价值。

有息票据的到期价值为：

$$票据到期值＝面值×（1＋利率×期数）$$

无息票据的到期价值为面值。

（2）计算贴现息。

$$贴现息＝票据到期值×贴现率×贴现期数$$

$$贴现期数＝票据有效天数－单位持票天数$$

（3）计算贴现实得金额。

$$贴现实得金额＝票据到期值－贴现息$$

事业单位持未到期的无息票据向银行贴现，应按贴现净额借记“银行存款”等账户，按贴现息部分，借记“经营支出”或“事业支出”账户，按应收票据的票面金额，贷记“应收票据”账户。事业单位持未到期的带息票据向银行贴现，应按贴现净额借记“银行存款”等账户，按票据利息与贴现息的差额部分，借记或贷记“经营支出”或“事业支出”账户，按应收票据的票面金额，贷记“应收票据”账户。

【例16-26】某科研单位销售所生产产品一批，货款20 000 元，增值税税率为17%。按合同约定采用无息银行承兑汇票结算，票据期限 6 个月。货已发出，票据已收到。

借：应收票据　　　　　　　　　　　　　　　　　　　　23 400

　　贷：经营收入　　　　　　　　　　　　　　　　　　　20 000

　　　　应交税金——应交增值税（销项税额）　　　　　　3 400

假设到期收回票据款，则：

借：银行存款　　　　　　　　　　　　　　　　　　　　23 400

　　贷：应收票据　　　　　　　　　　　　　　　　　　　23 400

假设该事业单位持票 2 个月后，到银行申请贴现，银行贴现率为 12%。

贴现息=23 400×12%÷12×(6-2)=936（元）

贴现实得金额=23 400-936= 22 464（元）

借：银行存款　　　　　　　　　　　　　　　　　　　　22 464

　　经营支出　　　　　　　　　　　　　　　　　　　　936

　　贷：应收票据　　　　　　　　　　　　　　　　　　　23400

假设该票据为有息票据，利息率为 10%。

票据到期值=23 400×(1+6×10%÷12) =24 570（元）

贴现息=24 570×12%÷12×(6-2) =982.8（元）

贴现实得金额=24 570-982.80=23 587.20（元）

借：银行存款   23 587.20

  贷：应收票据   23 400

    经营支出   187.20

说明：利息收入 1 170 元大于贴现息 982.80 元，得利息净收入 187.20 元，冲减经营支出。贴现的银行承兑汇票到期，因承兑人存款账户不足支付票据款额及利息时，与贴现申请人无关，因为银行承兑汇票的承兑人是银行；贴现的商业承兑汇票到期，因承兑人存款账户不足支付票据数额及利息时，银行将向贴现申请人退回已承兑的商业汇票。并附支款通知从其存款户收回款项。贴现单位在收到退回的商业承兑汇票和所附支款通知时，有息票据按本息，无息票据按本金（面值），借记"应收账款"账户，贷记"银行存款"账户；如果贴现单位存款户的存款不足以支付给贴现的银行时，应将款项转为银行提供的贷款，贷记"借入款项"账户。

【例 16-27】 假如〖例 16-26〗中不带息已贴现的票据承兑期满时，付款人无力支付，其账务处理为：

借：应收账款   23 400

  贷：银行存款   23 400

假如事业单位也无力支付，应：

借：应收账款   23 400

  贷：借入款项   23 400

第三节 事业单位应收账款的核算

应收账款是指事业单位因销售商品或者提供劳务时，所形成的尚未收回的被购货单位、接受劳务单位或有关个人占有的本单位的资金。

一、事业单位应收账款的概述

1. 应收账款的核算内容。应收账款是事业单位应收或待核销的结算款项，以及因对外销售产品、商品、材料，提供劳务，开展有偿服务等业务形成的应向客户收取的款项。如学校学生欠交的学杂费，医院病人欠交的医疗费，等等。

2. 应收账款的计价。一般而言，事业单位赊销商品或提供劳务等，应按买卖成交时的实际金额入账。但在具体计算应收账款的入账金额时，应考虑折扣因素。

（1）商业折扣。所谓商业折扣是指单位可以从价目单上规定的价格中扣减一定百分比数额的折扣方式。表达方式如 10%、15%、20%等；或者是 9 折、8.5 折、8 折等。商业折扣是在交易发生时点上扣减折扣后的净额形成实际销售价格。例如，某事业单位某项科研中间产品的报价为 100 元，按 9 折的商业折扣出售，则应收账款的记账金额为 90 元。显然商业折扣不会引起特殊的会计问题，会计上只需按已扣除商业折扣的实际发票价格确认应收账款。

（2）现金折扣。所谓现金折扣，是指单位为了鼓励客户在一定时期内早日付款而给予的一种折扣优惠。这种折扣条件，通常的表达方式：2/10，1/20，N/30（即 10 天内付款折扣为 2%，20 天内付款折扣为 1%，超过 20 天付款就全价付款）。

现金折扣对于销货方而言，称为销货折扣，它使单位应收账款的实际数额随客户付款的是否及时而异。在现金折扣的情况下，应收账款入账金额的确认有两种处理方法。

第一种方法：总价法。

总价法是将未减现金折扣的金额作为实际售价，记作应收账款的入账金额，这种方法把现金折扣理解为鼓励客户提早付款而获得的经济收益。销售方给予客户的现金折扣，从融资角度出发，属于一种理财费用，于收到账款时，记入经营支出或事业支出。

第二种方法：净价法。

净价法是将扣减现金折扣后（如果有不同比例的折扣，先按最高折扣比例扣除）的金额作为实际售价，据以记作应收账款的入账价值。这种方法是把客户取得的折扣视为正常现象，认为客户一般都会提前付款来取得现金折扣，而将由于客户超过折扣期限而多收的金额，视为提供信贷获得的收入，于收到账款时入账，作冲减经营支出或事业支出处理。

在我国会计实务中，要求在现金折扣条件下采用总价法进行核算。

二、事业单位应收账款的核算

为了总括地核算和监督事业单位应收账款的增减变动及结存情况，应设置"应收账款"账户。发生应收账款时，借记本账户，贷记"事业收入"、"经营收入"、"其他收入"等账户；收到款项时，借记"银行存款"、"现金"等账户，贷记本账户。本账户借方余额反映待结算应收账款的数额。本账户应按债务人的名称设置明细账。

1．应收账款增加的核算。事业单位销售产品、材料，提供劳务，开展服务等，应借记"应收账款"账户，贷记"经营收入"、"事业收入"、"应交税金"等账户。

【例16-28】某科研单位为 A 企业提供有偿服务项目，其服务费 50 000 元，暂未收到。

借：应收账款——A 企业　　　　　　　　　　　　　　　50 000
　　贷：事业收入　　　　　　　　　　　　　　　　　　　　　50 000

【例16-29】某事业单位实行内部成本核算，向 A 单位销售甲产品一批，价款（不含增值税）30 000 元，应向对方收取的增值税额为 5 100 元，共计 35 100 元。货已发出，货款尚未收到。

借：应收账款　　　　　　　　　　　　　　　　　　　　35 100
　　贷：经营收入　　　　　　　　　　　　　　　　　　　　30 000
　　　　应交税金——应交增值税（销项税额）　　　　　　　5 100

2．收到应收账款的核算。事业单位收到应收账款时，按实际金额借记"银行存款"账户，贷记"应收账款"账户。

【例16-30】上述 A 企业欠款 50 000 元已经收到，且已存入银行。

借：银行存款   50 000

  贷：应收账款——A 企业   50 000

3．存在折扣条件下应收账款的核算。

【例16-31】某研究所 5 月 3 日，向甲公司提供劳务取得收入 30 000 元，规定的现金折扣条件是 2/10，1/20，N/30，5 月 3 日凭劳务结算凭证，应作如下会计分录：

借：应收账款——甲公司   30 000

  贷：事业收入   30 000

【例16-32】上例中甲公司于 5 月 8 日付款，收到款项，存入银行。

借：银行存款   29 400

  事业支出   600

  贷：应收账款   30 000

4．坏账的处理。由于某些客观和主观原因，事业单位的应收账款可能会有部分收不回来。这种无法收回的应收账款叫做坏账。因坏账而造成的损失为坏账损失。对于坏账损失的会计处理有两种方法：一种是直接注销法，一种是备抵法。事业单位对于坏账损失的会计处理一般采用直接注销法。

采用直接注销法，事业单位将无法收回的应收账款确认为坏账时，所形成的坏账损失直接记入"事业支出"或"经营支出"账户。收回已转为坏账损失的应收账款时，冲减"事业支出"或"经营支出"账户。

【例16-33】某医院一病员欠住院费 5 000 元，经确认已无法收回，作为坏账处理。

借：事业支出——坏账损失   5 000

  贷：应收账款——××病人   5 000

假设该病人在医院作为坏账处理后，将其欠款又偿还时：

借：应收账款—— ××病人   5 000

  贷：事业支出——坏账损失   5 000

医院收到应收账款时：

借：银行存款（现金）   5 000

  贷：应收账款——××病人   5 000

第四节 事业单位预付账款及其他应收款的核算

一、事业单位预付账款的核算

预付账款是指事业单位因采购商品或为取得劳务而按合同规定预付给供货单位的款项。

为了核算和监督事业单位预付货款的增减变动及其结存情况，需设置"预付账款"账户。事业单位预付购货款时，借记本账户，贷记"银行存款"账户。收到所购物品或劳务结算时，根据发票账单等所列的金额，借记"材料"等账户，贷记本账户。补付货款和退回多付货款分别记入本账户的借方和贷方。本账户借方余额为尚未结算的预付账款。

预付账款业务不多的事业单位可以将预付账款直接记入"应付账款"科目的借方，不设"预付账款"科目。但在编制会计报表时，仍应将"预付账款"和"应付账款"的数额按明细账记录分开填列资产负债表。

【例16-34】某医院预付 40 000 元给 A 制药厂购买药品。

借：预付账款（应付账款）　　　　　　　　　　　　　　　　　40 000
　　贷：银行存款　　　　　　　　　　　　　　　　　　　　　　40 000

【例16-35】〖例16-34〗预付款的货物已收到，发票上注明货款 38 000 元，余款同时退回。

借：材料　　　　　　　　　　　　　　　　　　　　　　　　38 000
　　银行存款　　　　　　　　　　　　　　　　　　　　　　 2 000
　　贷：预付账款（应付账款）　　　　　　　　　　　　　　　 40 000

二、事业单位其他应收款的核算

其他应收款是指事业单位除应收票据、应收账款、预付账款以外的其他各种应收、暂付款，包括借出款、备用金、应向职工收取的各种暂付款项等。这些款项虽不是事业单位债权的主要内容，但在应收款项总额中占有较大的比重，需对其加强核算和控制，及时进行清理和结算。

为了核算其他应收款的发生、收回及结存情况，需设置"其他应收款"账户。该账户借方记录发生的各项应收款；贷方记录收回的各项应收款；期末余额在借方，表示尚未收回的其他应收款。本账户应按其他应收款的债务人设置明细账。

如果事业单位的经营性活动按权责发生制需要使用到待摊费用的，应该在"其他应收款"账户下设"待摊费用"明细账户进行核算。

【例16-36】事业单位某职员出差借支现金 2 000 元。

借：其他应收款——××职员　　　　　　　　　　　　　　　 2 000
　　贷：现金　　　　　　　　　　　　　　　　　　　　　　　 2 000

【例16-37】上述职员回单位报销，交回发票 1 500 元，现金 500 元。

借：现金　　　　　　　　　　　　　　　　　　　　　　　　　 500
　　事业支出　　　　　　　　　　　　　　　　　　　　　　　 1 500
　　贷：其他应收款——××职员　　　　　　　　　　　　　　 2 000

【例16-38】事业单位向自来水公司支付水费共计 4 000 元，其中职工家属宿舍垫付用水费用 500 元。

借：事业支出——水电费　　　　　　　　　　　　　　　　　 3 500
　　其他应收款——宿舍水费　　　　　　　　　　　　　　　　 500
　　贷：银行存款　　　　　　　　　　　　　　　　　　　　　 4 000

【例16-39】职工交回单位垫付的水费 500 元。

借：现金   500

  贷：其他应收款——××职员   500

【例16-40】单位事业活动所需材料由政府统一采购，将单位自筹资金划到政府采购专户，款项100 000元。

借：其他应收款——政府采购款   100 000

  贷：银行存款   100 000

【例16-41】该批采购节约资金10 000元，收到财政划回的节约资金10 000元，财政开具的拨款通知书等相关票据，计290 000元。

划回的节约资金部分：

借：银行存款   10 000

  贷：其他应收款——政府采购款   10 000

购买材料部分：

借：材料   290 000

  贷：其他应收款——政府采购款   90 000

    财政补助收入   200 000

第五节　事业单位存货的核算

一、事业单位存货的概念及内容

存货是指事业单位在专业业务及其他经营活动中为耗用或者为销售而储备的各种资产，主要包括材料、产成品等。

事业单位的材料是指事业单位购入的事业专用物资材料（包括自用和非自用）以及达不到固定资产标准的工具、器具、低值易耗品等。如教学、科研单位，教学实验、科研所需的专用材料和经营用材料。事业单位的材料是完成事业单位任务所必需的物质条件。

事业单位的产成品是指从事产品生产的事业单位生产，并验收入库待销售的完工产品。

某项存货是否列入事业单位的资产中，应以其所有权是否属于该事业单位为标志。此外，事业单位对近期耗用且金额很小的物料用品，如办公用品中的笔、墨等，应按照重要性原则的要求，在购买时通常直接作为公务费在有关支出中确认，而不作为存货管理。

二、事业单位存货的盘存制度

存货的盘存制度是指正确确定某一会计期间存货发出和结存数量的方法，它包括实地盘存制和永续盘存制两种。

1. 实地盘存制，又称为定期盘存制。是指事业单位对本单位的存货平时只记收，不记发出和耗用数，等到会计期末，通过实地盘点，确定各种存货的期末实存数，再乘以一定的单价，计算出期末存货总额，并倒推出已销或已耗的存货成本。其计算公式为：

本期销售耗用存货成本＝期初存货成本＋本期购货成本－期末存货成本

实地盘存制的优点是：简化了日常的存货核算工作。缺点是：第一，加大了期末核算的工作量；第二，由于存货销售或耗用的成本是倒挤出来的，从而掩盖了存货管理中出现的自然和人为损耗，不能及时反映存货的收、发、结存情况，不能对存货进行计划和控制。

2. 永续盘存制，又称为账面盘存制。是指事业单位按存货的种类、品名设置明细账，逐笔或逐日登记存货的收入、发出数量和金额，并随时结出存货的余额。在这种方法下，存货明细账中的收入数量和金额可以根据收入存货的原始记录进行登记，发出数量可以根据发出存货的原始记录进行登记，在每次收发存货以后，都能随时通过账面结出存货的数量。为了保证账实相符，也要对存货进定期或不定期的盘存，根据盘存的结果调整账面记录，并查明溢余或短缺的原因，及时进行处理。其计算公式为：

期末存货成本＝期初存货成本＋本期购货成本－本期销售耗用存货成本

永续盘存制的优点是：可随时提供存货收、发、结存的动态资料，有利于对存货的管理。缺点是：存货明细记录工作量较大。所以各个单位应根据自己的实际情况，对各种存货区别对待，选用不同盘存制度，但应注意，不论采用何种方法，前后各期应保持一致。

三、事业单位存货的计价

存货的计价包括收入存货的计价和发出存货的计价。

（一）收入存货的计价

存货的入账价值是指存货成本中应包括的内容。按照事业单位会计准则的规定，各种存货应当按取得时的实际成本记账。

1. 外购存货的入账价值。外购存货应以购入价、运杂费用作为其入账价值。在实际操作中，外购存货应该区分为自用还是非自用。对于自用存货，无论该事业单位是一般纳税人还是小规模纳税人，应以实际支付的含税价格作为存货的入账价值。而对于非自用存货，如果该事业单位属于小规模纳税人，还应按实际支付的含税价格作为存货的入账价值；如果属于一般纳税人，则应该按不含税价格作为存货的入账价值。

2. 自制存货的入账价值。自制存货应以使存货达到可销售状态所必需的支出作为入账价值，包括在制造过程中发生的直接材料、直接人工，其他直接费用和应分摊的间接费用。

（二）存货发出的计价

按照事业单位会计准则的规定，各种存货发出时，可以根据情况选择先进先出法、加权平均法等方法确定其实际成本，计价入账。

1. 先进先出法。先进先出法是假定先入库的存货先发出去，并按照这一假定的成本流转顺序，对发出的存货和期末存货进行计价。采用这种方法，取得存货时要逐笔登记存货的数量、单价、金额，发出时按先进先出的原则，逐笔登记存货的发出和结存金额。

这样，最早取得的存货成本，最先计入发出存货的成本，最迟取得存货的成本即为库存存货的成本。这使存货的库存成本比较接近当前的实际情况，能比较精确地反映存货的重置成本。

2. 加权平均法。加权平均法是以加权平均计算的单位成本为依据计算期末结存存货和发出存货实际成本的一种方法。所谓加权，即以存货适量为权数，通过期初结存加上本期取得的总金额除以总数量来计算存货的平均单位成本。发出存货的数量乘以这个单位成本，即为发出存货的实际成本；结存存货的数量乘以这个单位成本，即为结存存货的实际成本。

采用这种方法，存货的平均单位成本可以月末一次清算，称为全月一次加权平均法。其平均单位成本计算公式如下：

加权平均单位成本＝（月初结存存货实际成本＋本月收入存货实际成本）

÷（月初结存存货数量＋本月收入存货数量）

采用本法可简化核算工作，但只有在月末才能算出存货的实际成本，所以，也可以每收入一批不同单价的存货，即按加权平均方法计算一次平均单位成本，作为发出存货的单位成本，这种方法我们称之为移动加权平均法，其平均单位成本的计算公式如下：

加权平均单位成本＝（原有库存存货实际成本＋本次收入存货实际成本）

÷（原有库存存货数量＋本次收入存货数量）

采用本法计算工作量较大，但可以在存货发出时，立即计算其实际成本。由于采用不同的存货计价方法，会影响发出存货和期末存货实际成本的计算结果，因此发出存货的计价方法一经确定，不得任意改变；如有变更，应在会计报告中说明变更理由及其对财务状况、经营成果的影响。

对于某些商品存储，由于其品种多、数量少、存储期短，还可以采用估价法，如采用售价金额对其进行核算，这样就应当设置进销差价账户，并按期分摊结转进销差价，将发出存货的售价调整为进价。

四、事业单位存货的清查

各事业单位的存货为保证账实相符，必须定期进行清查盘点，至少每年年终，应当全面清查一次。存货清查后，如果实存数与账存数一致，账实相符，不必进行账务处理。如果实存数小于账存数时，称之为盘亏；反之称为盘盈。实存数虽与账存数一致，但实存的材料有质量问题，不能按正常的材料使用的，称之为毁损。

不论是盘盈、盘亏还是毁损，都需要进行账务处理，调整账存数，使账存数与实存数一致，保证账实相符。盘盈时，调整账存数增加，使其与实存数一致；盘亏或毁损时，调整账存数减少，使其与实存数一致。

盘盈、盘亏或毁损等都说明事业单位在经营管理中、材料的保管中存在着一定的问题。因此，一旦发现账存数与实存数不一致时，应核准数字，并进一步分析形成差异的原因，明确经济责任，提出相应的处理意见，并根据清查结果编制"存货盘存报告单"。

对于盘盈、盘亏，最好在期末结账前查明原因，并报经相关领导审批后，才能进行相应的转销的处理。

五、事业单位材料的核算

材料是指事业单位在开展业务及其他活动中为耗用而储存的资产，包括原材料、燃料、包装物和低值易耗品等。事业单位的材料处于经常性的不断耗用或置存之中，是流动资产的重要组成部分。需要指出的是，只有占有权或者使用权属于事业单位的各种材料，无论存放在什么地方，都应视同该事业单位的材料。反之，只要占有权或使用权已经转移，即使这些材料还放置在本事业单位的仓库，也不能作为该事业单位的材料，应作为暂时代人保管的物品。

事业单位的材料一般分为：原材料、燃料、包装物和低值易耗品。

事业单位的材料核算，由会计部门和材料管理部门配合进行。为了正确地核算和监督事业单位的材料收入、发出和结存情况，需设置"材料"账户。该账户借方记录事业单位外购并验收入库材料的实际成本；贷方记录事业单位领用、销售发出以及盘亏、毁损材料的实际成本；期末余额在借方，表示事业单位库存材料的实际成本。"材料"账户应按材料的保管地点、材料的种类和规格设置明细账，并根据材料的收发凭证逐笔登记。

事业单位随买随用的零星办公用品，可在购进时直接列作支出，不在"材料"账户核算。

1．材料购入的账务处理。购入材料时，应根据原始单据进行验收无误后，在原始单据上加盖"验收合格"戳记和验收入的签章，并填制"入库单"，其中一份由材料记账员据以登记材料明细账，另一份连同购入的原始凭证一并送会计部门报账。会计部门对材料管理部门送来的凭证单据审核无误后，凭以作材料收入的账务处理。

（1）属于小规模纳税人的事业单位无论购入自用还是非自用材料并已验收入库，按含税价格，借记"材料"账户，贷记"银行存款"等账户。

（2）属于一般纳税人的事业单位购入非自用材料并已验收入库的，按照采购材料专用发票上注明的增值税额，借记"应交税金——应交增值税（进项税额）"账户，按专用发票上记载的应记入采购成本的金额，借记"材料"账户，按实际支付的金额，贷记"银行存款"、"应付账款"等账户。

（3）属于一般纳税人的事业单位购入自用材料并已验收入库的，借记"材料"账户，贷记"银行存款"等账户。

【例16-42】某一不实行成本核算的事业单位被认定为一般纳税人事业单位。期初结存甲材料100公斤，单价10元。本月购入甲材料500公斤，单价12元，购进材料进项税额1 020元。货款及税额已付，材料已验收入库。

借：材料——甲材料　　　　　　　　　　　　　　　　　　　6 000
　　应交税金——应交增值税（进项税额）　　　　　　　　　1 020
　　贷：银行存款　　　　　　　　　　　　　　　　　　　　　　　7 020

【例16-43】某学校用预算资金购进试验用材料货款5 000元，运费200元，材料已验收入库，货款暂欠，运费以现金支付。

借：材料——试验用　　　　　　　　　　　　　　　　　　　5 200

  贷：应付账款   5 000

    现金   200

  【例16-44】 实行成本核算的 A 科研单位为一般纳税人，以银行存款 50 000 元预付购材料款给供货单位。

  借：预付账款（应付账款）   50 000

    贷：银行存款   50 000

  【例16-45】 A 科研单位本月收到供货单位发来的材料，已验收入库，收到专用发票注明货款 40 000 元，增值税进项税额 6 800 元，还收到代垫运费的一般发票一张，发票注明运费 500 元，余额通过银行转回。

  运输费进项税额＝500×7％＝35（元）

  运费成本＝500－35＝465（元）

  借：材料   40 465

    应交税金——应交增值税（进项税额）   6 835

    银行存款   2 700

    贷：预付账款   50 000

  【例16-46】 某事业单位购入自用材料 50 箱，每箱价格 100 元，支付增值税 850 元，运杂费 150 元，共计 6 000 元，以银行存款支付。

  应计入材料的价款：50×100＋150＋850＝6000（元）

  借：材料——自用   6 000

    贷：银行存款   6 000

  【例16-47】 某单位属小规模纳税人，购进材料一批，材料购价 10 000 元，支付增值税 1 700 元，以银行存款支付。

  借：材料   11 700

    贷：银行存款   11 700

  2. 材料出库的账务处理。材料发出时，由领料部门填写"领料单"，写明材料品名、规格、数量和用途，向材料管理部门领料。材料管理部门付料后，在"领料单"上加盖"付讫"戳记，并登记材料明细账。月终，一般由材料管理部门编制发出材料总表，送交会计部门进行账务处理。会计部门可采用先进先出法、全月一次加权平均法、移动加权平均法等确定其实际成本。

  （1）单位开展专业业务及其辅助活动领用的材料，应借记"事业支出"账户，贷记"材料"账户。

  （2）实行内部成本费用会计核算的事业单位，进行产品生产领用的材料时，应借记"成本费用"账户，贷记"材料"账户。

  （3）开展经营活动领用的材料，应借记"经营支出"账户，贷记"材料"账户。需要单独报账的专项资金项目领用的材料，应借记"专款支出"账户，贷记"材料"账户。

  材料出库有两种情况：一种是不改变材料原定用途；另一种是改变了材料购入时的预定用途，如将预定自用材料变为非自用材料而用于对外加工，或者是将非自用材料变为自用材料。

①未改变预定用途的材料领用出库。领用出库时，按材料账面价值借记"事业支出"、"经营支出"、"成本费用"等账户，贷记"材料"账户。

【例16-48】单位办公室领用材料2箱，用加权平均法计算出该材料的单价为115元/箱。

借：事业支出　　　　　　　　　　　　　　　　　　　　　　　　230

　　贷：材料　　　　　　　　　　　　　　　　　　　　　　　　　　230

【例16-49】某事业单位月初有A材料500公斤，单价10元，本月购进一批A材料1 000公斤，单价12元，本月领用A材料800公斤。采用先进先出法确定本月发出A材料的成本为 $500\times10+300\times12=8\,600$（元）。

借：事业支出　　　　　　　　　　　　　　　　　　　　　　　8 600

　　贷：材料　　　　　　　　　　　　　　　　　　　　　　　　　8 600

【例16-50】某实行成本核算的事业单位，被认定为一般纳税人，月初有B材料300公斤，单价25元，本月购入B材料700公斤，单价18元，本月领用B材料800公斤。采用加权平均法确定发出材料的成本为：

本月发出材料成本 $=800\times27.10=21\,680$（元）

借：成本费用　　　　　　　　　　　　　　　　　　　　　　21 680

　　贷：材料　　　　　　　　　　　　　　　　　　　　　　　　21 680

【例16-51】事业单位某部门领用材料用于向社会提供有偿服务，材料价款为10 000元。

借：经营支出　　　　　　　　　　　　　　　　　　　　　　10 000

　　贷：材料　　　　　　　　　　　　　　　　　　　　　　　　10 000

【例16-52】事业单位将不需用的一批事业用的材料对外销售，材料账面价值为8 000元，售价为10 000元。

借：银行存款　　　　　　　　　　　　　　　　　　　　　　　700

　　贷：材料　　　　　　　　　　　　　　　　　　　　　　　　8 000

　　　应交税金——应交增值税（销项税额）　　　　　　　　　1 700

　　　事业支出　　　　　　　　　　　　　　　　　　　　　　2 000

②改变预定用途的材料领用出库。对于小规模纳税人事业单位来说，将自用材料用于对外加工，或者是将非自用材料用于自用，都不会影响材料的计价。对于一般纳税人事业单位来说，改变预定用途的材料出库，在核算时需要调整该批材料所承担的税款。

【例16-53】某一般纳税人事业单位，将预定用于对外加工的材料一批转作该单位自用，该批材料价款10 000元，已知该材料的适用增值税税率为17%。

该批材料应承担的税款为 $10\,000\times17\%=1\,700$（元），已经记入"应交税金——应交增值税（进项税额）"账户。改变用途时，应该转出。

借：事业支出　　　　　　　　　　　　　　　　　　　　　　11 700

　　贷：材料　　　　　　　　　　　　　　　　　　　　　　　10 000

　　　应交税金——应交增值税（进项税额转出）　　　　　　　1 700

3.材料清查的账务处理。事业单位的材料，每年至少盘点一次，发生盘盈、盘亏等情况，属于正常的溢出损耗，按照实际成本，作增加或减少材料处理，其中属于经营用材料的，相应冲减或增加"经营支出"；属于事业用材料的，应冲减或增加"事业支出"账户。

【例16-54】某小规模纳税人事业单位月末盘亏经营用材料1 000元，经查明，有10%由保管员负责，其余记入"经营支出"。

借：经营支出——盘亏材料 900
　　其他应收款——保管员 100
　　　贷：材料 1 000

【例16-55】某事业单位月末盘盈事业用材料800元。

借：材料 800
　　　贷：事业支出——盘盈材料 800

【例16-56】某事业单位被认定为一般纳税人单位。月末盘亏经营用材料2 000元，经批准记入"经营支出"账户50%，另外50%由保管员赔偿。

借：经营支出 1 000
　　其他应收款——保管员 1 170
　　　贷：材料 2 000
　　　　　应交税金——应交增值税（进项税额转出） 170

六、事业单位产成品核算

事业单位的产成品是指从事产品生产的事业单位生产，并验收入库待销售的完工产品。为了正确核算事业单位产成品的收入、发出及结存情况，需设置"产成品"账户。该账户借方反映生产完工交库的产成品实际成本；贷方反映领用和销售发出产成品的实际成本；余额在借方，表示期末库存产成品的实际成本。

事业单位的产成品清查盘点出现产成品盘盈或盘亏，作为增加或减少产成品处理。盘盈时，借记"产成品"账户，贷记"事业支出"或"经营支出"账户；盘亏时，借记"事业支出"或"经营支出"账户，贷记"产成品"账户。"产成品"账户应按产品的种类、品种和规格设置明细账。

【例16-57】某实行成本核算的科研单位本月生产完工产成品100台，已验收入库，单位成本500元。

借：产成品 50 000
　　　贷：成本费用 50 000

【例16-58】某实行成本核算的事业单位期初结存A产品50件，单位成本200元。本月生产完工产成品700件，单位成本220元。本月事业部门领用A产品100件，经营部门领用A产品40件，对外销售A产品450件，每件售价400元（属于小规模企业），货款对方暂欠。编制销售及结转成本（采用加权平均法）的会计分录。

借：应收账款 190 800
　　　贷：经营收入 180 000
　　　　　应交税金——应交增值税 10 800

事业部门领用A产品成本=100×218.66=21 866（元）
经营部门领用A产品成本=40×218.66=8 746.40（元）

对外销售 A 产品成本=450×218.66=98 397（元）

借：事业支出　　　　　　　　　　　　　　　　　　　　　　21 866
　　经营支出　　　　　　　　　　　　　　　　　　　　　107 143.40
　　贷：产成品　　　　　　　　　　　　　　　　　　　　129 009.40

假设该事业单位被认定为一般纳税人单位（增值税税率为 17%），每件售价 400 元为不含税价，则会计分录为：

借：应收账款　　　　　　　　　　　　　　　　　　　　　210 600
　　贷：经营收入　　　　　　　　　　　　　　　　　　　180 000
　　　　应交税金——应交增值税（销项税额）　　　　　　　30 600

事业部门应负担增值税=100×400×17%=6 800（元）

经营部门应负担增值税=40×400×17%=2 720（元）

借：事业支出　　　　　　　　　　　　　　　　　　　　　28 666
　　经营支出　　　　　　　　　　　　　　　　　　　　109 863.40
　　贷：产成品　　　　　　　　　　　　　　　　　　　129 009.40
　　　　应交税金——应交增值税（销项税额）　　　　　　　9 520

【例16-59】某从事生产产品的事业单位盘亏库存产成品成本 2 000 元，属一般纳税人单位。

借：经营支出　　　　　　　　　　　　　　　　　　　　　2 000
　　贷：产成品　　　　　　　　　　　　　　　　　　　　2 000

一般纳税人在盘亏材料或产成品时，如果经批准列入经营支出或事业支出，则盘亏材料视同多领用材料无须将增值税进项税额转出。如果盘亏材料由某人赔偿或作别的处理，需将进项税额转出。

第六节　事业单位对外投资的核算

一、事业单位对外投资的概念及方式

事业单位的对外投资是指事业单位通过各种方式向其他单位的投资，包括债券投资和其他投资。

债券投资是事业单位以购买债券的方式，对其他单位所进行的投资，包括认购国库券、企业债券等。

其他投资是事业单位除购买债券外，以其他方式对其他企业所进行的投资，如以实物、无形资产或现金投入其他企业。

事业单位以现金、银行存款等形式向其他单位投资的，应按实际支付的金额入账。事业单位以实物或无形资产方式向其他单位投资的，应按投资双方评估价或合同、协议确认的价值入账。事业单位认购的债券应按实际支付的款项入账。

事业单位对外投资应注意如下几个问题：

（1）对外投资要按规定的程序报批。《事业单位财务规则》规定："事业单位对外投资，应当按照国家有关规定报经主管部门、国有资产管理部门和财政部门批准或者备案"。

（2）事业单位以实物、无形资产对外投资的，要按照有关规定进行资产评估。

（3）事业单位对外投资所利用的货币资金、实物和无形资产等，总的原则应当是以不影响本单位完成正常的事业计划为前提。特别是将非经营性资产转作经营性投资活动的，则不能包括财政补助收入、上级补助收入和为维持事业正常发展，保证事业计划完成的各项资产。

（4）事业单位利用国有资产对外投资的，资产的国家所有性质不变。

（5）事业单位对外投资的对象，包括其他事业单位、独立核算的生产经营单位，不包括事业单位依法兴办的附属的非独立核算的生产经营单位，也不包括事业单位对外出租、出借有关资产的行为。

二、事业单位对外投资的核算

为了正确地核算和监督事业单位对外投资的形成、收回及结存情况，需设置"对外投资"账户。该账户借方登记事业单位以各种形式对外投资的入账价值；贷方登记事业单位对外投资收回的实际成本；余额在借方，反映事业单位尚未收回的对外投资的实际成本。该账户按债券投资和其他投资分别设置明细账。

在进行对外投资的业务中，还需涉及"事业基金——一般基金"账户、"事业基金——投资基金"账户和"固定基金"账户，事业单位对外投资取得的收益记入"其他收入"账户。

事业单位购入各种债券形成的对外投资，应按实际支付的款项，借记"对外投资"账户，贷记"银行存款"账户；同时借记"事业基金——一般基金"账户，贷记"事业基金——投资基金"账户。

事业单位以固定资产对外投资，应按评估价或合同、协议确认的价值借记"对外投资"账户，贷记"事业基金——投资基金"账户；同时，按账面原价借记"固定基金"账户，贷记"固定资产"账户。

属于一般纳税人的事业单位向其他单位投出材料，按合同协议确定的价值，借记"对外投资"账户，按材料账面价值（不含增值税），贷记"材料"账户，按规定税率计算增值税，贷记"应交税金——应交增值税（销项税额）"账户。按合同协议确定的价值扣除材料账面价值的差额，借记或贷记"事业基金——投资基金"账户；同时，按材料的含税价值，借记"事业基金——一般基金"账户，贷记"事业基金——投资基金"账户。

属于小规模纳税人的事业单位对外投出材料，按合同协议确定的价值，借记"对外投资"账户，按材料账面价值（含增值税），贷记"材料"账户，按合同协议价与材料账面价值的差额，贷记或借记"事业基金——投资基金"账户；同时，按材料账面价值，借记"事业基金——一般基金"账户，贷记"事业基金——投资基金"账户。

事业单位向其他单位投入的无形资产，按双方确定的价值，借记"对外投资"账户，按账面价值，贷记"无形资产"账户，按两者之差，借记或贷记"事业基金——投资基金"账户；同时，按无形资产的账面价值，借记"事业基金——一般基金"账户，贷记"事业基金——投资基金"账户。

事业单位以货币资金对外投资，借记"对外投资"账户，贷记"银行存款"账户；同时，借记"事业基金——一般基金"账户，贷记"事业基金——投资基金"账户。

事业单位转让债券以及到期兑付的债券本息，按实际收到的金额，借记"银行存款"账户，按实际成本贷记"对外投资"账户，两者之差借记或贷记"其他收入"账户；同时，调整事业基金明细科目，借记"事业基金——投资基金"账户，贷记"事业基金——一般基金"账户。

【例16-60】某事业单位购入 M 公司 2009 年 1 月 1 日发行的债券，债券面值 100 000元，期限 5 年，年利率 10%，每年末付息一次，购入价 105 000 元。

（1）购入时：

借：对外投资——债券投资	105 000	
贷：银行存款		105 000
借：事业基金——一般基金	105 000	
贷：事业基金——投资基金		105 000

（2）每年末收取利息时：

借：银行存款	10 000	
贷：其他收入		10 000

【例16-61】某事业单位，以一项固定资产投资于 B 公司，该固定资产账面原价为 200 000元，双方协议价值为 180 000 元。

借：对外投资——其他投资	180 000	
贷：事业基金——投资基金		180 000
借：固定基金	200 000	
贷：固定资产		200 000

【例16-62】某属于一般纳税人的事业单位以其原材料向甲公司投资。双方协议该批材料的价值为 30 000 元，该材料账面价值为 38 000 元，增值税税率为 17%。

借：对外投资——其他投资	30 000	
事业基金——投资基金	13 100	
贷：材料		38 000
应交税金——应交增值税（销项税额）		5 100
借：事业基金——一般基金	43 100	
贷：事业基金——投资基金		43 100

【例16-63】某属于小规模纳税人的事业单位，以本单位材料对外进行投资，材料账面价值 40 000 元，合同价值 48 000 元。

借：对外投资——其他投资	48 000	
贷：材料		40 000
事业基金——投资基金		8 000

借：事业基金——一般基金 40 000
  贷：事业基金——投资基金 40 000

【例16-64】 某属于一般纳税人的事业单位用自产产品向乙公司投资。该批产品的协议价（计税价格）为 50 000 元，账面价为 30 000 元，增值税税率17%。

借：对外投资——其他投资 50 000
  贷：产成品 30 000
   应交税金——应交增值税（销项税额） 8 500
   事业基金——投资基金 11 500
借：事业基金——一般基金 30 000
  贷：事业基金——投资基金 30 000

【例16-65】 某事业单位以一项专利技术向丙公司投资。该无形资产协议价为 300 000 元，账面价为 200 000 元。

借：对外投资——其他投资 300 000
  贷：无形资产 200 000
借：事业基金——一般基金 200 000
  贷：事业基金——投资基金 200 000

【例16-66】 某事业单位收到从被投资方分来的利润 10 000 元存入银行。

借：银行存款 10 000
  贷：其他收入 10 000

【例16-67】 某事业单位将债券投资出售，取得收入 120 000 元，该项债券投资成本为 100 000 元。

借：银行存款 120 000
  贷：对外投资——债券投资 100 000
   其他收入 20 000
借：事业基金——投资基金 100 000
  贷：事业基金——一般基金 100 000

第七节　事业单位固定资产的核算

一、事业单位固定资产的概念和分类

1. 固定资产的概念。事业单位的固定资产是使用期限在一年以上，单价在规定的标准以上（一般设备单位价值在 500 元以上，专用设备单位价值在 800 元以上），并在使用过程中基本保持原有物质形态的资产。这一概念包括以下三层含义：

（1）固定资产的单位价值要在规定标准以上。一般设备单位价值在 500 元以上，专用设备单位价值在 800 元以上。单位价值虽未达到规定标准，但耐用时间在一年以上的大批

同类物资，按规定也作为固定资产管理，如图书馆的图书。

（2）固定资产的使用期限要在一年以上。与流动资产中的一次性消耗材料和一年内转变为现金的其他流动资产项目不同，固定资产能够多次使用，且使用期限比较长，属于持久、耐用性的资产。

（3）固定资产在使用过程中要基本保持原有物质形态，其价值随使用次数的增多产生磨损而逐步地或者多次地消耗、转移或者实现。

2．固定资产的分类。事业单位的固定资产是事业单位开展业务活动及其他活动的重要物质条件。其种类繁多、规格不一。为了加强固定资产管理，正确进行固定资产核算，必须对固定资产进行科学合理的分类。事业单位固定资产按其性质和使用情况，一般分为以下六类：

（1）事业单位拥有所有权和使用权的房屋、建筑物及其设备。其中，房屋是指办公用房、业务用房、库房、职工宿舍用房、职工食堂、锅炉房等；建筑物包括道路、围墙、水塔等；附属设施包括房屋、建筑物内的电梯、通信线路、输电线路、水汽管道等。

（2）专用设备。它是指事业单位根据业务工作实际需要购置的各种具有专门性能和专门用途的设备，如学校的教学仪器、科研单位的科研仪器、医院的医疗器械等。

（3）一般设备。它是指事业单位用于业务工作的通用设备，如办公用家具、交通工具等。

（4）文物和陈列品。它是指博物馆、展览馆、纪念馆等文化事业单位的各种文物和陈列品，如古物、字画、纪念物品等。

（5）图书。它是指专业图书馆、文化馆收藏的史迹，以及事业单位收藏的统一管理使用的业务用书，如单位图书馆、阅览室的图书等。

（6）其他固定资产。它是指以上各类未包括的固定资产，如为进行工作和开展业务活动所需要而饲养的牲畜等。

以上分类仅是对事业单位固定资产的一般性分类，各主管部门可以根据本系统的具体情况制定各类固定资产明细目录。

二、固定资产的计价

固定资产计价是指以货币表现固定资产的价值。为了如实地反映固定资产价值的增减变动，保证核算的统一性，各个单位应按照国家规定的统一计价原则，正确地对固定资产进行计价。

1．固定资产的计价标准。

（1）原始价值。原始价值也称原始购置成本或历史成本，是指单位构建某项固定资产达到可使用状态前所发生的一切合理、必要的支出。

（2）重置完全价值。重置完全价值也称现时重置成本，是指在当时的生产技术条件下，重新构建同样的固定资产所需要的全部支出。

（3）净值。净值也称折余价值，是指固定资产原始价值或重置完全价值扣除已提折旧后的净额，由于事业单位的固定资产不计提折旧，因此，事业单位的固定资产的计价不适用这一标准。

2．固定资产的入账价值。事业单位固定资产按下列规定计价入账：

（1）购入、调入的固定资产，按照实际支付的买价或调拨价、运杂费、安装费等记账。购置车辆按规定支付的车辆购置附加费计入购价之内。但购置固定资产过程中发生的差旅费不计入固定资产价值。

（2）自制的固定资产，按开工的工、料、费记账。购置固定资产的借款利息及外币借款的汇兑差额，在固定资产办理竣工决算之前发生的，应当计入固定资产价值；在竣工决算之后发生的，计入当期支出或费用。

（3）在原有固定资产基础上进行改建、扩建的固定资产，应按改建、扩建发生的支出减去改建、扩建过程中的变价收入后的净增加值，增记固定资产。

（4）融资租入的固定资产，按租赁协议确定的设备价款、运费、安装费等记账。

（5）接受捐赠的固定资产，按照同类固定资产的市场价格或根据所提供的有关凭据记账。接受固定资产时发生的相关费用，应当计入固定资产价值。

（6）盘盈的固定资产，按重置完全价值入账。

（7）已投入使用但尚未办理移交手续的固定资产，可先按估计价值入账，待确定实际价值后，再进行调整。

相对于企业会计，事业单位在确定固定资产的入账价值时应注意：

（1）固定资产借款利息和有关费用，以及外币借款的汇兑差额，在固定资产办理竣工之前发生的，应当计入固定资产价值；在竣工决算之后发生的，计入当期支出或费用。

（2）购置固定资产过程中发生的差旅费不计入固定资产价值。

三、固定资产的清查

固定资产与材料一样，事业单位对固定资产也应当定期进行清查盘点。通过清查盘点，及时发现和堵塞管理中的漏洞，妥善处理、解决出现的各种问题，保证固定资产的安全和完整，做到账实相符。从保证固定资产安全完整的角度出发，各单位每年都必须进行一次固定资产的清查。清查时，以财产管理部门为主，由会计部门、资产使用部门和职工代表参加。清查结果，要写出清查报告，报告单位负责人。

在进行固定资产清查前，首先必须清查固定资产账目，将全部账户登记入账，结出余额，做到账款相符。对固定资产清查时，进行账实核对。清查的具体方法一般有以下三种：

（1）账实核对法，即根据固定资产账目与实务进行逐一核对以查明固定资产实存数量的一种方法。

（2）卡实直接核对法，将固定资产实物与固定资产卡片进行逐项核对，以查明固定资产卡实是否相符并查明固定资产实有数量的一种方法。

（3）抄列实物清单法，即直接根据工作单位的固定资产实物实地逐项登记各种财产物资的品种、数量、价值等，以此查明单位固定资产的实存数量。这种方法工作量较大，一般在单位账目不清或者有其他特殊原因需要查明实有固定资产数量时采用此种方法。

通过清查，对盘盈、盘亏的固定资产应编制"固定资产盘盈、盘亏报告表"，按规定的程序报经批准后，对盘盈固定资产应增设固定资产卡片，对盘亏或较少的固定资产，应注销固定资产卡片，另行归档保存。

四、事业单位固定资产的核算

为了反映固定资产增减变化情况，事业单位应设置"固定资产"、"固定基金"、"专用基金——修购基金"等账户。

"固定资产"账户是用来核算事业单位固定资产原值增减变动的。该账户借方登记事业单位以各种方式取得的固定资产原价；贷方登记报废、转出的固定资产原值；余额在借方，表示事业单位占有固定资产的原值。

为了核算事业单位在固定资产上投入的资金数额，应设置"固定基金"账户，该账户属于净资产类账户。其贷方登记固定基金的增加，借方登记固定基金的减少，贷方余额表示对现有固定资产的原始投资。除尚未付清租金的融资租入固定资产外，该账户为固定资产账户的对应账户，二者方向相反，金额一致。

"专用基金——修购基金"账户属于净资产类账户，其贷方记录按规定提取的修购基金，及固定资产清理报废获得的收益；借方记录清理报废固定资产发生的清理费，用专用基金购置固定资产时转销的数额；余额在贷方，反映事业单位期末结存的专用基金——修购基金的余额。

《事业单位会计准则（试行）》和《事业单位财务规则》规定事业单位应建立修购基金制度，没有对事业单位建立折旧制度的问题予以具体规定。但是可以全面执行企业财务制度或者是某个项目可以按照企业财务制度核算、管理的事业单位，应当按照企业财务制度的规定建立折旧制度。这主要是指以下三种类型的事业单位：

一是目前已经纳入企业财务管理体系的事业单位和事业单位附属独立核算的生产经营单位。这些单位应执行企业财务制度，并建立折旧制度，如报社、出版社等。

二是具备一定条件的事业单位，经主管部门和财政部门批准，由执行事业单位财务制度转为执行企业财务制度。这些单位应按企业财务制度，建立折旧制度。

三是执行事业单位财务制度的事业单位，如果接受了外单位要求投资回报的经营项目，对该项目应按企业财务制度、会计制度进行核算，并对该项目占用的固定资产实行折旧制度。

就单纯的事业单位来说，固定资产是不应该计提折旧的。因为事业单位购置固定资产时，已经列入了有关支出的账户。尽管有些固定资产是用"专用基金——修购基金"购置的，而修购基金也是从有关支出中提取的。如再计提折旧，就是重复记入支出中。如果需要反映出事业单位固定资产的新旧程度，可以计算折旧，并通过编制借记"固定基金"账户，贷记"累计折旧"账户来实现，而不记入有关支出和费用中。

固定资产报废是由于事业单位固定资产长期使用中的有形磨损，并达到规定的使用年限，不能修复继续使用；或由于技术进步形成的无形磨损等原因造成的对原有固定资产按规定进行报废。事业单位报废固定资产时，应对其固定资产和固定基金进行注销。

固定资产转让是指事业单位对未使用而闲置的固定资产出让给他人使用。事业单位固定资产转让分为有偿转让和无偿转让。《事业单位财务规则》规定："事业单位固定资产报废和转让，一般经单位负责人批准后核销。大型、精密贵重的设备、仪器报废和转让，应当经过有关部门鉴定，报主管部门或者国有资产管理部门、财政部门批准。具体审批权限由财政部门会同国有资产管理部门规定"。国家国有资产管理局和财政部联合颁发的《行政事业单位国有资产管理办法》（国资事发[1995]17号），以及国家国有资产管理局颁发的《行政事业单位国有资产处置管理实施办法》（国资事发[1995]106号）对此均作出了明确规定。

中央级事业单位占有或使用的固定资产单位价值在20万元以上的报废和调出，经主管部门审核后，报国家国有资产管理局会同财政部审批。在规定以下的审批权限，由主管部门决定。

《事业单位财务规则》规定："固定资产的变价收入应当转入修购基金；但是，国家另有规定的除外"。

为了反映固定资产的明细资料，单位应设置"固定资产卡片"和"固定资产登记簿"。按固定资产类别、使用部门和每项固定资产进行明细核算，固定资产卡片是固定资产的明细账簿，用卡片作为固定资产的明细账是为了便于保管和查找。临时租入的固定资产，应在固定资产备查簿上进行登记，不在本账户内核算。固定资产卡片、固定资产登记簿和"固定资产"总账账户也要定期核对。

（一）固定资产增加的核算

1. 外购固定资产。事业单位购置固定资产时，应按资金来源及用途，分别借记"专用基金——修购基金"、"事业支出"、"经营支出"、"专款支出"等账户，贷记"银行存款"账户；同时借记"固定资产"账户，贷记"固定基金"账户。

【例16-68】某事业单位用经费拨款购入事业用设备一台，含税价格为117 000元，以银行存款支付。

借：事业支出——设备购置费	117 000
贷：银行存款	117 000
借：固定资产——事业用	117 000
贷：固定基金	117 000

【例16-69】某事业单位用修购基金购入设备一台，含税价格为70 200元，以银行存款支付。

借：专用基金——修购基金	70 200
贷：银行存款	70 200
借：固定资产——事业用	70 200
贷：固定基金	70 200

【例16-70】某事业单位用财政或上级单位拨入的专项资金购入科研用设备一台，含税价58 500元，以银行存款支付。

借：专款支出——设备购置费	58 500
贷：银行存款	58 500
借：固定资产——科研用	58 500
贷：固定基金	58 500

【例16-71】收到以政府采购方式购置的设备一台，价款共计 80 000 元，其中本单位自筹资金承担 20 000 元，财政补助资金承担 60 000 元。

借：事业支出——设备购置费　　　　　　　　　　　　　　80 000
　　贷：其他应收款——政府采购款　　　　　　　　　　　　20 000
　　　　财政补助收入　　　　　　　　　　　　　　　　　　60 000

同时记：

借：固定资产　　　　　　　　　　　　　　　　　　　　　80 000
　　贷：固定基金　　　　　　　　　　　　　　　　　　　　80 000

2. 新建固定资产。新建完工的固定资产交付使用时，如果尚未办理移交手续即已投入使用的，先按暂估价入账，待办理移交手续后，根据建设单位确定的造价，调整其成本。

【例16-72】某事业单位基本建设拨款建造的办公楼完工交付使用，但尚未办理移交手续，暂估价 180 万元。

按暂估价入账：

借：固定资产　　　　　　　　　　　　　　　　　　　　1 800 000
　　贷：固定基金　　　　　　　　　　　　　　　　　　　1 800 000

【例16-73】该项工程在一个月后办理了移交手续，工程造价为 200 万元，工程款通过银行转账支付。

按实际造价与暂估价之间的差额，调整固定资产账面成本。

借：固定资产　　　　　　　　　　　　　　　　　　　　200 000
　　贷：固定基金　　　　　　　　　　　　　　　　　　　200 000

按支付价款列支：

借：事业支出——办公楼　　　　　　　　　　　　　　　2 000 000
　　贷：银行存款　　　　　　　　　　　　　　　　　　2 000 000

3. 改建、扩建固定资产。改建、扩建过程中的变价收入作为修购基金，借记"银行存款"、"现金"账户，贷记"专用基金——修购基金"账户。改建、扩建的支出，按不同的资金来源，借记有关支出账户，贷记"银行存款"账户。改建、扩建后，应按净增加值调整固定资产价值，借记"固定资产"账户，贷记"固定基金"账户。

【例16-74】某事业单位改造其供暖设备，处理拆除下来的配件取得的变价收入款 1 000 元，存入银行。改建工程，以事业经费支付工程建造款 50 000 元。

取得拆除设备变价款时：

借：银行存款　　　　　　　　　　　　　　　　　　　　1 000
　　贷：专用基金——修购基金　　　　　　　　　　　　　1 000

支付工程款时：

借：事业支出——改扩建工程　　　　　　　　　　　　　50 000
　　贷：银行存款　　　　　　　　　　　　　　　　　　　50 000

借：固定资产　　　　　　　　　　　　　　　　　　　　49 000
　　贷：固定基金　　　　　　　　　　　　　　　　　　　49 000

4. 无偿调入、接受捐赠的固定资产。事业单位无偿调入、接受捐赠而增加的固定资产一般均根据捐赠者提供的有关单据或按同类固定资产的市场价格直接登记固定资产价值的增加，借记"固定资产"账户，贷记"固定基金"账户。对于调入、接受捐赠过程所发生的运杂费等相关费用的，应借记相关支出账户，贷记"银行存款"账户，同时将其相关费用计入固定资产的价值。

【例16-75】某事业单位接受 M 公司捐赠设备一台，该类设备的市场价格为 100 000 元，该设备投入使用时，单位支付安装等费用 1 000 元。

```
借：事业支出——捐赠资产                    1 000
    贷：银行存款                              1 000
借：固定资产——捐赠资产                  101 000
    贷：固定基金                            101 000
```

假如该台设备在接受捐赠过程中没有发生其他费用，则直接按照其市场价格：

```
借：固定资产——捐赠资产                  100 000
    贷：固定基金                            100 000
```

5．融资租赁方式租入的固定资产。融资租入固定资产时，借记"固定资产——融资租入"账户，贷记"其他应付款——租赁费"账户；支付租金时，按不同资金来源，借记有关支出类账户，贷记"固定基金"账户；同时，借记"其他应付款——租赁费"账户，贷记"银行存款"账户。

【例16-76】某事业单位以融资租赁方式租入设备一台，按租赁协议规定，设备的价格为 360 000 元，运输费，途中保险费和安装调试费共计 10 000 元，安装调试费由承租方支付。每年事业单位在修购基金里支付租金 60 000 元，分 6 年付清，当付清最后一笔租金后，事业单位可以 2000 元购买该设备的所有权。

```
租入时：
借：固定资产——融资租入固定资产          360 000
    贷：其他应付款——应付租赁费            360 000
支付安装调试等相关费用时：
借：事业支出——融资租入固定资产           10 000
    贷：银行存款                            10 000
借：固定资产                              10 000
    贷：固定基金                            10 000
用专用基金支付租赁费 60 000 元时：
借：专用基金——修购基金                   60 000
    贷：固定基金                            60 000
借：其他应付款——应付租赁费               60 000
    贷：银行存款                            60 000
购买设备所有权时：
借：事业支出——融资租入固定资产            2 000
    贷：银行存款                             2 000
借：固定资产                               2 000
```

贷：固定基金	2 000

固定资产类别转换：

借：固定资产——专用设备	372 000
贷：固定资产——融资租入固定资产	372 000

6. 盘盈的固定资产。事业单位在财产清查时，发现有账外固定资产，必须按照固定资产同类商品市场价格（重置完全价值）确认固定资产的增加，同时增加固定资产的资金占用。

【例16-77】某事业单位盘盈设备一台，其重置价值为5 000元。

借：固定资产	5 000
贷：固定基金	5 000

（二）事业单位固定资产减少的核算

1. 固定资产报废、毁损的核算。固定资产报废是指固定资产在长期使用中发生的有形磨损，并达到规定的使用年限，不能修复继续使用；或者由于技术进步形成的无形损耗，使得必须用新的、更先进的固定资产予以替换等原因造成的对原有固定资产按照有关规定进行产权注销的行为。固定资产毁损是指由于意外事故或管理不善而造成的固定资产提前清理。两者核算基本相同，只是毁损的固定资产有可能获得保险公司或责任人的赔偿。

固定资产报废、毁损，应按照固定资产账面成本注销固定资产，借记"固定基金"账户，贷记"固定资产"账户；报废、毁损过程发生的清理费用，在支付时借记"专用基金——修购基金"账户，贷记"银行存款"或者"现金"账户；取得的残值收入，应于收款时，借记"现金"或者"银行存款"账户，贷记"专用基金——修购基金"账户；毁损固定资产取得的赔偿，应借记"其他应收款"账户，贷记"专用基金——修购基金"账户。

【例16-78】某事业单位报废旧设备一台，原账面价值为50 000元。收回残值收入3 000元存入银行，以现金支付清理费400元。

（1）报废时：

借：固定基金	50 000
贷：固定资产	50 000

（2）收到残值收入：

借：银行存款	3 000
贷：专用基金——修购基金	3 000

（3）支付清理费：

借：专用基金——修购基金	400
贷：现金	400

【例16-79】某事业单位一台专用设备由于水灾发生毁损，其账面价值100 000元，该台专用设备已经投保，按照保险合同约定，可以获得资产价值的50%的赔偿。

（1）发生毁损时：

借：固定基金	100 000
贷：固定资产	100 000

（2）获得的赔偿：

借：其他应收款　　　　　　　　　　　　　　　　　　50 000
　　贷：专用基金——修购基金　　　　　　　　　　　　　　50 000

2．固定资产的出售。事业单位占有或者曾使用的闲置的或者不适用的固定资产可以对外出售，也称为有偿转让。转让固定资产时，按实际收到的价款，借记"银行存款"账户，贷记"专用基金——修购基金"账户；同时，按照固定资产的账面价值，借记"固定基金"账户，贷记"固定资产"账户，注销该项固定资产。

【例16-80】某事业单位将一台不需用设备出售，收到款项 60 000 元，该设备的原值是 65 000 元。

借：银行存款　　　　　　　　　　　　　　　　　　60 000
　　贷：专用基金——修购基金　　　　　　　　　　　　　60 000

同时记：

借：固定基金　　　　　　　　　　　　　　　　　　65 000
　　贷：固定资产　　　　　　　　　　　　　　　　　　65 000

3．固定资产盘亏的核算。事业单位在财产清查时，发现固定资产的实存数小于其账面记录，必须按照固定资产的账面价值确认固定资产的减少，同时减少固定资产的资金占用。

【例16-81】某事业单位盘亏固定资产一项，账面原值为 200 000 元，经批准将其注销。

借：固定基金　　　　　　　　　　　　　　　　　　200 000
　　贷：固定资产　　　　　　　　　　　　　　　　　　200 000

4．对外投资而转出的固定资产。

【例16-82】某事业单位对外投资转出固定资产一台，其账面原值 100 000 元，评估作价（协议价）120 000 元。

借：对外投资——其他投资　　　　　　　　　　　　120 000
　　贷：事业基金——投资基金　　　　　　　　　　　　120 000
借：固定基金　　　　　　　　　　　　　　　　　　100 000
　　贷：固定资产　　　　　　　　　　　　　　　　　　100 000

第八节　事业单位无形资产的核算

一、事业单位无形资产的概念和内容

无形资产是事业单位拥有的，没有物质实体，但在未来能给单位带来一定利益的经济资源，如专利权、非专利技术、土地使用权、商标权、版权等。

无形资产代表会计主体拥有一种特殊权利或获得超额利润的能力。无形资产的特点一般包括：① 不存在实物形态；② 在较长的时期内，能为事业单位带来经济利益；③ 它所

能提供的未来经济利益具有不确定性。

1．专利权。专利权是指政府对发明者在某一产品的造型、配方、结构、制造工艺或程序的发明创造上给予其制造、使用和出售等方面的专门权利。它给予持有者独家使用或控制某项发明的特殊权利。

专利权如果是外购的，其记账成本除买价外，还应包括有关部门收取的相关费用等。如果是自己创造发明的，从理论上讲，它的成本应包括为创造该项专利的试验费用、申请专利登记费用以及聘请律师费用等。但是，单位创造发明某项专利时，往往不一定能够保证成功。为了稳妥起见，可作为技术研究费计入事业支出。待试制成功申请专利权时，再将所发生的费用转作无形资产成本入账。

2．非专利技术。非专利技术是指公众不知道的，在经济活动实践中已采用的，不享有法律保护的各种技术知识和经验。它包括设计、计算、建筑技术，各种设施和制成品的准备与科学研究，有经验的技术人员所利用的方法、方式和技能，制造过程的制定和实施，原材料、物质、合金等的结构和制造方法、医疗方法、矿藏的勘探和开采方法，以及行政、经济、财政和其他制度的知识和经验。非专利技术可以用蓝图、配方、技术记录、操作方法的说明等具体资料表现出来，也可以通过向买方派出技术人员进行指导，或接受买方人员实习技术的手段来实现。

非专利技术的特点体现在：①经济性，即在生产使用中，能提高经济能力和生产水平，可带来效益；②机密性，即非专用技术是拥有者通过长期的研究掌握的，不愿公开的方法、专长和经验，一经公开，将失去其价值；③动态性，即非专利技术是技术人员经过长期的经验积累而形成的，而且是不断发展的。

如果非专利技术是从外部购入的，应将实际发生的一切支出作为无形资产入账。如果非专利技术是自己开发研究的。其所发生的研究开发费先作为有关支出入账，待开发成功后，再将其支出转入无形资产。

3．土地使用权。土地使用权是土地使用者对依法取得的土地在一定期间内的拥有进行利用、开发和经营等活动的权利。根据《中华人民共和国土地管理法》的规定，中华人民共和国实行土地公有制，任何单位和个人不得侵占、买卖或者以其他形式非法转让土地。国有土地可以依法确定给单位和个人使用，土地使用权可以依法转让。土地使用权具有三个特点：①相对独立性；②使用内容的充分性；③是一种物权，即有对物的请求权。

4．著作权和版权。对于公开发行出版的著作或美术作品，国家都以法律形式规定著作人或创造人及出版商制作及发行的专有权利。著作权和版权的成本是创作成本及申请费用，购买的著作权成本是全部购价。

5．商标权。商标是用来辨认特定的商品或劳务的标记。商标权是指专门在某类指定的商品或产品上使用特定的名称或图案的权利。商标经过注册登记后，就获得了法律上的保障。

单位自创商标并将其注册登记，所花费用一般不大。另外，好的商标常常是单位多年的广告宣传和其他传播商标名称的手段以及客户的信赖而树立起来的。这些费用一般作为有关支出入账，不作为无形资产入账。购买他人商标，一次性支出费用较大的，应作为无形资产入账。此时无形资产成本应包括购入商标的买价、支付的手续费以及其他因受让商标而发生的费用等入账。

二、事业单位无形资产的核算

为了正确地反映事业单位无形资产的形成、摊销及转让等情况，需设置"无形资产"账户。该账户借方登记取得无形资产所付的代价；贷方登记无形资产的摊销和转出成本；余额在借方，反映事业单位拥有的无形资产净额（摊余价值）。

事业单位购入或自行开发并按法律程序申请取得无形资产应按实际支出数，借记"无形资产"账户，贷记"银行存款"账户。

各种无形资产应合理摊销。不实行内部成本核算的事业单位，其购入和自行开发的无形资产摊销时，应一次记入"事业支出"账户，借记"事业支出"账户，贷记"无形资产"账户。对于实行内部成本核算的事业单位，其无形资产应在受益期内分期摊销。推销时，借记"经营支出"账户，贷记"无形资产"账户。

单位向外转让已入账的无形资产的所有权，其转让收入，借记"银行存款"账户，贷记"事业收入"或"经营收入"账户；结转转让无形资产的成本，借记"事业支出——其他费用"或"经营支出——其他费用"账户，贷记"无形资产"账户。

对外投资转出无形资产时，按协议价，借记"对外投资"账户，贷记"无形资产"账户，按二者的差额借记或贷记"事业基金——投资基金"账户；同时，按无形资产账面价值，借记"事业基金——一般基金"账户，贷记"事业基金——投资基金"账户。

【例16-83】某事业单位从技术市场购入一项专利技术，支付价款80 000元，以银行存款支付。

借：无形资产——专利权	80 000
贷：银行存款	80 000

【例16-84】某科研单位自行开发一项技术，并投入使用，其开发成本200 000元，申请注册登记费10 000元。

借：无形资产——专利	210 000
贷：银行存款	210 000

【例16-85】某科研单位将已入账的专利权转让所有权给某公司，无形资产账面值100 000元，转让获得价款120 000元，款项已存入银行。

借：银行存款	120 000
贷：事业收入（经营收入）	120 000
借：事业支出——其他费用（经营支出——其他费用）	100 000
贷：无形资产	100 000

【例16-86】某科研单位对外投资转出已入账专有技术和土地使用权各一项。专有技术和土地使用权的账面价值分别为100 000元和1 000 000元，其协议价分别为150 000元和1 200 000元。

借：对外投资——其他投资	1 350 000
贷：无形资产	1 100 000

	事业基金——投资基金		250 000
借：	事业基金——一般基金	1 100 000	
	贷：事业基金——投资基金		1 100 000

【例16-87】某事业单位将原国家划拨的土地以土地使用权的形式有偿转让给其他单位，取得转让收入 200 万元。同时，事业单位要补缴出让金 80 万元，上缴土地收益金 50 万元。

借：	无形资产	800 000	
	贷：银行存款		800 000
借：	银行存款	2 000 000	
	贷：无形资产——土地使用权		800 000
	其他应付款		500 000
	其他收入		700 000

【例16-88】某不实行内部成本核算的事业单位摊销其无形资产 200 000 元时，一次性记入"事业支出"账户。

| 借： | 事业支出——无形资产摊销 | 200 000 | |
| | 贷：无形资产 | | 200 000 |

【例16-89】某实行内部成本核算的事业单位，本月按无形资产规定使用期限摊销无形资产价值 6 000 元。

| 借： | 经营支出——无形资产摊销 | 6 000 | |
| | 贷：无形资产 | | 6 000 |

【例16-90】某事业单位转让无形资产的使用权（不结转无形资产成本）获得转让收入 80000 元。

| 借： | 银行存款 | 80 000 | |
| | 贷：其他收入——租金收入 | | 80 000 |

第十七章　事业单位负债的核算

　　负债是指事业单位所承担的、能以货币计量、需要以资产或劳务偿付的债务。事业单位的负债包括借入款项、应付账款、应付票据、预收账款、其他应付款、各种应缴款项等。

　　事业单位与企业单位的不同之处在于事业单位的资金大部分是国家预算拨款资金，负债资金占极小的部分；而企业则不同，负债比例比事业单位要大得多。尽管如此，事业单位同样不能忽视负债的核算和管理。

　　事业单位的负债均以实际发生数计价入账。对已经发生而价款尚需确定的负债应当以合理预计价格入账，待实际价款确定后再按实际成本进行调整。

　　事业单位负债的管理要求：一是要严格控制负债规模；二是要及时清理债权债务，按规定办理有关结算，保证在规定的期限内及时进行偿还、缴纳和结算，不得长期挂账。

　　事业单位负债的分类与科目设置如表 17-1 所示。

表 17-1　　　　　　　　事业单位负债分类与会计科目设置的对应关系

负债分类	科目设置
借入款	借入款项
应付及预收账款	应付账款、应付票据、其他应付款、预收账款
应缴款项	应缴预算款、应缴财政专户款、应交税金

第一节　事业单位借入款项的核算

一、事业单位借入款的概念和内容

　　事业单位的借入款项是指事业单位从财政部门、上级主管部门、金融机构及其他单位借入的有偿使用的各种款项。

　　事业单位借入款项的内容主要包括：

　　（1）从财政部门借入的利息较低的事业周转金。事业单位向财政部门借入的款项主要是指向财政部门借入的事业周转金，它是财政有偿分配资金的一种形式。事业单位会计的这种借入款对应着财政总预算会计的财政周转金放款。借款到期后 1 个月内应将借款本金及使用费归还，逾期按不超过使用费的 10 倍计收逾期占用费，并从财政拨款中扣回。

（2）从金融机构、信用社借入的款项。事业单位向金融机构借入的款项指事业单位向各商业银行以及其他非银行金融机构借入的款项。借款应经主管部门或财政部门批准，填写借款合同书，详细说明借款原因、借款数额、借款用途、借款时间、还款时间以及保证条件等。事业单位应按规定的用途使用借款并按期还本付息。

（3）根据协议、合同向外单位借入的款项。事业单位向其他有关单位借入的款项指事业单位在某些情况下向上级单位或其他单位临时拆借的资金。

事业单位无论从哪些渠道借入的项款，无论用于哪些方面，均应构成负债，属于有偿使用，需按规定支付利息，到期归还本金。

事业单位借入款项之前，必须要有书面报告，说明资金借入的渠道、额度、期限、利率、担保方式，经批准后办理借款手续。

事业单位对借入资金要加强管理，实行资金有偿使用，提高资金使用效率。事业单位在借入资金到期时，应积极组织资金，及时偿还本金和利息。

二、事业单位借入款的核算

为了核算和监督事业单位各项借入资金的增减变动及其结存情况，需设置"借入款项"账户。该账户贷方登记事业单位借入款的本金；借方登记偿还借入款的本金；余额在贷方，反映尚未偿还的借入款的本金。该账户应按债权人设置明细账进行明细分类核算。

事业单位从财政部门、上级主管部门、金融机构及其他单位借入款时，借记"银行存款"账户，贷记"借入款项"账户。

事业单位的借款利息应记入哪个支出账户取决于借款的用途，如果是用于事业单位开展各项专业活动及其辅助活动的借款，其利息应记入"事业支出"账户；若用于事业单位在专业活动及辅助活动之外的非独立核算经营活动，其利息应记入"经营支出"账户；对购建固定资产所发生的借款利息，在固定资产尚未办理竣工手续之前所发生的，应记入固定资产的价值，竣工决算之后所发生的借款利息，记入"事业支出"账户。由于事业单位一般采用收付实现制进行核算，通常在支付利息时直接列支。分期支付借入款的利息时，借记"事业支出"、"经营支出"等账户，贷记"银行存款"账户。

到期归还借入款时，借记"借入款项"账户，贷记"银行存款"账户。

如果事业单位的借款是用于产品生产或非独立核算的经营活动，借款利息应按期支付并到期随本付清。事业单位为正确进行收入与支出的配比，也可以比照企业采用权责发生制的方法核算，如采用预提费用的办法进行核算。

【例17-1】某事业单位向上级主管部门申请借入有偿使用款项 200 000 元，并存入银行。

借：银行存款　　　　　　　　　　　　　　　　　　　　　　200 000

　　贷：借入款项——上级主管部门　　　　　　　　　　　　　200 000

【例17-2】某事业单位从财政部门借入有偿使用款项 1 000 000 元存入银行。

借：银行存款　　　　　　　　　　　　　　　　　　　　　1 000 000

　　贷：借入款项——财政部门　　　　　　　　　　　　　　1 000 000

【例17-3】某事业单位从 A 银行借入款项 500 000 元。

借：银行存款   500 000

  贷：借入款项——A 银行   500 000

【例17-4】某事业单位按规定计算并支付事业借入款的利息费用 6 000 元，经营借入款的利息支出 8 000 元。

借：事业支出   6 000

  经营支出   8 000

  贷：银行存款   14 000

【例17-5】某事业单位到期归还向上级主管部门借入款项的本金 200 000 元，向财政部门借入款项的本金 1 000 000 元，向 A 银行借入款项的本金 500 000 元。

借：借入款项——上级主管部门   200 000

     ——财政部门   1 000 000

     ——A 银行   500 000

  贷：银行存款   1 700 000

第二节　事业单位应付及预收款项的核算

应付及预收款项是事业单位流动负债的主要内容，包括应付票据、应付账款、预收账款及其他应付款等。

一、事业单位应付票据的核算

（一）事业单位应付票据的概念

应付票据是由出票人出票，由承兑人允诺在一定时期内支付一定款项的书面证明。应付票据分带息和不带息两种。由于应付票据期限较短，按规定商业汇票的承兑期限最长不得超过 6 个月，因此，票据无论是否带息，一般按面值记账。

在我国，应付票据是在商品购销活动中，由于采用商业汇票结算方式而发生的，由收款人（或承兑申请人）签发，承兑人承兑的票据。商业汇票按承兑人不同分为银行承兑汇票和商业承兑汇票。对于卖方当事人来说，在采用商业承兑汇票的情况下，承兑人应为付款人，承兑人对这项债务在一定时期内支付的承诺，作为单位的一项负债；在采用银行承兑汇票的情况下，承兑人虽为银行，但由于银行承兑的票据，只是为收款方按期收回债权提供了可靠的信用保证，对付款人或承兑申请人来说，不会由于银行承兑而使这项负债消失。因此，即使是由银行承兑的汇票，付款人（承兑申请人）的现存义务依然存在，应将其作为一项负债。按国家的有关规定，单位之间只有在商品交易的情况下，才能使用商业汇票的结算方式。在商业汇票尚未到期前，视为一笔负债，期末反映在资产负债表的应付票据项目内。

（二）事业单位应付票据的核算

为了核算事业单位在商品购销业务中所发生的商业汇票的开出、支付等情况，需设置"应付票据"账户。该账户贷方反映事业单位因购销活动采用商业汇票结算方式而开出的应付票据额；借方反映到期偿还或转入"应付账款"账户的应付票据额；余额在贷方，表示事业单位开出的尚未到期的商业票据额。无论是有息票据，还是无息票据，"应付票据"账户只反映其面值。应付票据应按债权单位设置明细账。

事业单位应设置"应付票据备查簿"，详细登记每一应付票据的种类、号数、签发日期、到期日、票面金额、收款人的姓名或单位的名称，以及付款日期和金额等详细资料，应付票据到期付清时，应在备查簿中逐笔注销。

1. 应付票据增加的核算。事业单位发生商品购销活动中，采用商业汇票结算开出商业承兑或银行承兑汇票时，借记"材料"、"应付账款"等账户，贷记"应付票据"账户；事业单位采用银行承兑汇票，还需支付银行承兑汇票手续费。支付手续费时，借记"经营支出"、"事业支出"等有关支出或费用账户，贷记"银行存款"账户。

【例17-6】某实行内部成本核算的事业单位采用银行承兑汇票向甲公司购入材料一批，取得的增值税专用发票上注明：货款 100 000 元，增值税 17 000 元，支付银行手续费 500 元，票据期限 3 个月。

支付承兑手续费时：

借：经营支出——银行手续费   500
    贷：银行存款   500
借：材料   100 000
    应交税金——应交增值税（进项税额）   17 000
    贷：应付票据   117 000

【例17-7】某小规模纳税人事业单位（非成本核算单位）采用商业承兑汇票购入一批材料，其含税货款 300 000 元，票据期限 6 个月。

借：材料   300 000
    贷：应付票据   300 000

2. 票据到期支付票据款的核算。事业单位收到银行支付本息通知时，按本金借记"应付票据"账户，按应付利息借记"经营支出"或"事业支出"等相关支出或费用账户，按应付本金和利息贷记"银行存款"账户。事业单位到期无款支付商业承兑汇票时，借记"应付票据"账户，贷记"应付账款"账户。事业单位到期无款支付银行承兑汇票时，借记"应付票据"账户，贷记"借入款项"账户。

【例17-8】按例〖例17-6〗，假定该票据为带息的票据，票面利率为10%。承兑期满时，应作如下核算：

利息=117 000×10%×3÷12=2 925（元）

借：应付票据   117 000
    经营支出   2 925
    贷：银行存款   119 925

假设该票据为不带息票据，到期以银行存款支付票款。

借：应付票据   117 000

  贷：银行存款   117 000

假设该票据到期时，事业单位暂无款支付，与银行协商后，同意在近期付款，将其转入"借入款项"账户。

借：应付票据   117 000

  贷：借入款项   117 000

【例17-9】按例〖例17-7〗，假设该票据到期时，事业单位暂无款支付，与对方协商后，同意在近期付款，将其转入"应付账款"账户。

借：应付票据   300 000

  贷：应付账款   300 000

二、事业单位应付账款的核算

（一）应付账款的概念

应付账款是指事业单位因购买材料、物资或接受劳务供应等而发生的应付给供应单位的款项。这是买卖双方在购销活动中由于取得物资与支付货款在时间上不一致而产生的负债。

应付账款与应付票据不同，两者虽然都是由于交易而引起的负债，都属于流动负债的性质，但应付账款是尚未结清的债务，而应付票据是延期付款的证明，有承诺付款的票据为依据。

应付账款入账时间的确定，应以货物所有权的转移为标志。但在实际工作中，应区别情况处理：在货物和发票账单同时到达的情况下，一般待货物验收入库后，才按发票账单登记应付账款；在货物和发票账单不是同时到达的情况下，如果在月终发票仍未到达，可按合同价将所购货物应付款估计入账。

（二）应付账款的核算

为了核算和监督事业单位因购买材料、物资或接受劳务供应而付给供应单位的款项的发生、偿还和结存情况，需设置"应付账款"账户。该账户贷方反映事业单位因购买材料、物资或接受劳务而应付给供应单位的款项，以及单位无款支付到期应付票据而转入的票款额；借方反映偿还应付账款的款额；余额在贷方，表示单位应付而未付的购货款。

当事业单位未单独设置"预付账款"账户时，"应付账款"账户借方还反映预付给供应单位的购货款额，贷方反映收到材料时抵减的预付账款金额。在这种情况下，"应付账款"账户的余额可能在借方，也可能在贷方。余额在借方，表示预付账款大于应付账款的差额；余额在贷方，表示预付账款小于应付账款的差额。该账户应按供应单位设置明细账进行明细分类核算。

应付账款一般应按应付金额入账，而不按到期应付金额的现值入账。如果购入的资产在形成一笔应付账款时，是带有折扣的，应付账款的入账金额的确定可以有两种方法：

（1）按发票上记载的应付金额的总额记账。如果在折扣期内支付了货款，获得的现金折扣作为购入资产成本的减少，或冲减有关利息费用（总价法）。

【例17-10】某小规模纳税人事业单位购入材料一批，其含税货款58 500元，付款条件为"2/10，N/30"，货已验收入库。

①实现购买时，按照发票上记载的全部金额记账：

借：材料　　　　　　　　　　　　　　　　　　　　　　　　58 500
　　贷：应付账款　　　　　　　　　　　　　　　　　　　　　　58 500

②如果在折扣期（10天）内支付货款：

借：应付账款　　　　　　　　　　　　　　　　　　　　　　58 500
　　贷：银行存款　　　　　　　　　　　　　　　　　　　　　　57 500
　　　　经营支出（事业支出）　　　　　　　　　　　　　　　　 1 000

③如果超过折扣期（10天以后）支付货款：

借：应付账款　　　　　　　　　　　　　　　　　　　　　　58 500
　　贷：银行存款　　　　　　　　　　　　　　　　　　　　　　58 500

【例17-11】某一般纳税人事业单位购入一批材料，增值税专用发票上注明：货款80 000元，增值税13 600元，付款条件为"2/20，N/30"。材料已验收入库。

①实现购买时，按照发票上记载的全部金额（货税款）记账：

借：材料　　　　　　　　　　　　　　　　　　　　　　　　80 000
　　应交税金——应交增值税（进项税额）　　　　　　　　　　13 600
　　贷：应付账款　　　　　　　　　　　　　　　　　　　　　　93 600

②如果在折扣期（20天）内支付货款：

借：应付账款　　　　　　　　　　　　　　　　　　　　　　93 600
　　贷：银行存款　　　　　　　　　　　　　　　　　　　　　　92 000
　　　　经营支出（或事业支出）　　　　　　　　　　　　　　　 1 600

注意：现金折扣与应交的增值税额无关，应以相关货款作为折扣的计算基数。

③如果超过折扣期支付货款：

借：应付账款　　　　　　　　　　　　　　　　　　　　　　93 600
　　贷：银行存款　　　　　　　　　　　　　　　　　　　　　　93 600

（2）按发票上记载的全部应付金额扣除最大现金折扣后的净额入账。如果在折扣期以外支付货款，应将丧失的折扣作为增加购入资产的成本或增加有关利息支出处理（净价法）。

【例17-12】仍用〖例17-10〗的资料说明其会计处理。

①实现购买时，按扣除现金折扣后的净额入账：

借：材料　　　　　　　　　　　　　　　　　　　　　　　　57 500
　　贷：应付账款　　　　　　　　　　　　　　　　　　　　　　57 500

②如果在折扣期内付款：

借：应付账款　　　　　　　　　　　　　　　　　　　　　　57 500
　　贷：银行存款　　　　　　　　　　　　　　　　　　　　　　57 500

③如果超过折扣期付款：

借：应付账款	57 500	
经营支出（事业支出）	1 000	
贷：银行存款		58 500

在目前，我国通行的做法是对存在现金折扣条件下应付账款的会计处理按总价法即第一种方法核算。

对于由于某种原因，货物已运达单位并验收入库，但是直到期末发票账单也未收到的情况，应分别材料、商品账户抄列清单，并按暂估价入账，借记"材料"等账户，贷记"应付账款——暂估应付账款"账户；下个月初用红字作同样的记录，予以冲回，待发票等结算凭证到达时，单位再按正常采购业务进行核算。

【例17-13】某事业单位，月底购入一批材料，材料已到达单位并验收入库。该月末有关结算凭证尚未送达单位。为了真实反映当月资产的价值，先按合同价暂估材料价值50 000元。

月末暂估价入账，会计分录为：

借：材料	50 000	
贷：应付账款——暂估价		50 000

下月初用红字冲回，编制一张红字凭证调整账面：

借：材料	50 000	
贷：应付账款——暂估价		50 000

上月购入的该批材料相关原始凭证送达单位，按增值税专用发票确定该批材料价款为50 000元，增值税税额为8 500元，以银行存款支出。

借：材料	50 000	
应交税金——应交增值税（进项税额）	8 500	
贷：银行存款		58 500

此外，事业单位接受其他单位提供劳务而发生的应付未付款项，应根据供应单位提供的发票账单，借记"有关支出成本类账户"，贷记"应付账款"账户。单位开出、承兑商业汇票抵冲应付账款时，借记"应付账款"账户，贷记"应付票据"账户；当事业单位未单独设置"预付账款"账户，而在购买环节发生预付业务时，应借记"应付账款"账户，贷记"现金"或"银行存款"账户。

【例17-14】某事业单位预付一笔货款10 000元给供货单位，该单位未单独设"预付账款"账户。

借：应付账款——××供应单位	10 000	
贷：银行存款		10 000

三、事业单位预收账款的核算

（一）事业单位预收账款的概述

预收账款是买卖双方协议商定，由购货方预先支付一部分货款给供应方而使供货方发生的一项负债。这对销货方来说是负债，销货方在未来需用商品或劳务偿付；对购货方来说是债权。

对于这项预收账款负债，在会计上有两种可行的核算方法：

一种方法是对发生的预收货款单独设立"预收账款"账户核算，待用产品或劳务偿付了此项负债后再进行结算。这种核算方法能完整地反映该项负债的发生及偿付情况，并便于填列会计报表。

另一种方法是将预收货款直接作为应收账款的减项，反映在"应收账款"账户的贷方，待发出商品时，再在"应收账款"账户借方核算。这种方法能在"应收账款"账户中完整地反映与购货方结算的情况。但在填列会计报表时，需根据"应收账款"账户的明细科目进行分析填列。

（二）事业单位预收账款的账务处理

事业单位按照合同向购货方预收的货款设置"预收账款"账户核算，该账户贷方反映预收的货款和补收的货款；借方反映销售实现或劳务兑现预收账款的转销数及多收货款的退回数，其余额在贷方，反映尚未结清的预收账款。该账户一般按购货单位设置明细账。

事业单位发生预收账款时，借记"银行存款"或"现金"账户，贷记"预收账款"账户；货物销售实现（劳务兑现）时，借记"预收账款"账户，贷记"经营收入"等账户。退回多收的款项时，借记"预收账款"账户，贷记"银行存款"、"现金"账户。补收货款时，借记"银行存款"或"现金"账户，贷记"预收账款"账户。

【例17-15】某科研单位预收 M 公司的货款 10 000 元，存入银行。

借：银行存款　　　　　　　　　　　　　　　　　　　　　　10 000
　　贷：预收账款（应收账款）　　　　　　　　　　　　　　　　　10 000

【例17-16】该科研单位按合同规定销售货物一批给 M 公司，含税价 80 000 元。

借：预收账款　　　　　　　　　　　　　　　　　　　　　　80 000
　　贷：经营收入　　　　　　　　　　　　　　　　　　　　　　80 000

【例17-17】该科研单位 10 天后收到 M 公司补付的货款 70 000 元，存入银行。

借：银行存款　　　　　　　　　　　　　　　　　　　　　　70 000
　　贷：预收账款（应收账款）　　　　　　　　　　　　　　　　　70 000

四、事业单位其他应付款的核算

（一）其他应付款的核算内容

其他应付款是指事业单位除了上述应付票据、应付账款、预收账款以外发生的一些其他应付、暂收其他单位和个人的款项，如应付租入固定资产和包装物的租金、存入的保证金、应付统筹退休金、个人交存的住房公积金等。这些暂收、应付款，构成了事业单位的另一项负债。

（二）其他应付款的账务处理

为了总括地反映事业单位其他应付、暂收款的收支情况，需设置"其他应付款"账户。该账户贷方记录应付、暂收其他单位或个人的款项；借方记录偿还给其他单位或个人的款项；余额在贷方，表示尚未偿还的应付、暂收款。该账户应按应付、暂收款项的单位、个人设置明细账进行明细分类核算。

与企业不同，事业单位应付租入固定资产的租金包括经营性租赁方式和融资租赁方式租入固定资产所应付的租金，因为事业单位会计制度未设"长期应付款"账户。事业单位发生的应付经营性租入固定资产的租赁费时，借记"事业支出"或"经营支出"或"专用基金"账户，贷记"其他应付款"账户。实际支付租赁费时，借记"其他应付款"账户，贷记"银行存款"账户。事业单位采用融资租赁方式租入固定资产，按租赁协议确定的设备价款、运费、安装调试费借记"固定资产"账户，贷记"其他应付款"账户。实际支付时，借记"其他应付款"账户，贷记"银行存款"账户；同时，借记"事业支出"或"经营支出"或"专用基金"账户，贷记"固定基金"账户。

实行退休金统筹办法的单位，按期提取的统筹退休金，借记"事业支出"或"经营支出"账户，贷记"其他应付款"账户。收取包装物押金时，借记"银行存款"账户，贷记"其他应付款"账户。收取职工个人交存的住房公积金时，借记"银行存款"账户，贷记"其他应付款"账户。

【例17-18】某事业单位采用经营性租赁方式租入 A 企业设备，发生应付租赁费 3 000 元。

借：经营支出——设备租赁   3 000
    贷：其他应付款   3 000

【例17-19】某事业单位采用融资租赁方式租入设备一台，按租赁协议确定的设备价款、运杂费及安装调试费共计 200 000 元。

借：固定资产——融资租入   200 000
    贷：其他应付款——应付租赁费   200 000

【例17-20】某事业单位以经营支出 50 000 元，支付部分融资租入固定资产的租赁费。

借：经营支出——设备租赁费（事业支出或专用基金）   50 000
    贷：固定基金   50 000
借：其他应付款——应付租赁费   50 000
    贷：银行存款   50 000

【例17-21】某事业单位在工资里抵扣了职工住房公积金 20 000 元。

借：事业支出——基本工资   20 000
    贷：其他应付款——应付住房公积金   20 000

【例17-22】某事业单位按规定提取职工应付统筹退休金 50 000 元。

借：事业支出——统筹退休金   50 000
    贷：其他应付款——应付统筹退休金   50 000

事业单位上缴、支付或返还各种其他应付款时：

借：其他应付款——应付统筹退休金　　　　　　　　　　　50 000
　　贷：银行存款　　　　　　　　　　　　　　　　　　　　　　50 000

第三节　事业单位应缴款项的核算

应缴款项是指事业单位按照国家法律、法规的规定应该缴入政府预算或财政资金专户的各种款项。包括应缴预算款、应缴财政专户款和应交税金。

一、事业单位应缴预算款的核算

（一）事业单位应缴预算收入概述

应缴预算收入是指事业单位依法组织或者代收的，按规定应当上缴国家预算的收入。它主要包括事业单位代收的纳入预算管理的基金，行政性规费收入，罚没收入、无主财物变价收入，追回赃款、赃物变价收入和其他按预算管理规定应上缴预算的款项。

事业单位的应缴预算收入比行政单位要少得多。但各单位对应缴预算收入，应依法积极组织，并及时、足额上缴，不得挪用、截留或转作预算外资金。

（二）事业单位应缴预算收入的核算

为了核算和监督事业单位应缴预算收入的形成、上缴等情况，需设置"应缴预算款"账户。该账户贷方反映事业单位取得应缴入预算资金的各项收入；借方反映实际上缴应缴的预算收入；余额在贷方，反映期末应缴未缴的预算收入款。年终清算后，本账户应无余额。

事业单位取得应缴入预算资金的各项收入时，借记"银行存款"、"现金"等账户，贷记"应缴预算款"账户；实际上缴各项应缴预算收入时，借"应缴预算款"账户，贷记"银行存款"账户。

【例17-23】某事业单位取得行政性收费收入 2 000 元存入银行。
借：银行存款　　　　　　　　　　　　　　　　　　　　2 000
　　贷：应缴预算款——行政性收费收入　　　　　　　　　　　2 000

【例17-24】某事业单位将无主的财物变卖，收入 800 元现金。
借：现金　　　　　　　　　　　　　　　　　　　　　　800
　　贷：应缴预算款——无主财物变价款　　　　　　　　　　　800

【例17-25】某事业单位上缴应缴预算款 8 000 元。
借：应缴预算款　　　　　　　　　　　　　　　　　　　8 000
　　贷：银行存款　　　　　　　　　　　　　　　　　　　　8 000

二、事业单位应缴财政专户款的核算

（一）事业单位应缴财政专户款的概述

应缴财政专户款是事业单位按规定代收的应上缴财政专户的预算外资金。应上缴财政专户的预算外资金的范围按财政部规定办理。事业单位收到应上缴财政专户款尚未上缴时，形成了一项负债。

按照《国务院关于加强预算外资金管理的决定》规定，国家机关、事业单位和社会团体为履行或代行政府职能，依据国家法律、法规和具有法律效力的规章而收取、提取和安排使用的未纳入国家预算管理的各种财政性资金，属于预算外资金。其范围主要包括以下五类：

1. 根据法律、法规和具有法律效力的规章收取、提取的行政事业性收费、基金和凭借政府权力筹集的资金。

2. 国务院或省级人民政府及其财政、计划（物价）部门共同审批的行政事业性收费收入。

3. 主管部门从所属单位集中的管理费及其他资金。

4. 用于乡（镇）政府开支的乡自筹资金和乡统筹资金。

5. 其他未纳入财政预算管理的财政性资金。

事业单位的预算外资金作为国家财政性资金，不是部门或单位的自有资金，必须纳入财政管理。财政部门要在银行开设统一的专户，用于预算外资金收入和支出的管理。部门和单位的预算外收入必须上缴同级财政专户，支出由同级财政按预算外资金收支计划和单位财务收支计划统筹安排，从财政专户中拨付，实行"收支两条线"管理。对其中少数费用开支有特殊需要的预算外资金，经财政部门核定收支计划后，可按可能的比例或按收支结余的款项定期纳入同级财政专户。因此，预算外资金日常的上缴方式有三种，即按全额上缴、按比例上缴和按预算外资金结余上缴。

（二）事业单位应缴财政专户款的账务处理

为了核算事业单位应上缴财政专户款的形成、解缴等情况，需设置"应缴财政专户款"账户。该账户贷方反映事业单位按规定代收的应上缴财政专户款；借方反映实际上缴的应上缴财政专户款；余额在贷方，表示事业单位应缴未缴的应上缴财政专户款。年终应全部上缴，上缴后，本账户无余额。本账户应按预算外资金的类别设置明细账。

事业单位预算外资金按规定上缴财政专户，由于上缴方式不同，其核算的过程和结果也会存在一定的差异。

1. 事业单位预算外资金实行全额上缴财政专户的方式。事业单位预算外资金实行全额上缴财政专户办法的，在日常收到预算外资金的各项收入时，借记"银行存款"或"现金"账户，贷记"应缴财政专户款"账户；在定期上缴财政专户时，借记"应缴财政专户款"账户，贷记"银行存款"账户；当收到财政拨给的返还款时，借记"银行存款"账户，贷记"事业收入——预算外资金收入"账户。

【例17-26】某事业单位预算外资金实行全额上缴的预算外资金核算方法，发生如下经济业务：

（1）本月2日，收到预算外资金收入现金380元；还收到支票一张，金额10 000元的预算外资金收入。

借：银行存款　　　　　　　　　　　　　　　　　　　　　　10 000
　　现金　　　　　　　　　　　　　　　　　　　　　　　　　380
　　　贷：应缴财政专户款　　　　　　　　　　　　　　　　　　　　10 380

（2）月末，本单位将本期汇集的预算外资金收入共计30 000元上缴财政专户。

借：应缴财政专户款　　　　　　　　　　　　　　　　　　30 000
　　　贷：银行存款　　　　　　　　　　　　　　　　　　　　　　　30 000

（3）收到财政专户核拨的预算外资金10 000元，其中，3 000元属于应返还所属单位的预算外资金。

借：银行存款　　　　　　　　　　　　　　　　　　　　　10 000
　　　贷：事业收入——预算外资金收入　　　　　　　　　　　　　　7 000
　　　　　其他应付款——所属单位　　　　　　　　　　　　　　　　3 000

2. 事业单位预算外资金实行按比例上缴财政专户的方式。事业单位经财政部门批准实行按比例上缴财政专户办法的，在取得预算外资金收入时，按财政部门核定的上缴比例，借记"现金"或"银行存款"账户，贷记"应缴财政专户款"账户；按财政部门核定的留用比例，借记"现金"或"银行存款"账户，贷记"事业收入——预算外资金收入"账户；定期上缴财政专户时，借记"应缴财政专户款"账户，贷记"银行存款"账户。

【例17-27】某事业单位预算外资金实行按比例上缴的预算外资金核算方法，限定比例为60%上缴，40%留用，发生如下经济业务：

（1）取得预算外资金收入20 000元，存入银行。

借：银行存款　　　　　　　　　　　　　　　　　　　　　20 000
　　　贷：事业收入——预算外资金收入　　　　　　　　　　　　　　8 000
　　　　　应缴财政专户款　　　　　　　　　　　　　　　　　　　12 000

（2）月末，本单位将本期汇集的预算外资金收入上缴财政专户。

借：应缴财政专户款　　　　　　　　　　　　　　　　　　12 000
　　　贷：银行存款　　　　　　　　　　　　　　　　　　　　　　　12 000

3. 事业单位预算外资金实行结余上缴财政专户的方式。事业单位经财政部门批准实行结余上缴财政专户方式的，在日常收到预算外资金的各项收入时，借记"银行存款"或"现金"账户，贷记"事业收入——预算外资金收入"账户；在日常使用预算外资金时，借记"事业支出——预算外支出"账户，贷记"现金"或"银行存款"账户；期末，将本期发生的预算外支出与预算外资金收入对冲，形成预算外资金收支结余。借记"事业收入——预算外资金收入"账户，贷记"事业支出——预算外支出"账户；将结余转入应缴财政专户时，借记"事业收入——预算外资金收入"账户，贷记"应缴财政专户款"账户；按规定上缴财政专户时，借记"应缴财政专户款"账户，贷记"银行存款"账户。

【例17-28】某事业单位预算外资金实行结余上缴的预算外资金核算方法，发生如下经济业务：

（1）该单位取得预算外资金收入40 000元，存入银行。

借：银行存款   40 000
    贷：事业收入——预算外资金收入   40 000

（2）该单位用预算外资金购入一般设备一台，价款1 000元，以存款支付。

借：事业支出——预算外支出——设备购置   1 000
    贷：银行存款   1 000

同时：

借：固定资产   1 000
    贷：固定基金   1 000

（3）期末，结算预算外资金结余：

借：事业收入——预算外资金收入   1 000
    贷：事业支出——预算外支出——设备购置   1 000

（4）将预算外资金结余转为应缴财政专户资金：

借：事业收入——预算外资金收入   39 000
    贷：应缴财政专户款   39 000

（5）将应缴财政专户款上缴财政专户：

借：应缴财政专户款   39 000
    贷：银行存款   39 000

三、事业单位应交税金的核算

（一）应交税金概述

应交税金是指事业单位在其经济活动中按照税法规定必须缴纳的各项税金。必须缴纳的税金，在尚未缴纳前形成事业单位的一项负债。事业单位的应交税金一般包括：应交增值税、应交营业税、应交城市维护建设税和教育费附加及应交所得税等。

（二）应交税金的核算

1. 应交增值税的核算。

（1）增值税纳税人的判定。增值税是以商品生产流通和提供劳务所产生的增值额为征税对象的一种流转税，增值税实行环环抵扣的原则，避免了重复征税，是国际上普遍采用的先进的税收制度。目前，我国税法根据国际上通行的做法，对增值税纳税人按不同标准进行分类管理。主要分一般纳税人和小规模纳税人两类，并实行不同的征收和管理方式。实行一般纳税人认定政策后，只有一般纳税人才能使用增值税专用发票，并实行进项抵扣制度。当企业销售金额达到规定标准后，税务机关就要求其申请认定为一般纳税人。

随着《中华人民共和国增值税暂行条例》（以下简称《新条例》）及《中华人民共和国

增值税暂行条例实施细则》（以下简称"新细则"）的修订，增值税一般纳税人（以下简称一般纳税人）的认定事项也相应发生了变化。国家税务总局发布的《关于增值税一般纳税人认定有关问题的通知》（国税函［2008］1079号）（以下简称"1079号文"），对2009年的一般纳税人的认定工作给出原则性规定。1079号文指出，新修订的《中华人民共和国增值税暂行条例实施细则》降低了小规模纳税人标准，并自2009年1月1日起实施。目前，国家税务总局正在制定增值税一般纳税人认定管理的具体办法，在新认定办法没有公布之前，2009年增值税一般纳税人的认定程序仍然按照现有规定执行。

一般纳税人和小规模纳税人的界定标准主要是依照年销售额的大小。依据新细则，其划分标准为：工业类纳税人，年应税销售额在50万元以下的；商业类纳税人，年应税销售额在80万元以下的，属于小规模纳税人。

依据新细则，增值税小规模纳税人标准和相关规定的调整主要包括两方面：一是将现行工业和商业小规模纳税人销售额标准分别从100万元和180万元降为50万元和80万元；二是将现行年应税销售额超过小规模纳税人标准的个人、非企业性单位、不经常发生应税行为的企业统一按小规模纳税人纳税的规定，调整为年应税销售超过小规模纳税人标准的其他个人（自然人）继续按小规模纳税人纳税，而非企业性单位和不经常发生应税行为的企业可以自行选择是否按小规模纳税人纳税。

一般纳税人是指年应征增值税销售额超新细则规定的小规模纳税人标准的企业和企业性单位。依据国家税务总局发布的1079号文件的规定，对2008年已经达到标准的企业，仍然按照原规定，在次年的2月份前进行申请认定。即使纳税人不申请认定，也要按一般纳税人的税率征收，而且不得抵扣进项税；对2009年达到新认定标准的，该文件中没有明确按照达到标准的月份认定，还是与原规定一致，在达到标准的次年认定。

一般纳税人销售货物或者提供应税劳务，应纳税额为当期销项税额抵扣当期进项税额后的余额，而小规模纳税人实行"销售额×征收率"的简易办法计算应纳税额，按新条例，小规模纳税人不再区分工业类和商业类，征收率统一降低为3%。

依据新新条例规定，企业购入货物或接受应税劳务支付的增值税（即进项税额），可以从销售货物或提供劳务按规定收取的增值税（即销项税额）中抵扣。按照新条例第八条规定：纳税人购进货物或者接受应税劳务（以下简称购进货物或者应税劳务）支付或者负担的增值税额，为进项税额。

下列进项税额准予从销项税额中抵扣：

（一）从销售方取得的增值税专用发票上注明的增值税额。

（二）从海关取得的海关进口增值税专用缴款书上注明的增值税额。

（三）购进农产品，除取得增值税专用发票或者海关进口增值税专用缴款书外，按照农产品收购发票或者销售发票上注明的农产品买价和13%的扣除率计算的进项税额。进项税额计算公式：

$$进项税额＝买价×扣除率$$

（四）购进或者销售货物以及在生产经营过程中支付运输费用的，按照运输费用结算单据上注明的运输费用金额和7%的扣除率计算的进项税额。进项税额计算公式：

$$进项税额＝运输费用金额×扣除率$$

准予抵扣的项目和扣除率的调整，由国务院决定。

按照新条例第九条规定：纳税人购进货物或者应税劳务，取得的增值税扣税凭证不符合法律、行政法规或者国务院税务主管部门有关规定的，其进项税额不得从销项税额中抵扣。

新条例第十条对进项税额不得从销项税额中抵扣的相关项目作出规定：

（一）用于非增值税应税项目、免征增值税项目、集体福利或者个人消费的购进货物或者应税劳务；

（二）非正常损失的购进货物及相关的应税劳务；

（三）非正常损失的在产品、产成品所耗用的购进货物或者应税劳务；

（四）国务院财政、税务主管部门规定的纳税人自用消费品；

（五）本条第（一）项至第（四）项规定的货物的运输费用和销售免税货物的运输费用。

新条例第十五条规定下列项目免征增值税：

（一）农业生产者销售的自产农产品；

（二）避孕药品和用具；

（三）古旧图书；

（四）直接用于科学研究、科学试验和教学的进口仪器、设备；

（五）外国政府、国际组织无偿援助的进口物资和设备；

（六）由残疾人的组织直接进口供残疾人专用的物品；

（七）销售的自己使用过的物品。

（2）科目及账户的设置。企业应缴的增值税，在"应交税金"账户下设置"应交增值税"明细账户进行核算。"应交增值税"明细账户的借方发生额，反映企业购进货物或接受应税劳务支付的进项税额、实际已缴纳的增值税；贷方发生额，反映销售货物或提供应税劳务应收取的销项税额、出口货物退税、转出已支付或应分担的增值税；期末借方余额，反映企业多缴或尚未抵扣的增值税；期末贷方余额，反映企业尚未缴纳的增值税。

"应交税金——应交增值税"账户分别设置"进项税额"、"已交税金"、"销项税额"、"出口退税"、"进项税额转出"等专栏。各专栏所反映的经济内容为：

"进项税额"专栏：记录企业购入货物或接受应税劳务而支付的、准予从销项税额中抵扣的增值税额。企业购入货物或接受应税劳务支付的进项税额，用蓝字登记；退回所购货物应冲销的进项税额，用红字登记。

"已交税金"专栏：记录企业已缴纳的增值税额。企业已缴纳的增值税额用蓝字登记；退回多缴的增值税额用红字登记。

"销项税额"专栏：记录企业销售货物或提供应税劳务应收取的增值税销项税额。企业销售货物或提供应税劳务应收取的销项税额，用蓝字登记；退回销售货物应冲销的销项税额，用红字登记。

"出口退税"专栏：记录企业出口适用零税率的货物，向海关办理报关出口手续后，凭出口报关单等有关凭证，向税务机关申报办理出口退税而收到退回的税款。出口货物退回的增值税额，用蓝字登记；出口货物办理退税后发生退货或者退关而补缴已退的税款，用红字登记。

"进项税额转出"专栏：记录企业的购进货物、在产品、产成品等发生非正常损失以及其他原因而不应从销项税额中抵扣，按规定转出的进项税额。

（3）一般纳税人一般购销业务的账务处理。实行增值税的一般纳税单位，从税务角度看，一是可以使用增值税专用发票，单位销售货物或提供劳务可以开具增值税专用发票（或完税凭证或购进免税农产品凭证或收购废旧物资凭证，下同）；二是购入货物取得的增值税专用发票上注明的增值税额，可以用销项税额抵扣；三是如果单位销售货物或者提供劳务采用销售额和销项税额合并定价方法的，按公式"销售额=含税销售额/（1＋税率）"还原为不含税销售额，并按不含税销售额计算销项税额。

根据上述特点，一般纳税单位在账务处理上的主要特点：一是在购进阶段，账务处理时实行价与税的分离。价与税分离的依据为增值税专用发票上注明的增值税和价款。属于价款部分，计入购入货物的成本；属于增值税额部分，计入进项税额。二是在销售阶段，销售价格中不再含税，如果定价时含税，应还原为不含税价格作为销售收入，向购买方收取的增值税作为销项税额。

【例17-29】某事业单位被认定为一般纳税人。本月购入材料一批，增值税专用发票上注明的原材料价款50 000元，增值税税额8 500元，货款已经支付，材料已经验收入库。该事业单位当期销售货物的收入为80 000元，销项增值税13 600元，货款尚未收到。

①购货：

借：材料 50 000

应交税金——应交增值税（进项税额） 8 500

　　贷：银行存款 58 500

②销售货物：

借：应收账款 93 600

　　贷：事业收入（经营收入） 80 000

　　　　应交税金——应交增值税（销项税额） 13 600

应交增值税=销项税额－进项税额

　　　　　　=13 600－8 500=5 100（元）

③上缴增值税：

借：应交税金——应交增值税（已交税金） 5 100

　　贷：银行存款 5 100

（4）一般纳税企业购入免税产品的账务处理。依据新新条例规定，农业生产者销售的自产农产品；销售自己使用过的物品等项目免征增值税。单位销售免征增值税项目的货物，不能开具增值税专用发票，只能开具普通发票。单位购进免税产品，一般情况下，不能扣税，但按税法规定，对于购入的免税农业产品、收购废旧物资等可以按买价的13%扣除率计算进项税额，并准予以销项税额扣除。这里买价是指单位购进免税农业产品支付给农业生产者的价款和按规定代收代缴的农业特产税。在会计核算时，一是按购进免税农业产品有关凭证上确定的金额（买价）扣除13%的进项税额，作为购进农业产品的成本；二是扣除的13%部分作为进项税额，待以后用销项税额抵扣。

【例17-30】 某事业单位被认定为一般纳税人，从农民手中收购农副产品作为材料，实际付款 10 万元，款已付，材料已入库。

进项税额=100 000×13%=13 000（元）

借：材料	87 000
应交税金——应交增值税（进项税额）	13 000
贷：银行存款	100 000

（5）小规模纳税单位的账务处理。依据新条例规定，纳税人分为一般纳税人和小规模纳税人。小规模纳税人的标准按国家有关规定执行。小规模纳税单位的特点有：一是小规模纳税企业销售货物或者提供应税劳务，一般情况下，只能开具普通发票，不能开具增值税专用发票；二是小规模纳税企业销售货物或提供应税劳务，实行简易办法计算应纳税额，按照销售额的 3% 计算；三是小规模纳税企业的销售额不包括其应纳税额。采用销售额和应纳税额合并定价方法的，按照公式"销售额=含税销售额÷（1＋征收率）"还原为不含税销售额计算。

从会计核算角度看，首先小规模纳税企业购入货物无论是否具有增值税专用发票，其支付的增值税额均不计入进项税额，不得由销项税额抵扣，而计入购入货物的成本。相应地，其他单位从小规模纳税单位购入货物或接受劳务支付的增值税额，如果不能取得增值税专用发票，也不能作为进项税额抵扣，而应计入购货或应税劳务成本；其次，小规模纳税企业的销售收入按不含税价格计算；另外，小规模纳税单位设置的"应交税金——应交增值税"账户，应采用三栏式账页格式。

【例17-31】 某事业单位核定为小规模纳税人，本期购入材料价款 40 000 元，支付进项增值税 6 800 元。本期销售产品获含税收入 92 700 元。

①购货时：

借：材料	46 800
贷：银行存款	46 800

②销售时：

借：银行存款	92 700
贷：事业收入（经营收入）	92 700

③计算应交增值税：2 700 元

借：事业收入（经营收入）	2 700
贷：应交税金——应交增值税	2 700

（6）进、出口货物的账务处理。单位进口货物，应用组成计税价格和规定的增值税率计算应纳税额。依据新条例规定：纳税人进口货物，一般适用税率为 17%；如进口下列货物，税率为 13%：

①粮食、食用植物油；

②自来水、暖气、冷气、热水、煤气、石油液化气、天然气、沼气、居民用煤炭制品；

③图书、报纸、杂志；

④饲料、化肥、农药、农机、农膜；

⑤国务院规定的其他货物。

在会计核算时，进口货物缴的增值税，根据从海关取得的完税凭证作为记账依据，记入"应交税金——应交增值税（进项税额）"账户，其具体会计处理方法与国内购进货物的处理方法相同，只是扣税依据不同。

单位出口货物一般适用零税率，即出口货物的销项税额为零，但单位购入货物时有进项税额，这部分进项税额如何抵扣？按照原有的《增值税暂行条例》规定："纳税人出口适用税率为零的货物，向海关办理出口手续后，凭出口报关单等有关凭证，可以按月向税务机关申报办理该项出口货物的退税。"这部分出口货物退回的税款，用于抵扣出口货物购进时的进项税额。

在会计核算时，出口货物购进时支付的增值税额，仍然记入"应交税金——应交增值税（进项税额）"账户，待收到出口货物退回的税金时，记入"应交税金——应交增值税（出口退税）"账户。

【例17-32】某事业单位出口货物一批，按规定从税务部门获得退税 10 000 元。

借：银行存款 10 000
　　贷：应交税金——应交增值税（出口退税） 10 000

（7）视同销售的账务处理。按照新细则的规定，单位或者个体工商户的下列行为，视同销售货物：

①将货物交付其他单位或者个人代销；

②销售代销货物；

③设有两个以上机构并实行统一核算的纳税人，将货物从一个机构移送其他机构用于销售，但相关机构设在同一县（市）的除外；

④将自产或者委托加工的货物用于非增值税应税项目；

⑤将自产、委托加工的货物用于集体福利或者个人消费；

⑥将自产、委托加工或者购进的货物作为投资，提供给其他单位或者个体工商户；

⑦将自产、委托加工或者购进的货物分配给股东或者投资者；

⑧将自产、委托加工或者购进的货物无偿赠送其他单位或者个人。

对于某些视同销售的行为，如对外投资，实际上不是一种销售行为，单位不会由于对外投资而取得销售收入，增加现金流量。因此，会计核算中不作为销售处理，按成本转账。另外，对于视同销售货物的行为，虽然会计核算时不作为销售处理，但需要按规定计算缴纳增值税，需要开具增值税专用发票。因此，计算缴纳的增值税仍然作为销项税额，记入"应交税金——应交增值税"（销项税额）账户。

【例17-33】某一般纳税人事业单位用材料（产品）对外投资。材料账面价值 10 000 元，双方协议为 12 000 元。

投资方：

借：对外投资——其他投资 12 000
　　事业基金——投资基金 40
　　贷：材料（产成品） 10 000
　　　应交税金——应交增值税（销项税额） 2 040

同时：

借：事业基金——一般基金   12 040

    贷：事业基金——投资基金   12 040

被投资方：

借：材料   10 000

    应交税金——应交增值税（进项税额）   20 40

    贷：实收资本   12 040

企业将自产或委托加工的货物用于非应税项目或作为集体福利的，也应视同销售计算应缴的增值税。因为这些货物当初购进时根据增值税专用发票上注明的增值税额记入了"进项税额"，待由以后的销项税额抵扣。但由于这些货物使用时用于非增值税应税项目或用于集体福利设施，这部分进项税额按规定不能由其他销项税额抵扣，而应由非应税项目或集体福利负担。因此，会计核算时，按照视同销售计算出销项税额记入有关账户的借方和"应交税金——应交增值税（销项税额）"账户的贷方。

（8）不予抵扣项目的账务处理。按照新条例及其实施细则的规定，不予抵扣的项目包括：用于非应税项目的购进货物或者应税劳务；用于免税项目的购进货物或者应税劳务；用于集体福利或者个人消费的购进货物或者应税劳务；非正常损失的购入货物；非正常损失的在产品、产成品所耗用的购进货物或者应税劳务等。对于按规定不予抵扣的进项税额，账务处理时采用不同的方法：属于购入货物时即能认定其进项税额不能抵扣的，购入的货物直接用于免税项目，或者直接用于非应税项目，或者直接用于集体福利和个人消费的，其增值税专用发票上注明的增值税额，计入购入货物及接受劳务的成本。事业单位购入固定资产时，其增值税专用发票上注明的增值税额仍视同不予抵扣的项目，计入购入固定资产的成本

【例17-34】某事业单位购入一台设备，增值税专用发票上注明的增值税税额为17 000元，货款100 000元，设备已经到达并交付使用，款项已经支付。

借：固定资产   117 000

    贷：固定基金   117 000

同时：

借：事业支出——设备购置费   117 000

    贷：银行存款   117 000

2．应交营业税的核算。营业税是对提供劳务、转让无形资产或者销售不动产的单位和个人征收的税种。营业税按照营业额和规定的税率计算应纳税额，其公式为："应纳税额=营业额×税率"。这里的营业额是指事业单位提供应税劳务、转让无形资产或者销售不动产向对方收取的全部价款和价外费用。价外费用包括向对方收取的手续费、基金、集资费、代收款项、代垫款项及其他各种性质的价外收费。

事业单位按规定应缴的营业税，在"应交税金"账户下设置"应交营业税"明细账户。"应交营业税"明细账户的借方发生额，反映事业单位已缴纳的营业税；其贷方发生额，反映应缴的营业税；期末借方余额，反映多缴的营业税；期末贷方余额，反映尚未缴纳的营业税。

【例17-35】某事业单位为营业税的应税单位，本月实现事业收入80 000元，经营收入

50 000 元，应纳营业税率为 4%。

　　借：销售税金——事业性　　　　　　　　　　　　　　　　3 200

　　　　　　　　——经营性　　　　　　　　　　　　　　　2 000

　　　贷：应交税金——应交营业税　　　　　　　　　　　　　　　5 200

　　【例17-36】某事业单位转让无形资产所有权，收取收入 200 000 元，营业税率为 5%。

　　借：经营支出（事业支出）　　　　　　　　　　　　　　10 000

　　　贷：应交税金——应交营业税　　　　　　　　　　　　　　10 000

　　3．应交城市维护建设税和教育费附加的核算。为了加强城市维护建设，扩大和稳定城市维护建设资金的来源，国家开征了城市维护建设税。城市维护建设税是按应交增值税额或应交营业税额为基数计算的。

应交城建税＝应交营业税（应交增值税）×城建税率

　　教育费附加是国家为了发展我国的教育事业，提高人民的文化素质而征收的一种费用。这项费用按照企业缴纳流转税（应交营业税或应交增值税）的一定比例计算，并与流转税一起缴纳。

　　【例17-37】某事业单位本月应纳营业税额为 5 000 元，城建税税率为 4%，教育费附加征收率为 3%。

　　借：销售税金　　　　　　　　　　　　　　　　　　　　　350

　　　贷：应交税金——应交城建税　　　　　　　　　　　　　　　200

　　　其他应付款——教育费附加　　　　　　　　　　　　　　　150

　　4．应交所得税的核算。事业单位依照新细则的规定需要缴纳所得税的，计算缴纳的所得税在"结余分配"中核算，借记"结余分配——所得税"账户，贷记"应交税金——应交所得税"账户。

　　【例17-38】某事业单位按规定其经营结余应缴纳所得税 20 000 元。

　　借：结余分配——所得税　　　　　　　　　　　　　　　20 000

　　　贷：应交税金——应交所得税　　　　　　　　　　　　　　20 000

　　上缴税金时：

　　借：应交税金——应交所得税　　　　　　　　　　　　　20 000

　　　贷：银行存款　　　　　　　　　　　　　　　　　　　　20 000

第十八章　事业单位收入和支出的核算

事业单位收入是指事业单位为开展业务活动，依法取得的非偿还性资金。包括财政补助收入、上级补助收入、事业收入、经营收入、附属单位缴款、其他收入等。

事业单位的支出是指事业单位开展业务及其他活动发生的资金耗费和损失。事业单位支出包括拨出经费、结转自筹基建款、对附属单位补助支出、上缴上级支出、事业支出，经营支出、销售税金、成本费用、拨出专款和专款支出等。

第一节　事业单位收入的核算

一、事业单位收入的概念及分类

1. 事业单位收入的概念。收入是指事业单位为开展业务及其他活动依法取得的非偿还性资金。事业单位的收入概念包含以下几层意义：

（1）事业单位的收入是开展业务活动及其他活动而取得的。由于一般事业单位所从事的活动具有非生产性特点，因此，其开展业务活动的费用消耗，需要从财政部门获得财政补助收入、从主管部门或上级单位获得上级补助收入，予以补偿。事业单位通过开展有偿服务活动和生产经营活动获得事业收入和经营收入，补偿业务活动的费用消耗。

（2）事业单位的收入是依法取得的。事业单位取得的收入中必须符合国家有关法律、法规和规章制度的规定。如财政补助收入，事业单位必须按照国家有关规定，经法定程序报批后，方可取得。事业单位收入的项目和标准，必须按照规定程序经过政府有关部门的批准后，才能向服务对象收取。经营收入也要按照国家有关规定方可取得。

（3）事业单位的收入是通过多种形式、多种渠道取得的。事业单位收入的来源形式和渠道是多元化趋势。既有财政补助收入，也有上级补助收入、事业收入、经营收入、附属单位上缴收入、投资收益、利息收入和接受捐赠收入。

（4）事业单位的收入是非偿还性资金。事业单位取得的各项收入是不需要偿还的，需要偿还的资金，应当作为"负债"处理，不能作为单位的收入。

2. 事业单位收入的分类。事业单位的收入按来源的不同，可分为拨款收入、自行组织收入、调剂性收入。其中，拨款收入包括财政补助收入和拨入专款；自行组织收入包括事业收入、经营收入和其他收入；调剂性收入包括上级补助收入和附属单位缴款。

事业单位的收入按其性质可以分为事业性收入和非事业性收入。其中，事业性收入包括财政补助收入、上级补助收入、事业收入、附属单位缴款及其他收入，这些收入在期末结转时应转入事业结余；非事业性收入包括经营收入和拨入专款。经营收入在期末应转入经营结余；拨入专款到期末如果专项工程没有完工，不予结转，待专项工程完工再行结转。

二、事业单位收入的管理要求

1．统一核算、统一管理。

根据有关规定，事业单位的各项收入要全部纳入单位预算，统一核算、统一管理。事业单位银行开户要规范，一般事业单位只开设一个基本账户。各部门、各单位在组织收入时，属于行政事业性收费的，要使用省以上（含省）财政部门统一监制的票据；属于经营性收入的，应使用规范的税务发票。

2．正确划分各项收入，依法缴纳各项税费。

事业单位的收入是通过多种渠道和多种形式取得的，事业单位必须做好各项收入的划分工作，正确区分经营收入和事业收入的界限、财政补助收入和上级补助收入的界限。对按规定应上缴预算和财政专户的收入要及时上缴，不能直接作为收入处理。对经营性和服务性收入，要按国家有关规定，依法缴纳各项税费。

3．充分利用现有条件，积极组织收入。

有条件的事业单位可以按市场经济的客观要求，充分利用现有人、财、物等资源和设备，开展有偿服务活动和生产经营活动，获得事业收入和经营收入，补偿业务活动的资金耗费，不断提高经费自给率和自我发展能力。

4．保证收入的合理性、合法性。

事业单位必须依法组织收入，严格执行国家规定的收费政策和管理制度规定。严禁为了小团体的利益擅自设立收费项目，取得违纪收入；严禁使用不合法收款收据，取得违法收入；严禁违反物价部门的规定提高收费标准，取得违规收入等。

5．正确处理经济效益和社会效益的关系。

事业单位的业务活动和其他活动不以营利为根本目的，事业单位在开展有偿服务和经营活动的过程中，在讲求经济效益的同时，仍要把社会效益放在首位，要有利于事业发展和社会主义精神文明建设，处理好经济效益和社会效益的关系。

三、事业单位收入的核算

（一）事业单位财政补助收入的核算

财政补助收入是指事业单位直接从财政部门取得的和通过主管部门从财政部门取得后转拨的各类事业经费。需要明确的是，财政补助收入不包括国家对事业单位的基本建设投资。《事业单位财务规则》规定："国家对事业单位基本建设投资的财务管理，按照国家有关规定办理。"

为了核算事业单位按照核定的预算和经费领报关系收到的由财政部门或上级单位转拨的各类事业经费的增减变动及其结存情况，需设置"财政补助收入"账户。该账户贷方记录收到财政部门或上级单位转拨的事业经费；借方记录缴回投入款和年终转入"事业结余"数额；平时该账户的余额在贷方，表示财政补助收入累计数。年终结账时，将其贷方余额全数转入"事业结余"账户。年终结账后，该账户无余额。

为了加强预算资金的核算，主管会计单位应编报季度分月用款计划。在申请当期财政补助时，应分"款"、"项"填写"预算经费请拨单"，报同级财政部门。事业单位在使用财政补助时，应按计划控制用款，不得随意改变资金用途。"款"、"项"用途如需调整，应填写"科目留用申请书"，报经同级财政部门批准后使用。

1. 财政实拨资金方式下的核算。

事业单位收到财政补助收入时，借记"银行存款"等账户，贷记"财政补助收入"账户；缴回时作相反的会计分录；年终结账时，应将"财政补助收入"账户贷方余额全部转入"事业结余"账户，借记"财政补助收入"账户，贷记"事业结余"账户，结转以后"财政补助收入"账户期末没有余额。

【例18-1】某事业单位按计划直接收到财政部门拨入的事业经费 5 000 000 元。

借：银行存款　　　　　　　　　　　　　　　　　　5 000 000
　　贷：财政补助收入　　　　　　　　　　　　　　　　5 000 000

【例18-2】某事业单位通过主管部门从财政部门取得事业经费 400 000 元。

借：银行存款　　　　　　　　　　　　　　　　　　400 000
　　贷：财政补助收入　　　　　　　　　　　　　　　　400 000

【例18-3】年终将财政补助收入的余额 1 800 000 元全数转入"事业结余"账户。

借：财政补助收入　　　　　　　　　　　　　　　　1 800 000
　　贷：事业结余　　　　　　　　　　　　　　　　　　1 800 000

2. 财政直接支付方式下的核算。

在国库集中收付制度下，财政直接支付是财政部门直接将款项支付给收款单位，不支付给事业单位。这一般适用于大额的、重要的、经常性的支出，比如工资支出、工程采购支出、物品和服务采购支出等。预算单位应在收到财政国库支付执行机构委托代理银行转来的"财政直接支付入账通知书"时，按入账通知书中标明的金额确认收入。支付时直接借记有关支出，贷记"财政补助收入"科目。

对于由财政直接支付的工资，借记"事业支出"科目，贷记"财政补助收入"科目。对于由财政直接支付的购买材料、服务的款项，事业单位的会计处理是，借记"材料"等科目，贷记"财政补助收入"科目。对于由财政直接支付的购置固定资产的款项，借记"事业支出"科目，贷记"财政补助收入"科目；同时，借记"固定资产"科目，贷记"固定基金"科目。

【例18-4】某事业单位 2010 年 1 月份发生如下财政补助收入业务：

①本单位由财政统发工资，在职工收到财政直接拨付的工资后，事业单位会计依据工资单、财政部门开具的拨款通知书等相关票据记账，本月工资总额 350 000 元。

借：事业支出——基本支出——工资支出　　　　　　　350 000
　　贷：财政补助收入　　　　　　　　　　　　　　　　350 000

②购入办公设备 100 000 元，由财政直接支付。

借：事业支出——基本支出　　　　　　　　　　　　　　　　　100 000

　　贷：财政补助收入　　　　　　　　　　　　　　　　　　　　　　　100 000

借：固定资产　　　　　　　　　　　　　　　　　　　　　　　100 000

　　贷：固定基金　　　　　　　　　　　　　　　　　　　　　　　　　100 000

3．财政授权支付方式下的核算。

国库收付制度改革后，财政授权支付方式适用于未纳入财政直接支付的财政性资金和零星支出。事业单位应于收到零余额账户代理银行盖章的"授权支付到账通知书"时，按到账通知书标明的额度确认收入。

收到"授权支付到账通知书"后，借记"零余额账户用款额度"科目，贷记"财政补助收入"科目。事业单位购买物品、服务等支用额度时，借记"事业支出"、"材料"等科目，贷记"零余额账户用款额度"科目。

对于购入固定资产的，借记"事业支出"科目，贷记"零余额账户用款额度"科目。同时，还应借记"固定资产"科目，贷记"固定基金"科目。事业单位从零余额账户提取现金时，借记"现金"科目，贷记"零余额账户用款额度"科目。

【例18-5】某事业单位 2010 年 2 月份发生如下财政补助收入业务：

①收到代理银行转来的财政授权支付到账通知书，收到财政授权支付额 1 000 000 元。

借：零余额账户用款额度　　　　　　　　　　　　　　　　　1 000 000

　　贷：财政补助收入　　　　　　　　　　　　　　　　　　　　　　1 000 000

②提取现金 10 000 元以备用。

借：现金　　　　　　　　　　　　　　　　　　　　　　　　　10 000

　　贷：零余额账户用款额度　　　　　　　　　　　　　　　　　　　　10 000

（二）事业单位上级补助收入的核算

上级补助收入是指事业单位从主管部门和上级单位取得的非财政补助收入，是从主管部门或上级单位获得的除财政补助收入之外的收入，如自身组织的收入和集中下级单位的收入拨给事业单位的资金。财政部门通过主管部门和上级单位转拨的事业资金，只能计入财政补助收入，不能作为上级补助收入处理。

为了核算事业单位收到上级单位拨入的非财政补助资金，需设置"上级补助收入"账户。该账户贷方反映从上级单位拨入的非财政补助资金；借方反映年终将其余额转入"事业结余"账户的数额；平时该账户余额为上级补助收入累计数，年终将其余额全数转入"事业结余"账户后该账户无余额。

【例18-6】某事业单位从其上级获得非财政补助收入 500 000 元。

借：银行存款　　　　　　　　　　　　　　　　　　　　　　　500 000

　　贷：上级补助收入　　　　　　　　　　　　　　　　　　　　　　　500 000

【例18-7】年终将其余额 1 000 000 元全数转入"事业结余"账户。

借：上级补助收入　　　　　　　　　　　　　　　　　　　　　1 000 000

　　贷：事业结余　　　　　　　　　　　　　　　　　　　　　　　　1 000 000

（三）事业单位事业收入的核算

1. 事业收入的概念及内容。

事业收入是指事业单位通过开展专业活动及其辅助活动取得的收入。专业活动是指事业单位根据本单位的专业特点所从事或开展的主要业务活动，即"主营业务"。如文化事业单位的演出活动；教育事业单位的教育活动；科学事业单位的科研活动；卫生事业单位的医疗保健活动等。辅助活动是指与专业业务活动相关的、直接为专业业务活动服务的单位行政管理活动、后勤服务活动及其他有关活动。通过开展上述活动取得的收入，均作为事业收入处理。

按照国家有关规定应当上缴财政预算的资金和应当缴入财政专户的预算外资金，不计入事业收入。从财政专户核拨的预算外资金和部分经核准不上缴财政专户管理的预算外资金，计入事业收入。

事业单位实行全额上缴财政专户的预算外资金，不能直接作为事业收入处理，应缴入同级财政专户，待同级财政拨付本单位使用时，才计入事业收入。实行按比例上缴财政专户的预算外资金，其上缴部分不能直接作为事业收入处理，应缴入同级财政专户，待同级财政拨付本单位使用时，才能计入事业收入；其留用部分可以直接作为事业收入处理。实行按收支结余数额上缴财政专户的预算外资金，平时可以直接作事业收入处理，年终按该项预算外资金的收支结余数额上缴财政专户。

2. 事业收入的分类。

（1）事业收入按收入内容的不同可以划分为：

①服务性收入。如学校的学费收入；科研单位的技术咨询收入、技术服务收入；医院挂号费、诊疗费收入；公园、博物馆等的门票收入；民政事业单位的婚姻介绍、殡葬服务收入等。

②补偿性收入。如学校学生的住宿费收入；科研单位中间产品收入以及无形资产的转让收入。

③代办性收入。如代购车、船、机票的手续费等。

（2）事业收入按行业可分为：学校的事业收入；广播电视事业单位的事业收入；文化事业单位的事业收入；科学事业单位的事业收入；医院的事业收入等。

（3）事业收入按其核算资金性质可分为纳入预算外资金管理的事业收入和不纳入预算外资金管理的事业收入。

3. 事业收入的账务处理。

为了核算事业单位事业收入的取得和结转情况，需要设置"事业收入"账户。该账户贷方记录事业单位开展专业业务活动及辅助活动所取得的收入，从财政专户核拨的预算外资金和部分经财政部门核准不上缴财政专户管理的预算外资金。实行预算外资金结余上缴财政专户办法的单位，平时取得收入时，先记入"事业收入"账户的贷方，定期结算出应缴财政专户资金结余时，再将应上缴财政专户部分扣出，记入"事业收入"账户的借方。期末应将"事业收入"账户余额转入"事业结余"账户，结转后本账户应无余额。

【例18-8】某剧团本月获得门票收入 80 000 元。

借：银行存款　　　　　　　　　　　　　　　　　　　　80 000

　　贷：事业收入——门票收入　　　　　　　　　　　　　　　80 000

【例18-9】某学院收到学生学杂费1000万元。

借：银行存款　　　　　　　　　　　　　　　　　　　10 000 000

　　贷：事业收入——学杂费　　　　　　　　　　　　　10 000 000

【例18-10】某医院本月获得医疗收入50万元，药品收入30万元。

借：银行存款　　　　　　　　　　　　　　　　　　　　800 000

　　贷：事业收入——医疗收入　　　　　　　　　　　　　500 000

　　　　　——药品收入　　　　　　　　　　　　　　　300 000

【例18-11】某科研单位属于一般纳税人，本月实现销售产品和提供技术服务获收入800 000元，销项税额136 000元。

借：银行存款（应收账款）　　　　　　　　　　　　　　936 000

　　贷：事业收入　　　　　　　　　　　　　　　　　　　800 000

　　　　应交税金——应交增值税（销项税额）　　　　　　136 000

【例18-12】某事业单位预算外资金实行按比例上缴财政专户办法，取得预算外收入10 000元，上缴比例60%。

借：银行存款　　　　　　　　　　　　　　　　　　　　10 000

　　贷：事业收入——预算外资金收入　　　　　　　　　　　4 000

　　　　应缴财政专户款　　　　　　　　　　　　　　　　6 000

【例18-13】某事业单位将本月"事业收入"账户余额为1 500 000元，全数转入"事业结余"账户。

借：事业收入　　　　　　　　　　　　　　　　　　　1 500 000

　　贷：事业结余　　　　　　　　　　　　　　　　　　1 500 000

（四）事业单位附属单位上缴款的核算

事业单位下属的独立核算单位上缴的纯收入属于附属单位上缴款，即附属单位上缴收入。包括附属单位上缴的收入和附属的企业单位上缴的利润等。附属单位补偿事业单位在支出中垫支的各种费用，应当相应冲减支出，不能作为上缴收入处理。事业单位对其经营活动过程及其结果，独立地、完整地进行会计核算，称为独立核算。如学校的校办工厂，要单独设置财会机构或配备财会人员，单独设置账目，单独计算盈亏，属于独立核算的经营活动。事业单位的经营活动，应当尽可能地进行独立核算，执行《企业会计制度》，其上缴事业单位的纯收入，作为"附属单位缴款"处理，不能作为经营收入处理。

附属单位上缴款是事业单位完成事业计划所需资金来源的必要补充，事业单位应对其加强调控和监督管理。

为了核算和监督事业单位的附属单位上缴收入情况，需设置"附属单位缴款"账户。该账户贷方反映事业单位收到附属单位上缴的纯收入；借方反映事业单位发生缴款退回及年终将其余额转入"事业结余"的款额，结转后，该账户无余额。

【例18-14】某事业单位收到其下属独立核算单位上缴的纯收入款100 000元。

借：银行存款　　　　　　　　　　　　　　　　　　　　100 000

　　贷：附属单位缴款　　　　　　　　　　　　　　　　　　100 000

【例18-15】 某事业单位发生附属单位缴款退回10 000元。

借：附属单位缴款　　　　　　　　　　　　　　　　　　10 000

　　贷：银行存款　　　　　　　　　　　　　　　　　　　10 000

或作红字的冲减：

借：银行存款　　　　　　　　　　　　　　　　　　　　10 000

　　贷：附属单位缴款　　　　　　　　　　　　　　　　　10 000

【例18-16】 某事业单位年终将"附属单位缴款"账户余额90 000元全数转入"事业结余"账户。

借：附属单位缴款　　　　　　　　　　　　　　　　　　90 000

　　贷：事业结余　　　　　　　　　　　　　　　　　　　90 000

（五）事业单位其他收入的核算

事业单位的其他收入指上述收入以外的各项收入，如投资收益、固定资产出租收入、外单位捐赠未限定用途的资金，其他单位对本单位的补助以及其他零星杂项收入。

其他收入以单位实际收到款项数额予以确认。需要设置"其他收入"账户进行核算。取得收入时，借记"银行存款"或"现金"账户，贷记"其他收入"账户；收入退回时作相反的会计分录。年末将本账户的贷方余额全数转入"事业结余"账户，结转后本账户无余额。本账户按收入的种类如投资收益、固定资产出租收入、捐赠收入等设置明细账。

【例18-17】 某事业单位收到对外投资的债券利息收入5 000元，其他投资分红100 000元。

借：银行存款　　　　　　　　　　　　　　　　　　　　105 000

　　贷：其他收入——投资收益　　　　　　　　　　　　　105 000

【例18-18】 某事业单位收到出租固定资产租金收入2 000元。

借：银行存款　　　　　　　　　　　　　　　　　　　　2 000

　　贷：其他收入——固定资产租金收入　　　　　　　　　2 000

【例18-19】 某事业单位收到外单位未指定用途的捐款1 000 000元。

借：银行存款　　　　　　　　　　　　　　　　　　　　1 000 000

　　贷：其他收入——捐赠收入　　　　　　　　　　　　　1 000 000

【例18-20】 某事业单位年末将"其他收入"账户贷方余额1 107 000元全数转入"事业结余"账户。

借：其他收入　　　　　　　　　　　　　　　　　　　　1 107 000

　　贷：事业结余　　　　　　　　　　　　　　　　　　　1 107 000

（六）事业单位经营收入的核算

经营收入是指事业单位在专业业务活动及其辅助活动之外开展非独立核算经营活动取得的收入。事业单位的经营活动，应当尽可能进行独立核算，执行《企业会计制度》，其上缴事业单位的纯收入，作为附属单位上缴的款项，记入"附属单位缴款"账户。有些经营活动规模较小，不便或无法独立核算的，再纳入到经营收入中核算。

一般来讲，事业单位的经营收入，必须同时具备这样几个特征：

①是经营活动取得的收入，而不是专业业务活动及其辅助活动取得的收入。如将闲置的固定资产出租出借给社会取得的收入。

②是非独立核算的经营活动取得的收入。校办企业为独立核算单位，将其纯收入的一部分上缴学校作为"附属单位上缴收入"处理，不作为经营收入。学校的车队、食堂等后勤单位，财务上不独立核算，其对社会服务取得的收入及其支出，报由学校集中进行会计核算，这部分收入和支出，应当作为经营收入和经营支出处理。

为了核算事业单位经营收入的形成及结转情况，需设置"经营收入"账户。该账户贷方记录事业单位在专业业务活动及辅助活动之外开展非独立核算经营活动取得的收入；借方记录销售退回，销售折让与折扣以及期末将其贷方余额转入"经营结余"账户的金额；该账户平时的余额为事业单位累计实现的经营收入，年终将余额转入"经营结余"账户后，无余额。

【例18-21】某事业单位的车队本月对外提供运输劳务获取经营收入3 000元。

借：银行存款　　　　　　　　　　　　　　　　　　　3 000

　　贷：经营收入——运输费收入　　　　　　　　　　　　3 000

【例18-22】某学校食堂本月获取收入1 000 000元。

借：银行存款　　　　　　　　　　　　　　　　　　1 000 000

　　贷：经营收入——餐费收入　　　　　　　　　　　　1 000 000

【例18-23】某事业单位的后勤部门属于一般纳税人，生产一种应纳增值税的产品，对外销售取得收入500 000元，增值税销项税额85 000元。

借：银行存款　　　　　　　　　　　　　　　　　　　585 000

　　贷：经营收入　　　　　　　　　　　　　　　　　　500 000

　　　　应交税金——应交增值税（销项税额）　　　　　　85 000

假如，上述事业单位的后勤部门收到退货10 000元。

借：经营收入　　　　　　　　　　　　　　　　　　　10 000

　　贷：银行存款　　　　　　　　　　　　　　　　　　11 700

　　　　应交税金——应交增值税（销项税额）　　　　　　1 700

【例18-24】某事业单位的劳动服务公司属于小规模纳税人，生产A产品对外销售，本月实现收入84 800元。

（1）实现收入：

借：银行存款　　　　　　　　　　　　　　　　　　　84 800

　　贷：经营收入　　　　　　　　　　　　　　　　　　84 800

（2）月末计算应交增值税4 800元：

借：经营收入　　　　　　　　　　　　　　　　　　　4 800

　　贷：应交税金——应交增值税　　　　　　　　　　　4 800

假如，上述事业单位的劳动服务公司次月收到退货4 000元。

借：经营收入　　　　　　　　　　　　　　　　　　　4 000

  贷：银行存款   4 000

  【例18-25】某事业单位将本月"经营收入"账户余额 1 000 000 元全数转入"经营结余"账户。

  借：经营收入   1 000 000
   贷：经营结余   1 000 000

（七）事业单位拨入专款的核算

  拨入专款是指事业单位收到财政部门、上级单位或其他单位拨入的有指定用途，并需要单独报账的专项资金。

  事业单位通过设置"拨入专款"账户来核算事业单位拨入款项的使用情况。该账户贷方反映拨入数；借方于年终反映缴回、转销"拨出专款"、"专款支出"的金额；该账户平时的贷方余额反映拨入专款累计数。

  事业单位收到财政部门、上级单位或其他单位拨入有指定用途的专项资金时，借记"银行存款"账户，贷记"拨入专款"账户。拨出或使用拨入专款时，借记"拨出专款"、"专款支出"账户，贷记"银行存款"账户。年终结账时，对已完工的项目，将"拨入专款"账户与"拨出专款"、"专款支出"账户对冲，借记"拨入专款"账户，贷记"拨出专款"、"专款支出"账户。余额按规定上缴时，借记"拨入专款"账户，贷记"银行存款"账户；如果结余资金可以留用，应借记"拨入专款"账户，贷记"事业基金——一般基金"账户，形成事业单位可以自行支配的结余资金。

  【例18-26】某事业单位从财政、上级单位或其他单位取得拨入专款 300 000 元进行 A 专项科研项目。

  借：银行存款   300 000
   贷：拨入专款——A 项目   300 000

  【例18-27】该事业单位拨出专款 100 000 元给其下属单位合作进行 A 专项科研项目。

  借：拨出专款——A 项目   100 000
   贷：银行存款   100 000

  【例18-28】该事业单位进行 A 科研项目开支 150 000 元。

  借：专款支出——A 项目   150 000
   贷：银行存款   150 000

  【例18-29】年终，该 A 科研项目已完工，余额上缴财政。

  借：拨入专款——A 项目   300 000
   贷：拨出专款——A 项目   100 000
    专款支出——A 项目   150 000
    银行存款   50 000

  假如余款 50 000 元可以留归单位使用，应作如下会计分录：

  借：拨入专款——A 项目   300 000
   贷：拨出专款——A 项目   100 000
    专款支出——A 项目   150 000

事业基金——一般基金　　　　　　　　　　　　　　　　　50 000

第二节　事业单位支出的核算

一、事业单位支出的概念和分类

1．事业单位支出的概念。事业单位的支出是指事业单位开展业务及其他活动发生的资金耗费和损失。事业单位支出包括拨出经费、结转自筹基建款、对附属单位补助支出、上缴上级支出、事业支出，经营支出、销售税金、成本费用、拨出专款和专款支出等。

2．事业单位支出的管理要求。

（1）要严格执行国家财政财务制度和财经纪律。

（2）要勤俭节约，提高资金使用效益。

（3）要对支出实行分类管理。

（4）要划清支出界限，特别是基建支出与事业支出、单位支出与个人支出、事业支出与经营支出、事业支出与对附属单位补助之间的界限。

3．事业单位支出的分类。事业单位支出涉及面广，项目繁多，为了便于研究分析各项支出的范围和特点，弄清它们之间的区别和联系，有针对性地加强支出管理和监督，不断提高资金使用效益，必须对事业单位支出进行科学的分类。

（1）事业单位的支出按支出的方向可分为拨出款项、本单位的支出、调剂性支出；其中，拨出款项包括拨出经费和拨出专款；本单位支出包括事业支出、经营支出、销售税金、专款支出等；调剂性支出包括上缴上级支出和对附属单位的补助支出。

（2）事业单位的支出按支出的性质可分为事业性支出和非事业性支出。事业性支出包括拨出经费、结转自筹基建款、对附属单位补助支出、上缴上级支出、事业支出等，这些支出在期末结转结余时应转入"事业结余"账户。而非事业性支出包括经营支出、销售税金、成本费用、拨出专款和专款支出等，其余额的结转有不同的对应账户，必须分别完成结转。

事业单位支出中包括事业单位转拨给所属事业单位用于开展业务活动及其他活动的预算资金。事业单位的支出一般不强调与收入的因果关系。除经营性支出可以采用权责发生制进行核算外，一般采用收付实现制进行核算。

4．事业单位支出分类的意义。

（1）事业单位支出的分类使事业单位的支出更加规范和统一，便于客观反映和分析比较不同事业单位的支出情况。

（2）事业单位支出的分类改变了过去按预算内支出和预算外支出的分类，实行按资金运用性质进行分类，有利于统一核算和统一管理。

（3）事业单位支出的分类有利于清晰、准确地反映和研究分析各项支出的情况，有针对性地加强支出管理。

（4）事业单位支出的分类简单明了，便于会计账务处理和分类核算，所提供的数字能够满足事业单位内部管理和上级单位、财政、税务、审计等不同财务报告使用者的需要。

二、事业单位事业支出的核算

（一）事业支出概述

事业支出是指事业单位开展专业业务活动及其辅助活动发生的实际支出。事业支出是事业单位支出的主要内容，也是考核事业成果和资金使用效果的重要依据。

（二）事业支出的分类及内容

1. 事业支出按性质分类。事业支出按支出的性质可以分为基本支出和项目支出。

基本支出是事业单位为保障其正常运转、完成日常工作所发生的支出，包括人员支出、公用支出、对个人和家庭的补助支出。

项目支出是事业单位为完成其特定的事业发展目标，在基本支出之外所发生的支出。包括专项性基本建设支出、专项性公用支出、专项性资金类支出。其中，专项性公用支出包括大型会议费、大型修缮项目、其他专项性公用支出；专项性资金支出包括挖潜改造资金、科技"三项费用"、农业综合开发资金等。

2. 按支出对象分类。

事业支出按支出的对象可以分为：人员支出、公用支出、对个人和家庭补助支出。

人员支出指用于个人方面的开支，如基本工资、补助工资、职工福利费、社会保障费、助学金等。

公用支出指为了完成事业计划，用于单位公务、业务活动方面的开支，如公务费、业务费、设备购置费、修缮费和其他费用等。

对个人和家庭补助支出是反映政府对个人和家庭的无偿性补助支出。

3. 按支出的用途分类。按照"2006 年政府预算收支科目"中"一般预算支出科目"的"目"级科目分类，事业支出目级科目的核算内容如表 18-1 所示。

表 18-1 　　　　　　　　　　　　**2006 年政府预算收支科目**

——支出经济分类科目

科目编码		科目名称	说　　明
类	款		
301		工资福利支出	反映单位开支的在职职工和临时聘用人员的各类劳动报酬，以及为上述人员缴纳的各项社会保险费等。
	01	基本工资	反映按规定发放的基本工资，包括公务员的职务工资、级别工资；机关工人的岗位（技术等级）工资；事业单位工作人员的岗位工资、薪级工资；各类学校毕业生试用期工资；军队（武警）军官、文职干部的职务（专业技术等级）工资、军衔（级别）工资、基础工资和军龄工资；军队士官的军衔等级工资、基础工资和军龄工资等。

科目编码		科目名称	说　明
类	款		
	02	津贴补贴	反映单位在基本工资之外按规定开支的机关事业单位职工艰苦边远地区津贴、地区附加津贴、岗位性津贴、军人津贴和其他各种补贴等。岗位性津贴包括警衔津贴、人民警察值勤岗位津贴、海关工作人员津贴、人民法院办案人员岗位津贴、人民检察院办案人员岗位津贴、审计人员工作补贴、纪检监察办案人员津贴、税务工作人员税收征收津贴、政府特殊津贴、专利审查人员岗位津贴、教龄津贴、中小学教师班主任津贴、特级教师津贴、特教津贴、护龄津贴、卫生防疫津贴、运动员津贴、艰苦气象台站津贴、艰苦岛屿作业津贴、艰苦广播电视台站津贴、广播电视天线工岗位津贴、地质勘探野外工作津贴、环境保护监测津贴、农业事业单位工作人员有毒有害保健津贴、法院毒物化验人员保健津贴、林业系统有毒有害工作人员岗位津贴、殡葬岗位津贴等；军人津贴包括部队义务兵津贴、军人职业津贴、军官士官文职人员的教龄津贴、护龄津贴、运动员津贴等；其他各种补贴是指按有关规定发放的其他各种补贴，如车改补贴、通讯补贴等。
	03	奖金	反映单位按规定开支的各类奖金。如国家统一规定的机关事业单位年终一次性奖金、运动员奖金等。
	04	住房公积金	反映行政事业单位、军队（含武警）按职工工资总额的一定比例为职工缴纳的住房公积金。
	05	提租补贴	反映按房改政策规定的标准，行政事业单位向职工发放的租金补贴等。
	06	购房补贴	反映按房改政策规定，单位向符合条件职工发放的用于购买住房的补贴。
	07	社会保障缴费	反映单位为职工缴纳的基本养老、基本医疗、失业、工伤、生育等社会保险费，残疾人就业保障金，军队（含武警）为军人缴纳的伤亡、退役医疗等社会保险费。
	08	伙食费	反映军队、武警义务兵、供给制学员伙食费和干部、士官灶差补助等支出。
	09	伙食补助费	反映单位发给职工的伙食补助费，如误餐补助等。
	99	其他工资福利支出	反映上述项目未包括的人员支出，如各种加班工资、病假两个月以上期间的人员工资、编制外长期聘用人员、长期临时工工资，公务员及参照和依照公务员制度管理的单位工作人员转入企业工作并按规定参加企业职工基本养老保险后给予的一次性补贴等。
302		商品和服务支出	反映单位购买商品和服务的支出（不包括用于购置固定资产的支出、战略性和应急储备支出，但军事方面的耐用消费品和设备的购置费、军事性建设费以及军事建筑物的购置费等在本科目中反映）。
	01	办公费	反映单位购买按财务会计制度规定不符合固定资产确认标准的日常办公用品、书报杂志等支出。
	02	印刷费	反映单位的印刷费支出。

科目编码		科目名称	说　明
类	款		
	03	咨询费	反映单位咨询方面的支出。
	04	手续费	反映单位支付的各类手续费支出。
	05	水费	反映单位支付的水费、污水处理费等支出。
	06	电费	反映单位的电费支出。
	07	邮电费	反映单位开支的信函、包裹、货物等物品的邮寄费及电话费、电报费、传真费、网络通讯费等。
	08	取暖费	反映单位取暖用燃料费、热力费、炉具购置费、锅炉临时工的工资、节煤奖以及由单位支付的在职职工和离退休人员宿舍取暖费等。
	09	物业管理费	反映单位开支的办公用房、职工及离退休人员宿舍等的物业管理费，包括综合治理、绿化、卫生等方面的支出。
	10	交通费	反映单位车船等各类交通工具的租用费、燃料费、维修费、过桥过路费、保险费、安全奖励费等（军用油料费除外）。
	11	差旅费	反映单位工作人员出差的住宿费、旅费、伙食补助费、杂费，干部及大中专学生调遣费，调干家属旅费补助等。
	12	出国费	反映单位工作人员出国的住宿费、旅费、伙食补助费、杂费等支出。
	13	维修（护）费	反映单位日常开支的固定资产（不包括车船等交通工具）修理和维护费用，网络信息系统运行与维护费用，以及按规定提取的修购基金。
	14	租赁费	反映租赁办公用房、宿舍、专用通讯网以及其他设备等方面的费用。
	15	会议费	反映会议中按规定开支的房租费、伙食补助费以及文件资料的印刷费、会议场地租用费等。
	16	培训费	反映各类培训支出。按标准提取的"职工教育经费"也在本科目中反映。
	17	招待费	反映单位按规定开支的各类接待（含外宾接待）费用。
	18	专用材料费	反映单位购买日常专用材料的支出。具体包括药品及医疗耗材，农用材料，兽医用品，实验室用品，专用服装，消耗性体育用品，专用工具和仪器，艺术部门专用材料和用品，广播电视台发射台发射机的电力、材料等方面的支出。
	19	装备购置费	反映军队（含武警）购置装备的支出。
	20	工程建设费	反映军队（含武警）工程建设方面的支出。
	21	作战费	反映军队（含武警）作战、防卫方面的支出。
	22	军用油料费	反映军队（含武警）军事装备的油料费支出。其他交通支出列入交通费。
	23	军队其他运行维护费	反映军队（含武警）的其他运行维护费。
	24	被装购置费	反映人民法院、人民检察院、政府各部门以及军队（含武警）的被装购置支出。
	25	专用燃料费	反映用作业务工作设备的车、船设施等的油料支出。

科目编码		科目名称	说　明
类	款		
	26	劳务费	反映支付给单位和个人的劳务费用，如临时聘用人员、钟点工工资，稿费、翻译费，评审费等。
	27	委托业务费	反映因委托外单位办理业务而支付的委托业务费。
	28	工会经费	反映单位按规定提取的工会经费。
	29	福利费	反映单位按规定提取的福利费。
	99	其他商品和服务支出	反映上述科目未包括的日常公用支出。如行政赔偿费和诉讼费、会员费、来访费、广告宣传、其他劳务费及离休人员特需费、公用经费等。
303		对个人和家庭的补助	反映政府用于对个人和家庭的补助支出。
	01	离休费	反映行政事业单位和军队移交政府安置的离休人员的离休费、护理费和其他补贴（包括提租补贴和购房补贴等）。
	02	退休费	反映行政事业单位和军队移交政府安置的退休人员的退休费和其他补贴（包括提租补贴和购房补贴等）。
	03	退职（役）费	反映行政事业单位退职人员的生活补贴，一次性支付给职工或军官、军队无军籍退职职工、运动员的退职补助，一次性支付给军官、文职干部、士官、义务兵的退役费，按月支付给自主择业的军队转业干部的退役金。
	04	抚恤金	反映按规定开支的烈士遗属、牺牲病故人员遗属的一次性和定期抚恤金，伤残人员的抚恤金，离退休人员等其他人员的各项抚恤金。
	05	生活补助	反映按规定开支的优抚对象定期定量生活补助费，退役军人生活补助费，行政事业单位职工和遗属生活补助，因公负伤等住院治疗、住疗养院期间的伙食补助费，长期赡养人员补助费，由于国家实行退耕还林禁舍饲政策补偿给农牧民的现金、粮食支出，对农村党员、复员军人以及村干部的补助支出，看守人员和犯人的伙食费、药费等。
	06	救济费	反映按规定开支的城乡贫困人员、灾民、归侨、外侨及其他人员的生活救济费，包括城市居民的最低生活保障费，随同资源枯竭矿山破产但未参加养老保险统筹的矿山所属集体企业退休人员按最低生活保障标准发放的生活费，农村五保供养对象、贫困户、麻风病人的生活救济费，精简退职老弱残职工救济费，福利、救助机构发生的收养费以及救助支出等。实物形式的救济也在此科目反映。
	07	医疗费	反映行政事业单位在职职工、离退休人员的医疗费，军队移交政府安置的离退休人员的医疗费，学生医疗费，优抚对象医疗补助，以及按国家规定资助农民参加新型农村合作医疗的支出和对城乡贫困家庭的医疗救助支出。
	08	助学金	反映各类学校学生助学金、奖学金、学生贷款、出国留学（实习）人员生活费，青少年业余体校学员伙食补助费和生活费补贴，按照协议由我方负担或享受我方奖学金的来华留学生、进修生生活费等。

科目编码		科目名称	说　明
类	款		
	09	奖励金	反映政府各部门的奖励支出，如对个体私营经济的奖励、计划生育目标责任奖励、独生子女父母奖励等。
	10	生产补贴	反映各种对个人发放的生产补贴支出，如国家对农民发放的农机具购置补贴、良种补贴、粮食直补以及发放给残疾人的各种生产经营补贴等。
	99	其他对个人和家庭的补助支出	反映未包括在上述科目的对个人和家庭的补助支出，如婴幼儿补贴、职工探亲旅费、退职人员及随行家属路费、符合条件的退役回乡义务兵一次性建房补助、符合安置条件的城镇退役士兵自谋职业的一次性经济补助费、对农户的生产经营补贴等。
304		对企事业单位的补贴	反映政府对各类企业、事业单位及民间非营利组织的补贴。
	01	企业政策性补贴	反映对企业的政策性补贴。
	02	事业单位补贴	反映对事业单位的补贴支出。
	03	财政贴息	反映国家财政对国家重点支持的企业和项目给予的贷款利息补助。
	99	其他对企事业单位的补贴支出	反映除上述项目以外其他对企事业单位的补贴支出。
305		转移性支出	反映政府部门、单位间的转移性支出。此科目不仅供财政部门使用，其他部门和单位也可使用（包括对基金的补助）。
	01	不同级政府间转移性支出	反映不同级政府间的转移性支出。
	02	同级政府间转移性支出	反映同级政府间的转移性支出。
	03	不同级预算单位间转移性支出	反映不同级预算单位间的转移性支出。
	04	同级预算单位间转移性支出	反映同级预算单位间的转移性支出。
306		赠与	反映对国内、外政府、组织等提供的援助、捐赠以及交纳国际组织会费等方面的支出。
	01	对国内的赠与	反映对国内组织、政府等提供的捐赠支出。
	02	对国外的赠与	反映对国际组织、国外政府等提供的双边援助，交纳的会费以及有关捐赠方面的支出。
307		债务利息支出	反映政府及各预算单位的债务利息支出。
	01	国库券付息	反映当年用于偿还国内债务利息的支出。
	02	向国家银行借款付息	反映向国家银行借款的付息支出。

科目编码		科目名称	说　　明
类	款		
	03	其他国内借款付息	反映向其他国内借款的付息支出。
	04	向国外政府借款付息	反映当年用于偿还国外政府借款的利息支出。
	05	向国际组织借款付息	反映当年用于偿还向国际组织借款的利息支出。
	06	其他国外借款付息	反映当年用于偿还其他国外借款的利息支出。
308		债务还本支出	反映政府归还各类借款本金方面的支出。债务利息列入"债务利息支出"，不在此科目反映。
	01	国内债务还本	反映政府归还各类国内借款本金方面的支出。
	02	国外债务还本	反映政府归还各类国外借款本金方面的支出。
309		基本建设支出	反映各级发展与改革部门集中安排的用于购置固定资产、战略性和应急性储备、土地和无形资产，以及购建基础设施、大型修缮所发生的支出。
	01	房屋建筑物购建	反映用于购买、自行建造办公用房、仓库、职工生活用房、教学科研用房、学生宿舍、食堂等建筑物（含附属设施，如电梯、通讯线路、水气管道等）的支出。
	02	办公设备购置	反映用于购置并按财务会计制度规定纳入固定资产核算范围的办公家具和办公设备的支出。
	03	专用设备购置	反映用于购置具有专门用途，并按财务会计制度规定纳入固定资产核算范围的各类专用设备的支出。如通信设备、发电设备、交通监控设备、卫星转发器、气象设备、进出口监管设备等。
	04	交通工具购置	反映用于购置各类交通工具（如小汽车、摩托车等）的支出（含车辆购置税）。
	05	基础设施建设	反映用于农田设施、道路、铁路、桥梁、水坝和机场、车站、码头等公共基础设施建设方面的支出。
	06	大型修缮	反映按财务会计制度规定允许资本化的各类设备、建筑物、公共基础设施等大型修缮的支出。
	07	信息网络购建	反映政府用于信息网络方面的支出。如计算机硬件、软件购置、开发、应用支出等，如果购建的计算机硬件、软件等不符合财务会计制度规定的固定资产确认标准的，不在此科目反映。
	08	物资储备	反映政府、军队为应付战争、自然灾害或意料不到的突发事件而提前购置的具有特殊重要性的军事用品、石油、医药、粮食等战略性和应急性物质储备支出。
	99	其他基本建设支出	反映著作权、产权、专利权等无形资产购置支出，以及其他上述科目中未包括的资本性支出。如娱乐、文化和艺术原作的使用权、购买国内外影片播映权、购置图书等。

科目编码		科目名称	说　　明
类	款		
310		其他资本性支出	反映非各级发展与改革部门集中安排的用于购置固定资产、战略性和应急性储备、土地和无形资产，以及购建基础设施、大型修缮和财政支持企业更新改造所发生的支出。
	01	房屋建筑物购建	反映用于购买、自行建造办公用房、仓库、职工生活用房、教学科研用房、学生宿舍、食堂等建筑物（含附属设施，如电梯、通讯线路、水气管道等）的支出。
	02	办公设备购置	反映用于购置并按财务会计制度规定纳入固定资产核算范围的办公家具和办公设备的支出。
	03	专用设备购置	反映用于购置具有专门用途，并按财务会计制度规定纳入固定资产核算范围的各类专用设备的支出。如通信设备、发电设备、交通监控设备、卫星转发器、气象设备、进出口监管设备等。
	04	交通工具购置	反映用于购置各类交通工具（如小汽车、摩托车等）的支出（含车辆购置税）。
	05	基础设施建设	反映用于农田设施、道路、铁路、桥梁、水坝和机场、车站、码头等公共基础设施建设方面的支出。
	06	大型修缮	反映按财务会计制度规定允许资本化的各类设备、建筑物、公共基础设施等大型修缮的支出。
	07	信息网络购建	反映政府用于信息网络方面的支出。如计算机硬件、软件购置、开发、应用支出等，如果购建的计算机硬件、软件等不符合财务会计制度规定的固定资产确认标准的，不在此科目反映。
	08	物资储备	反映政府、军队为应付战争、自然灾害或意料不到的突发事件而提前购置的具有特殊重要性的军事用品、石油、医药、粮食等战略性和应急性物质储备支出。
	99	其他资本性支出	反映著作权、产权、专利权等无形资产购置支出，以及其他上述科目中未包括的资本性支出。如娱乐、文化和艺术原作的使用权、购买国内外影片播映权、购置图书等。
311		贷款转贷及产权参股	反映政府部门发放的贷款和向企业参股投资方面的支出。
	01	国内贷款	反映政府部门向国内有关单位发放的贷款（如农业开发资金中有偿使用部分在此科目反映）。
	02	国外贷款	反映政府部门向国际组织和国外政府提供的贷款（如援外支出中的有偿使用部分在此科目反映）。
	03	国内转贷	中央与地方共用科目。反映政府部门向外国政府、国外金融机构或上级政府借款转贷给下级政府、相关部门和企业的款项。
	04	国外转贷	反映政府部门向外国政府、国内金融机构借款转贷给国外有关机构和企业的款项。

续表

科目编码		科目名称	说　明
类	款		
	05	产权参股	反映政府购买国际组织股权和对企业投资参股的支出。由于政策性原因对其给予补贴，不在此科目反映。
	99	其他贷款转贷及产权参股支出	反映除上述项目以外其他用于贷款转贷及产权参股方面的支出。
399		其他支出	反映不能划分到上述经济科目的其他支出。
	01	预备费	财政部门专用。
	02	预留	有预算分配权的部门专用。
	03	补充全国社会保障基金	反映由国有股减持收入和其他财政资金补充全国社会保障基金的支出。
	04	未划分的项目支出	反映未按上述科目细分的项目支出。
	99	其他支出	反映除上述项目以外的其他支出。

（三）事业单位支出列报口径

事业单位的报销口径是指国家统一规定的各事业单位报销各项支出数字的准则，即具体规定哪些开支按什么数字列报和核销。其规定如下：

（1）对于发给个人的工资、津贴、补贴和抚恤救济费等，应根据实有人数和实发金额，取得本人签收的凭证后列报支出。

（2）购入办公用品可直接列报支出。购入其他各种材料应通过"材料"科目核算，在领用时列报支出。

（3）社会保障费、职工福利费和管理部门支付的工会经费，按照规定标准和实有人数每月计算提取，直接列报支出。

（4）固定资产修购基金按核定的比例提取，直接列报支出。

（5）购入固定资产，经验收后列报支出，同时记入"固定资产"和"固定基金"科目。

（6）其他各项费用，均以实际报销数列报支出。

有经营活动的事业单位应正确划分事业支出和经营支出的界限。对于能分清的支出，要合理归集；对于不能分清的，按一定标准进行分配。不得将应列入经营支出的项目列入事业支出，也不得将应列入事业支出的项目列入经营支出。

（四）事业支出的日常核算

为了核算和监督事业单位开展各项专业业务活动及其辅助活动发生的实际支出，需设置"事业支出"账户。该账户借方反映事业单位发生的实际支出和未实行内部成本核算的事业单位结转已销产成品成本；贷方反映当年支出收回时冲减的事业支出和年末转入"事业结余"账户的数额；该账户平时的借方余额反映事业单位累计发生的事业支出数，年终结账后无余额。

"事业支出"账户明细账户的设置应根据"政府预算收支科目"的规定，按"基本支出"和"项目支出"设置二级明细科目，并在二级明细科目下按照"政府预算收支科目"中的"一般预算支出"各"目"级科目，设置三级明细科目，进行明细核算。

1. 事业单位日常人员支出的核算。

【例18-30】学校用现金发放职工工资80 000元，其中，基本工资60 000元，补助工资15 000元，其他工资5 000元。

借：事业支出——基本支出——基本工资　　　　　　　　　　60 000
　　　　　　　　　　　　　——补助工资　　　　　　　　　　15 000
　　　　　　　　　　　　　——其他工资　　　　　　　　　　5 000
　　贷：现金　　　　　　　　　　　　　　　　　　　　　　　　80 000

【例18-31】某事业单位所在地区实行工资统发，单位本月职工基本工资总额66 000元。

借：事业支出——基本支出——基本工资　　　　　　　　　　66 000
　　贷：财政补助收入——人员经费　　　　　　　　　　　　　66 000

【例18-32】学校按规定标准和实有人数，计提8月份职工福利费8 000元。

借：事业支出——基本支出——职工福利费　　　　　　　　　8 000
　　贷：专用基金——职工福利费基金　　　　　　　　　　　　8 000

【例18-33】某事业单位本月按规定提取社会保障费50 000元，职工福利费20 000元，工会经费30 000元，修缮费80 000元。

借：事业支出——基本支出——职工福利费　　　　　　　　　20 000
　　　　　　　　　　　　　——社会保障费　　　　　　　　　50 000
　　　　　　　　　　　　　——工会经费　　　　　　　　　　30 000
　　　　　　　　　　　　　——修缮费　　　　　　　　　　　80 000
　　贷：专用基金——职工福利基金　　　　　　　　　　　　　20 000
　　　　　　　　——医疗基金　　　　　　　　　　　　　　　50 000
　　　　　　　　——修购基金　　　　　　　　　　　　　　　80 000
　　　　其他应付款——工会经费　　　　　　　　　　　　　　30 000

2. 事业单位日常公用支出的核算。

【例18-34】某事业单位购买设备一台，货款、运费及安装费共计80 000元。

借：事业支出——基本支出——设备购置费　　　　　　　　　80 000
　　贷：银行存款　　　　　　　　　　　　　　　　　　　　　80 000
借：固定资产——专用设备　　　　　　　　　　　　　　　　80 000
　　贷：固定基金　　　　　　　　　　　　　　　　　　　　　80 000

【例18-35】某事业单位开出支票一张，金额5 000元购买办公用品。

借：事业支出——基本支出——公务费　　　　　　　　　　　5 000
　　贷：银行存款　　　　　　　　　　　　　　　　　　　　　5 000

【例18-36】某事业单位本月开展专业活动领用了20 000元的材料。

借：事业支出——基本支出——业务费用　　　　　　　　　　20 000
　　贷：材料　　　　　　　　　　　　　　　　　　　　　　　20 000

【例18-37】某事业单位职工王红出差借支差旅费 3 000 元。

借：其他应收款——王红　　　　　　　　　　　　　　　　　3 000

　　贷：现金　　　　　　　　　　　　　　　　　　　　　　　　3 000

假设该职工回单位报销时，交回发票 2 500 元，多余现金 500 元。

借：现金　　　　　　　　　　　　　　　　　　　　　　　　　500

　　事业支出——基本支出——业务费用　　　　　　　　　　2 500

　　贷：其他应收款——王红　　　　　　　　　　　　　　　　3 000

3. 事业单位日常项目支出的核算。

【例18-38】某事业单位举办大型会议，用银行存款支付大型会议费 30 000 元。

借：事业支出——项目支出——会议费　　　　　　　　　　30 000

　　贷：银行存款　　　　　　　　　　　　　　　　　　　　30 000

4. 事业单位产品成本结转的核算。实行内部成本核算的事业单位结转已销业务成果或产品成本时，按实际成本，借记"事业支出"账户，贷记"产成品"账户。有经营活动的事业单位应正确划分事业支出、经营支出、专款支出和成本费用的界限。对于能分清的支出，要合理归集；对于不能分清的支出，应按一定标准进行分配，不得将应列入经营支出的项目列入事业支出，也不得将应列入事业支出的项目列入经营支出。

【例18-39】某事业单位将应由经营支出负担的水电费 2 000 元冲减事业支出。

借：经营支出——基本支出——公务费　　　　　　　　　　2 000

　　贷：事业支出——基本支出——公务费　　　　　　　　　2 000

【例18-40】某事业单位为不实行内部成本核算的事业单位，结转已售产品成本 50 000 元。

借：事业支出　　　　　　　　　　　　　　　　　　　　　50 000

　　贷：产成品　　　　　　　　　　　　　　　　　　　　　50 000

【例18-41】某事业单位结转产品生产负担的基本工资 3 000 元，水电费 2 000 元。

借：成本费用——某产品　　　　　　　　　　　　　　　　5 000

　　贷：事业支出——基本支出——基本工资　　　　　　　　3 000

　　　　　　　　　　　　——水电费　　　　　　　　　　　2 000

5. 事业单位年终结转支出的核算。年终，事业单位结账时，应将"事业支出"账户的借方余额，通过该账户的贷方转入"事业结余"账户的借方，结转以后，该账户没有余额。

【例18-42】某事业单位年末将"事业支出"借方余额 1 000 000 元全数转入"事业结余"账户。

借：事业结余　　　　　　　　　　　　　　　　　　　　1 000 000

　　贷：事业支出　　　　　　　　　　　　　　　　　　　1 000 000

三、事业单位经营支出的核算

经营支出是指事业单位在专业业务活动及其辅助活动之外开展非独立核算经营活动

发生的支出。事业单位非独立核算的经营活动所发生的全部支出都应纳入经营支出核算反映。经营支出与经营收入要配比。对于独立核算的经营活动应当按照《企业会计制度》单独进行核算，不在经营支出中反映。

为了核算和监督事业单位经营支出的发生及结转情况，需设置"经营支出"账户。该账户借方反映事业单位在专业业务活动及其辅助活动之外开展非独立核算经营活动发生的各项支出以及实行内部成本核算单位结转已销产品实际成本；贷方反映冲销的经营支出和年末转入"经营结余"账户的数额；该账户平时的余额表示事业单位累计发生的经营支出，年末转账后无余额。

经营支出的明细账，可以比照事业支出的明细账设置；经营业务种类较多的单位，应按经营业务的主要类别进行二级明细核算。

事业单位发生各项经营支出时，借记"经营支出"账户，贷记"银行存款"等有关账户。具体地说，事业单位在经营活动中应正确地归集实际发生的各项支出数，直接用于经营活动消耗的材料、支付的款项，应直接记入"经营支出"账户；无法直接归集的，应按规定的比例合理分摊。例如，由单位在事业支出中统一垫付的各项费用，应转入"经营支出"账户，冲减已确认的事业支出，即借记"经营支出"账户，贷记"事业支出"账户；对经营活动占用的单位的房屋设备等固定资产，应参照企业的折旧制度提取修购基金，借记"经营支出"账户，贷记"专用基金——修购基金"账户。

实行内部成本核算的事业单位，结转已销产品的成本时，应借记"经营支出"账户，贷记"产成品"账户。

"经营支出"账户年终时，应将其余额全部转入"经营结余"账户，借记"经营结余"账户，贷记"经营支出"账户，结转以后，该账户没有余额。

某事业单位下属的非独立核算部门本月发生如下业务：

【例18-43】本月应发放工资 40 000 元，其中，基本工资 30 000 元，补贴工资 10 000 元；代扣房租水电费 5 000 元，实际发放现金 35 000 元。

借：经营支出——基本支出——基本工资　　　　　　　　　　30 000
　　　　　　　　　　　　——补贴工资　　　　　　　　　　10 000
　　贷：现金　　　　　　　　　　　　　　　　　　　　　　　　35 000
　　　　其他应付款（先扣后付）——房租水电费　　　　　　　　　5 000
　　　　（其他应收款（先垫后扣）——房租水电费）

【例18-44】以银行存款购入设备一台，共计价款 80 000 元。

借：经营支出——基本支出——设备购置费　　　　　　　　　80 000
　　贷：银行存款　　　　　　　　　　　　　　　　　　　　　　80 000
借：固定资产——专用设备　　　　　　　　　　　　　　　　80 000
　　贷：固定基金　　　　　　　　　　　　　　　　　　　　　　80 000

【例18-45】职工出差回单位报销差旅费 2 000 元，以现金支付。

借：经营支出——基本支出——公务费　　　　　　　　　　　2 000
　　贷：现金　　　　　　　　　　　　　　　　　　　　　　　　2 000

【例18-46】以银行存款购买办公用品 1 000 元。

　　借：经营支出——基本支出——公务费　　　　　　　　　　　　1 000
　　　　贷：银行存款　　　　　　　　　　　　　　　　　　　　　　　　1 000

【例18-47】按规定提取职工福利费6 000元、社会保障费8 000元、设备修缮费10 000元及工会经费2 000元。

　　借：经营支出——职工福利费　　　　　　　　　　　　　　　　　6 000
　　　　　　　　——社会保障费　　　　　　　　　　　　　　　　　　8 000
　　　　　　　　——设备修缮费　　　　　　　　　　　　　　　　　10 000
　　　　　　　　——工会经费　　　　　　　　　　　　　　　　　　2 000
　　　　贷：专用基金——职工福利基金　　　　　　　　　　　　　　　6 000
　　　　　　　　　　——医疗基金　　　　　　　　　　　　　　　　8 000
　　　　　　　　　　——修购基金　　　　　　　　　　　　　　　10 000
　　　　其他应付款——工会经费　　　　　　　　　　　　　　　　　2 000

【例18-48】某事业单位下属的非独立核算单位实行成本核算，本期销售已售产品的销售成本10 000元。

　　借：经营支出——销售成本　　　　　　　　　　　　　　　　10 000
　　　　贷：产成品　　　　　　　　　　　　　　　　　　　　　　　10 000

【例18-49】年末将"经营支出"的余额1 000 000元全数转入"经营结余"账户。

　　借：经营结余　　　　　　　　　　　　　　　　　　　　　1 000 000
　　　　贷：经营支出　　　　　　　　　　　　　　　　　　　　　1 000 000

四、成本费用的核算

（一）成本费用概述

　　成本费用是指事业单位在生产产品、开发项目或提供劳务过程中发生的应列入劳务（或产品）成本的各项费用开支。

　　《事业单位财务规则》规定："事业单位可以根据开展业务活动及其他活动的实际需要，实行内部成本核算办法。"而具体哪些事业单位实行内部成本核算，哪些事业单位不实行内部成本核算，一般由财政机关和主管单位共同商定。但是事业单位成本核算与企业成本核算又不完全相同。

　　（1）从核算内容上讲，事业单位成本核算属于不完全成本核算。因为事业单位成本核算的内容没有企业成本核算的内容那么完整，有些费用项目可能没有发生，有些费用项目发生了但又无法进行准确的成本核算。

　　（2）从核算方法上讲，事业单位成本核算不是严格的成本核算。因为事业单位一般不具备真正意义上的成本核算条件，各种成本费用的界限不像企业那样容易划分，计算分配方法也难以严格分开使用。

　　（3）从核算形式上讲，事业单位成本核算是内部的成本核算。目的是为了加强事业单位的内部管理，正确反映事业单位财务状况和事业成果，提高成本意识，提高资金利用效率。虽然各事业单位情况有所不同，但都可以根据自身业务特点，参照企业成本管理方式，成本开支范围制定出具体的成本核算办法，计算出开展每项事业或经营活动的成本费用额。如学校可以计算出学生培养成本；电视台可以计算出电视剧制作成本；医疗单位可以计算出每个病人的医疗成本，等等。

（二）成本费用的归集

事业单位实行内部成本核算，其成本项目和计算成本的方法，可参照企业财务制度规定，结合本单位具体情况，制定具体方法。在进行成本项目设计时，其具体的、明细的项目，应当与国家统一规定的事业支出科目衔接起来。比如事业单位的事业支出或经营支出，一级科目可以参照企业财务制度设计为直接费用（直接材料、直接工资、其他直接支出）、制造费用、管理费用、财务费用和销售费用等，也可以根据实际情况进行简化合并。二级科目则可以按照事业支出科目设计为工资、补助工资、职工福利费、社会保障费、助学金、公务费、业务费、设备购置费、修缮费和其他费用。这样既满足了内部成本核算的需要，又能与国家统一规定的事业支出科目相衔接。在编制财务报告时，有关成本费用能够还原到国家统一规定的支出科目当中去，统一编制事业单位的财务报告。

需要注意的是，对于单位管理部门为组织和管理生产经营活动而发生的管理费用不得计入产品成本，可直接列入经营支出。

为了正确核算事业单位成本费用，需设置"成本费用"账户。该账户借方反映实行内部成本核算的事业单位应列入劳务（产品、商品）成本的各项费用；贷方反映完工并验收入库的产品成本；余额在借方，反映未完工产品的成本。对于成本核算业务较复杂的单位，可根据需要自行设置必要的成本核算账户。该账户应按经营类别或产品品种设置明细账。

事业单位在业务活动或经营过程中发生各项费用时，借记"成本费用"账户，贷记"材料"、"现金"、"银行存款"等有关账户。产品验收入库时，借记"产成品"账户，贷记"成本费用"账户。

【例18-50】某事业单位生产 A 产品领用材料费 50 000 元，发生工资费用 2 000 元，发生其他费用 1 000 元。

借：成本费用——直接材料	50 000
——直接工资	2 000
——其他直接费用	1 000
贷：材料	50 000
现金	3 000

【例18-51】假设 A 产品全部完工，结转完工产品成本 53 000 元。

借：产成品——A 产品	53 000
贷：成本费用——A 产品	53 000

五、销售税金的核算

销售税金是指事业单位提供劳务或销售产品按税法规定应负担的销售税金及附加，它包括营业税、城市维护建设税、资源税和教育费附加等。"销售税金"是一个支出类账户，不是负债类账户。

营业税是指事业单位提供应税劳务、转让无形资产或销售不动产时，就其所得的营业额征收的一种税。其计税公式为：

$$应交营业税＝营业额×适用税率$$

城市维护建设税是指事业单位以实际缴纳的流转税为计税依据计算缴纳的、专门用于城镇公用事业和公共设施的维护、建设征收的附加税。其计算公式为：

$$应纳城市维护建设税＝应交流转税×适用税率$$

资源税是指事业单位因开采应税资源而向国家缴纳的一种税。其计算公式为：

$$应交资源税＝课税数量×单位税额$$

教育费附加指事业单位以实际缴纳的流转税为计税依据计算缴纳的、用于城市教育事业的一种附加费。其计算公式为：

$$应交教育费附加＝应交流转税×征收率$$

在计算事业单位应缴各项税金时，一方面使单位发生了一笔支出，另一方面形成了对税务机关的一笔负债。为了核算事业单位的税金支出，需要设置"销售税金"账户。该账户借方记录事业单位按规定计算应负担的各种税金及附加；贷方记录年终转入"经营结余"账户（经营活动应负担的税金）、"事业结余"账户（事业活动应负担的税金）的税金。结转后，该账户无余额。

【例18-52】某事业单位本月实现业务收入 500 000 元，实现经营收入 300 000 元，营业税税率为 3%，城建税税率为 4%，教育费附加征收率为 3%。

事业收入应交营业税＝500 000×3%＝15 000（元）

事业收入应交城建税＝15 000×4%＝600（元）

事业收入应交教育费附加＝15 000×3%＝450（元）

经营收入应交营业税＝300 000×3%＝9 000（元）

经营收入应交城建税＝9 000×4%＝360（元）

经营收入应交教育费附加＝9 000×3%＝270（元）

借：销售税金——事业收入	16 050	
——经营收入	9 630	
贷：应交税金——应交营业税		24 000
——应交城建税		960
其他应付款——应交教育费附加		720

【例18-53】某事业单位属一般纳税人，本期增值税销项税额合计 100 000 元，进项税额合计 70 000 元，城建税税率为 4%，教育费附加征收率为 3%。

应交增值税＝100 000－70 000＝30 000（元）

应交城建税＝30 000×4%＝1 200（元）

应交教育费附加＝30 000×3%＝900（元）

借：销售税金	2 100	
贷：应交税金——应交城建税		1 200

      其他应付款——应交教育费附加   900

【例18-54】某事业单位以银行存款支付应交营业税 24 000 元，应交城建税 960 元，应交教育费附加 720 元。

    借：应交税金——应交营业税   24 000

            ——应交城建税   960

      其他应付款——应交教育费附加   720

      贷：银行存款   25 680

六、拨出经费的核算

拨出经费是指事业单位按核定的预算拨付给所属单位的预算资金。是主管会计单位和二级会计单位收到财政部门拨付的财政补助收入后向下级单位的转拨。因为各事业单位应按国家规定的预算级次领拨经费，一个部门系统的预算经费，财政部门只对主管会计单位拨付经费，然后按主管会计单位、二级会计单位和基层会计单位分级次逐级转拨。

事业单位为了核算主管会计单位、二级会计单位向其所属会计单位转拨预算资金，应设置"拨出经费"账户，该账户借方的登记事业单位实际拨出的经费数，贷方登记事业单位收回拨出经费数和年终结转入"事业结余"账户的数额；平时借方余额反映事业单位当年拨出经费的累计数，年终转入事业结余后应无余额。该账户应按所属单位的名称设置明细账进行明细核算。但需要注意的是，事业单位对所属单位拨付的非财政性补助资金或转拨的专项资金不通过该账户核算。

事业单位日常拨出经费时，借记"拨出经费"账户，贷记"银行存款"账户；事业单位由于多拨或者错拨等原因收回拨出经费时，借记"银行存款"账户，贷记"拨出经费"账户（也可以用红字核算的方法作与拨出经费时相同方向的会计处理）；年终，事业单位将"拨出经费"账户的借方余额全数转入结余账户，借记"事业结余"账户，贷记"拨出经费"账户。

【例18-55】某事业单位开出预算拨款凭证，向所属学校转拨事业经费 500 000 元，根据开户银行退回的预算拨款凭证回单联填制记账凭单。

    借：拨出经费——事业经费   500 000

      贷：银行存款   500 000

【例18-56】所属学校交回多拨的事业经费 80 000 元。

    借：银行存款   80 000

      贷：拨出经费   80 000

【例18-57】事业单位年终将"拨出经费"余额 130 万元全数转入"事业结余"账户。

    借：事业结余   1 300 000

      贷：拨出经费   1 300 000

七、对附属单位补助支出的核算

对附属单位补助支出是指事业单位用财政补助收入之外的收入对附属单位补助发生

的支出。这主要是指事业单位用事业收入取得的资金对其附属单位拨付补助。

事业单位为了核算对附属单位拨付非财政预算资金，需设置"对附属单位补助"账户。该账户借方登记拨付给附属单位非财政预算资金数；贷方登记收回补助款及年末转入"事业结余"的累计补助额；转账后，该账户年末无余额。

事业单位对其附属单位补助非财政预算资金时，借记"对附属单位补助"账户，贷记"银行存款"账户；收回补助时作相反的分录；年终将其累计发生额转入"事业结余"账户时，借记"事业结余"账户，贷记"对附属单位补助"账户。

【例18-58】某事业单位根据实际情况拨付给下属单位非财政预算资金补助300 000元。

借：对附属单位补助	300 000
贷：银行存款	300 000

【例18-59】年终，该事业单位将其发生的对附属单位补助300 000元，全数转入"事业结余"账户。

借：事业结余	300 000
贷：对附属单位补助	300 000

八、上缴上级支出的核算

上缴上级支出是指附属上级单位的独立核算单位实行收入上缴办法，按照规定的定额或比例上缴上级单位的支出。

实行独立核算的事业单位，包括附属于上级的事业单位和附属于上级的企业单位。附属于上级的事业单位应按规定上缴事业收入；附属于上级的企业单位应按规定上缴企业利润。

为了核算事业单位上缴上级支出的发生情况，需设置"上缴上级支出"账户，该账户借方记录按规定比例上缴上级支出额；贷方于年终记录转入"事业结余"账户的数额；转账后，该账户无余额。

【例18-60】某附属于上级的事业单位按规定比例上缴事业收入500 000元。

借：上缴上级支出	500 000
贷：银行存款	500 000

【例18-61】年终，某附属于上级的企业单位按规定上缴企业利润400 000元。

借：上缴上级支出	400 000
贷：银行存款	400 000

【例18-62】年终，附属于上级的事业单位和企业单位将实际上缴上级支出转入事业结余和经营结余。

借：事业结余	500 000
经营结余	400 000
贷：上缴上级支出	900 000

九、结转自筹基建的核算

结转自筹基建是事业单位经批准用财政补助收入以外的资金安排自筹基本建设，其所筹集并转存建设银行的资金。转存建设银行后，交由单位基建部门管理，财务部门已不再管理此项资金。待基金建成移交使用后，又转入财务部门，借记"固定资产"账户，贷记"固定基金"账户。

事业单位将自筹的基本建设资金转存建设银行时，根据转存款借记"结转自筹基建"账户，贷记"银行存款"账户。年终结账时，应将"结转自筹基建"账户借方余额全数转入"事业结余"账户，借记"事业结余"账户，贷记"结转自筹基建"账户。实际上，结账分录表明此项资金是用结余资金转存的。

【例18-63】某事业单位经批准用财政补助收入以外的资金安排自筹基本建设，将自筹的基本建设资金 1 000 000 元转存于建设银行。

```
借：结转自筹基建                              1 000 000
    贷：银行存款                                      1 000 000
```

【例18-64】年终，该事业单位将结转自筹基建资金 1 000 000 元转账。

```
借：事业结余                                  1 000 000
    贷：结转自筹基建                                  1 000 000
```

通过编制第二笔会计分录，财务部门的资产负债表中已将不再反映此笔资金，交由基建办管理。因此，上报财政报表时，一定要将财务部门的报表和基建部门的报表一同报出，才能真实地反映事业单位的资产负债情况。

基建部门收到此笔款时，可以编制：

```
借：银行存款                                  1 000 000
    贷：自筹基建款                                    1 000 000
```

基建部门用资金搞基建时：

```
借：基建工程——××工程                        1 000 000
    贷：银行存款                                      1 000 000
```

基建完工后交付使用时，移交财务部门：

```
借：自筹基建款                                1 000 000
    贷：基建工程——××工程                            1 000 000
```

财务部门收到基建部门交来完工工程的有关会计凭证时：

```
借：固定资产                                  1 000 000
    贷：固定基金                                      1 000 000
```

十、拨出专款的核算

拨出专款是指主管部门或上级单位拨付给所属单位的需要单独报账的专项资金。主管部门或上级单位拨付给所属单位的不需要单独报账的资金，不属于拨出专款的核算范围。

　　拨出专款的资金来源既可以是财政部门或上级单位拨来的专项资金拨款，由事业单位转拨给其所属单位使用；也可以是事业单位用本单位的自有资金拨付给所属单位使用。这两个来源，直接影响到专项资金的出账内容安排，所以，必须明确专项资金的来源。

　　为了核算事业单位拨出专款的增减变动情况，需设置"拨出专款"账户。该账户借方记录拨出数；贷方记录收回及报销款数；该账户平时的余额在借方，表示事业单位的所属单位尚未报销数。项目完成后，根据所属单位报来的决算数予以核销。"拨出专款"账户应按所属单位的名称设置明细账进行核算。

　　事业单位拨出专项资金时，借记"拨出专款"账户，贷记"银行存款"账户。收回拨款时，借记"银行存款"账户，贷记"拨出专款"账户。所属单位报销专款支出时，应区别情况处理：

　　（1）专项资金如系上级单位或同级财政拨入的，则借记"拨入专款"账户，贷记"拨出专款"账户。

　　（2）专项资金如属本单位自有资金设置对所属单位的专项拨款，按资金渠道借记"事业支出"、"事业基金"、"专用基金"等账户，贷记"拨出专款"账户。

　　【例18-65】某事业单位收到财政拨入专款800 000元。

　　　　借：银行存款　　　　　　　　　　　　　　　　　　　　　800 000
　　　　　　贷：拨入专款——专项经费　　　　　　　　　　　　　　　　800 000

　　【例18-66】某事业单位将上级拨入专款500 000元拨付给其下属单位挖潜改造。

　　　　借：拨出专款——专项经费　　　　　　　　　　　　　　　　500 000
　　　　　　贷：银行存款　　　　　　　　　　　　　　　　　　　　　500 000

　　【例18-67】某事业单位将本单位专用基金200 000元，拨给下属作为某项科研课题经费。

　　　　借：拨出专款——专用基金　　　　　　　　　　　　　　　　200 000
　　　　　　贷：银行存款　　　　　　　　　　　　　　　　　　　　　200 000

　　【例18-68】某事业单位的下属单位报销专项拨款：挖潜改造工程已完，实际开支480 000元，交回多余款项。

　　　　借：拨入专款——专项经费　　　　　　　　　　　　　　　　480 000
　　　　　　银行存款　　　　　　　　　　　　　　　　　　　　　　20 000
　　　　　　贷：拨出专款——专项经费　　　　　　　　　　　　　　　500 000

　　【例18-69】某事业单位将剩余的专项经费拨款300 000元上缴财政。

　　　　借：拨入专款——专项经费　　　　　　　　　　　　　　　　300 000
　　　　　　贷：银行存款　　　　　　　　　　　　　　　　　　　　　300 000

　　【例18-70】根据〖例18-67〗资料，所属单位科研课题结项，支出清单列示其实际支出数为200 000元，事业单位据以注销其专用基金。

　　　　借：专用基金　　　　　　　　　　　　　　　　　　　　　　200 000
　　　　　　贷：拨出专款——专用基金　　　　　　　　　　　　　　　200 000

十一、专款支出的核算

专款支出是指由财政部门、上级单位和其他单位拨入的指定项目或用途并需要单独报账的专款资金实际支出。

专款支出主要有科研课题费、挖潜革新改造资金、科技"三项费用"等指定项目或用途的支出。专款资金的使用要专款专用、据实列报、单独核算、专项结报。

为了核算事业单位专款支出的使用情况，需设置"专款支出"账户。该账户借方登记专项拨款的使用数；贷方登记项目完工向有关部门单独列报的报销数；该账户余额在借方，表示尚未完工且未报账的项目开支。该账户按专款的项目设置明细账进行明细核算。

【例18-71】某事业单位收到上级拨入科技"三项费用"专款500 000元。

借：银行存款 500 000
　　贷：拨入专款——科技"三项费用"专款 500 000

【例18-72】某事业单位用银行存款购入科研用的设备80 000元，材料40 000元。

借：材料——科研用 40 000
　　专款支出——设备购置费 80 000
　　　　贷：银行存款 120 000
借：固定资产 80 000
　　　　贷：固定基金 80 000

【例18-73】科研改造过程中领用材料40 000元，发生其他开支300 000元。

借：专款支出——其他支出 300 000
　　　　——材料费 40 000
　　贷：材料——科研用 40 000
　　　银行存款 300 000

【例18-74】年终，该科研改造工程已完成，按实际开支报账，并交回多余拨款80 000元。

借：拨入专款——科技"三项费用"专款 500 000
　　贷：专款支出——设备购置费 80 000
　　　　——材料费 40 000
　　　　——其他支出 300 000
　　　银行存款 80 000

第十九章　事业单位净资产的核算

事业单位的净资产是指事业单位的资产总额减去负债总额后的剩余部分，表明事业单位占有或使用国有资产的净值。事业单位的净资产一般通过政府的基本建设投资、各项非经营性结余和经营性结余累积形成，接受的捐赠以及国家拨给事业单位的固定资产也形成事业单位的净资产，具体包括事业基金、固定基金、专用基金、结余资金等。

第一节　事业单位结余资金的核算

事业单位结余资金是指事业单位在一定期间的各项收支结余及其分配资金。它包括事业结余、经营结余和结余分配。

事业单位应当按照规定的计算方法和计算内容对单位全年的收支活动进行全面的清查、核对、整理和结算。凡属于本年的各项收入，都要及时入账；凡属本年的各项支出，都要按规定的支出渠道列报，正确计算、如实反映全年收支结余情况。需要强调的是，经营收入要与经营支出对应进行结算，以正确反映经营收支结余。其他各项收入之和要与其他各项支出之和对应进行结算，以正确反映事业收支结余，二者不能混淆。

一、事业结余的核算

事业结余是指事业单位在一定期间内除经营收支外各项收支相抵后的余额（不含实行预算外资金结余上缴办法的预算外资金结余），其收入包括财政补助收入、上级补助收入、附属单位缴款、事业收入、其他收入。其支出包括拨出经费、事业支出、上缴上级支出、非经营业务的销售税金、对附属单位补助、结转自筹基建等。

为了核算事业结余的形成和结转情况，应设置"事业结余"账户。该账户贷方记录从各事业收入账户转入收入的数额；借方记录从各事业支出账户转入的支数额；余额在贷方，表示当期实现的结余。年度终了，单位应将当年实现的结余全数转入"结余分配"账户，结转后，该账户无余额。该账户平时少用，主要在年终结账、转账时使用。

事业单位于期末计算结余时，借记"财政补助收入"、"上级补助收入"、"附属单位缴款"、"事业收入"、"其他收入"等账户，贷记"事业结余"账户；同时，借记"事业结余"账户，贷记"拨出经费"、"事业支出"、"上缴上级支出"、"销售税金（非经营业务）"、"对附属单位补助"、"结转自筹基建"等账户。

【例19-1】某事业单位年末有关事业收支账户余额如下（单位：元）：

项　目	借方余额	项　目	贷方余额
拨出经费	1 000 000	财政补助收入	500 000
事业支出	800 000	上级补助收入	200 000
上缴上级支出	300 000	附属单位缴款	150 000
销售税金	10 000	事业收入	2 000 000
对附属单位补助	50 000	其他收入	400 000
结转自筹基建	700 000		
合　计	2 860 000	合　计	3 250 000

（1）结转各收入账户：

借：财政补助收入　　　　　　　　　　　　　　　　　500 000
　　上级补助收入　　　　　　　　　　　　　　　　　200 000
　　附属单位缴款　　　　　　　　　　　　　　　　　150 000
　　事业收入　　　　　　　　　　　　　　　　　　2 000 000
　　其他收入　　　　　　　　　　　　　　　　　　　400 000
　　　贷：事业结余　　　　　　　　　　　　　　　　3 250 000

（2）结转各支出账户：

借：事业结余　　　　　　　　　　　　　　　　　　2 860 000
　　　贷：拨出经费　　　　　　　　　　　　　　　　1 000 000
　　　　　事业支出　　　　　　　　　　　　　　　　　800 000
　　　　　上缴上级支出　　　　　　　　　　　　　　　300 000
　　　　　销售税金　　　　　　　　　　　　　　　　　 10 000
　　　　　对附属单位补助　　　　　　　　　　　　　　 50 000
　　　　　结转自筹基建　　　　　　　　　　　　　　　700 000

（3）将其差额转入结余分配：

借：事业结余　　　　　　　　　　　　　　　　　　　390 000
　　　贷：结余分配　　　　　　　　　　　　　　　　　390 000

二、经营结余的核算

经营结余是指事业单位在一定期间内各项经营收入与经营支出相抵后的余额。

事业单位在专业业务活动及其辅助活动之外开展非独立核算经营活动实现的各项收入和各项支出以及实行内部成本核算单位已实现的经营收入和销售成本形成事业单位的经营结余。

为了核算和监督事业单位经营结余的形成和结转情况，应设置"经营结余"账户。该账户贷方记录从"经营收入"账户转入的本期实现的经营收入总额；贷方记录从"经营支出"账户转入的本期发生的经营支出额以及从"销售税金"账户转入的本期经营业务而发生的销售税金支出；余额在贷方，表示本期实现的经营结余，如为借方余额，则表示经营亏损。年终时，应将该账户的余额全数转入"结余分配"账户，结转后，本账户无余额。如果为亏损，则不结转。

【例19-2】某事业单位年末"经营收入"账户贷方累计余额为120 000元，"经营支出"账户借方累计余额为80 000元，"销售税金"账户借方累计余额为5 000元。

（1）结转经营收入：

借：经营收入　　　　　　　　　　　　　　　　　120 000
　　贷：经营结余　　　　　　　　　　　　　　　　　　120 000

（2）结转经营支出：

借：经营结余　　　　　　　　　　　　　　　　　 85 000
　　贷：经营支出　　　　　　　　　　　　　　　　　　 80 000
　　　　销售税金　　　　　　　　　　　　　　　　　　　5 000

（3）结转经营结余：

借：经营结余　　　　　　　　　　　　　　　　　 35 000
　　贷：结余分配　　　　　　　　　　　　　　　　　　 35 000

三、结余分配的核算

结余分配是反映事业单位当年结余资金的分配情况的。《事业单位财务规则》规定：事业单位的结余（不含实行预算外资金结余上缴办法的预算外资金结余），除专项资金按照国家规定结转下一年度继续使用外，可以按照国家有关规定提取职工福利基金，剩余部分作为事业基金用于弥补以后年度单位预算收支差额；国家另有规定的，从其规定。

事业单位结余分配的分配程序是：有所得税缴纳业务的单位先计算缴纳的所得税，然后按规定计算出应提取的职工福利基金。其剩余部分为事业单位当年未分配结余，全数转入"事业基金——一般基金"账户。

为了核算事业单位当年结余分配的情况和结果，需要设置"结余分配"账户。该账户贷方记录从"经营结余"、"事业结余"账户转入的当年实现的结余数；借方记录结余分配的分配数；余额在贷方表示未分配的结余，于年终全数转入"事业基金——一般基金"账户。

年终，将当年事业结余和经营结余全数转入结余分配时，借记"事业结余"、"经营结余"账户，贷记"结余分配"账户。有所得税缴纳业务的事业单位计算出应缴纳的所得税时，借记"结余分配——应交所得税"账户，贷记"应交税金——所得税"账户。

单位计算出应提取的职工福利基金时，借记"结余分配——提取专用基金"账户，贷记"专用基金——职工福利基金"账户。分配后，单位应将当年未分配结余全数转入"事业基金"时，借记"结余分配"账户，贷记"事业基金——一般基金"账户。

单位年终结账后，发生以前年度会计事项的调整或变更，涉及以前年度结余的，凡国家有规定的，从其规定；没有规定的，应直接通过"事业基金"账户核算，并在会计报表上加以注明。

【例19-3】某事业单位年末结转经营结余350 000元，事业结余390 000元。

借：经营结余   350 000

  事业结余   390 000

  贷：结余分配   740 000

【例 19-4】 假设该事业单位有所得税缴纳业务，计算应交所得税 350 000×18%=63 000（元）。

借：结余分配——应交所得税   63 000

  贷：应交税金——应交所得税   63 000

【例 19-5】 假设该单位按规定提取职工福利基金 200 000 元。

借：结余分配——提取福利基金   200 000

  贷：专用基金——职工福利基金   200 000

【例 19-6】 年终，将未分配结余 477 000 元转入事业基金。

借：结余分配   477 000

  贷：事业基金——一般基金   477 000

【例 19-7】 某事业单位发现某职工有上年一项事业支出 10 000 元尚未报销，调整本年的事业基金。

借：事业基金——一般基金   10 000

  贷：其他应收款——××职工   10 000

第二节 事业单位基金核算

一、事业基金核算

（一）事业基金的概念

事业基金是事业单位拥有的、非限定用途、由事业单位自行支配的结余资金。主要包括事业单位历年收支的滚存结余资金、专项结余资金留存部分以及事业单位对外投资占用的资金。

滚存结余资金是指按规定留归事业单位的各项收支结余的滚存数，是事业基金的主要来源。滚存结余资金来源于事业结余和经营结余资金。事业结余是事业单位各项非经营性收支净额；经营结余是事业单位经营性收支净额；它们按规定进行分配，扣除应交所得税和提取职工福利基金后，剩余部分转为事业基金。

专项资金结余是指事业单位专项项目完工后的拨入专款结余。专项结余只有按规定留给本单位使用的结余数，才能转入事业基金，由限定用途的资金转变为非限定用途的事业基金。

对外投资基金是指事业单位以其资产进行对外投资时形成的基金。主要包括两部分内容：一是事业单位用其资产对外投资时，从事业基金的一般基金转化而形成的用作固定用途的投资基金；二是事业单位投出资产时因评估价或合同协议价确定的价值高于或低于原账面价值，而增加或减少的投资基金。

此外，单位年终结账后，发生以前年度会计事项调整或者变更，涉及以前年度结余的，一般应直接转入或冲减事业基金。国家另有规定的，从其规定。

事业基金作为净资产或基金结余，不再直接安排各项支出，而是用于弥补以后年度收支差额。在事业单位的资金运动过程中，事业基金起的是"蓄水池"的作用，用来调节年度之间的收支平衡。也就是说，以后年度如果收入大于支出，则继续转入增加事业基金；如果支出大于收入，则用以前年度的事业基金弥补其差额。在确定年初预算时，如果支出安排出现缺口，也可以直接安排一部分事业基金用于弥补差额。

（二）事业基金的核算

为了正确地核算事业单位事业基金的增减变动及其结存情况，需要设置"事业基金"账户。该账户的贷方记录事业单位年终将当期未分配结余资金转入的部分和某些已完成项目的拨入专款结余，按规定留归事业单位使用的部分以及事业单位从"固定基金"转入对外投资基金的基金数额；借方记录事业单位自行支配资金结余的减少；余额在贷方，反映事业单位可自行支配的净结余资金。

"事业基金"账户应按核算的业务内容设置"一般基金"和"投资基金"两个明细账户。"一般基金"明细账户主要核算历年滚存结余资金，"投资基金"明细账户用以核算对外投资部分的基金。

年终，单位将当期未分配结余资金转入"事业基金"账户时，借记"结余分配"账户，贷记"事业基金——一般基金"账户。对于项目已完成的拨入专款结余，按规定留归本单位时，借记"拨入专款"账户，贷记"事业基金——一般基金"账户。

事业单位用固定资产对外投资时，应按评估价或合同、协议确定的价值，借记"对外投资"账户，贷记"事业基金——投资基金"账户。

事业单位用货币资金、材料和无形资产对外投资时，按评估价或合同、协议确定的价值，借记"事业基金——一般基金"账户，贷记"事业基金一投资基金"账户。

【例19-8】某事业单位年末将"结余分配"账户未分配结余额 80 000 元全数转入"事业基金"账户。

借：结余分配　　　　　　　　　　　　　　　　　　　　　80 000
　　贷：事业基金——一般基金　　　　　　　　　　　　　　　　80 000

【例19-9】某事业单位获得专项拨款一项，该项目已完成，其结余款 10 000 元经财政部门批准全数留给事业单位。

借：拨入专款——××项目　　　　　　　　　　　　　　　10 000
　　贷：事业基金——一般基金　　　　　　　　　　　　　　　10 000

【例19-10】某事业单位接受某公司捐款 100 000 元存入银行。

借：银行存款　　　　　　　　　　　　　　　　　　　　100 000
　　贷：事业基金——一般基金　　　　　　　　　　　　　　100 000

【例19-11】某事业单位用固定资产对外投资，该项固定资产的评估价值为 250 000 元，其账面价值为 200 000 元。

  借：对外投资——其他投资   250 000

    贷：事业基金——投资基金   250 000

  借：固定基金   200 000

    贷：固定资产   200 000

【例19-12】 某事业单位以银行存款 200 000 元对外进行投资。

  借：对外投资——其他投资   200 000

    贷：银行存款   200 000

  借：事业基金——一般基金   200 000

    贷：事业基金——投资基金   200 000

【例19-13】 某事业单位以本单位材料对外投资，该批材料评估价为 200 000 元，其账面价值为 160 000 元，该事业单位属一般纳税人。

  借：对外投资——其他投资   200 000

    贷：材料   160 000

      应交税金——应交增值税（销项税额）   34 000

      事业基金——投资基金   6 000

  借：事业基金——一般基金   194 000

    贷：事业基金——投资基金   194 000

  假设该事业单位为小规模纳税人单位，160 000 元为账面含税价，则会计分录为：

  借：对外投资——其他投资   200 000

    贷：材料   160 000

      事业基金——投资基金   40 000

  借：事业基金——一般基金   160 000

    贷：事业基金——投资基金   160 000

【例19-14】 某事业单位以无形资产对外投资，该项无形资产的评估价值为 300 000 元，其账面价值 200 000 元。

  借：对外投资——其他投资   300 000

    贷：无形资产   200 000

      事业基金——投资基金   100 000

  借：事业基金——一般基金   200 000

    贷：事业基金——投资基金   200 000

【例19-15】 某事业单位用事业基金弥补本年事业收支不足 150 000 元。

  借：事业基金——一般基金   150 000

    贷：结余分配   150 000

二、固定基金核算

  固定基金是指事业单位掌管的固定资产所占用的资金。它包括事业单位因购入、自制、调入、融资租入、接受捐赠及盘盈固定资产所形成的资金占用情况。

为了核算事业单位固定基金的增减变化及结存情况，需设置"固定基金"账户。该账户贷方反映事业单位以各种方式获得固定资产所形成的固定基金增加；借方反映事业单位出售、对外投资、盘亏毁损及报废固定资产而引起固定基金的减少；余额在贷方，反映事业单位掌管的固定资产所占用的基金。由于事业单位固定资产不计提折旧，因而"固定基金"余额反映的不是固定资产的净值，而是固定资产的原始价值。

【例19-16】某事业单位以银行存款购入固定资产一项，货款、运杂安装费共计120 000元。

借：事业支出（用事业支出购入）	120 000
专款支出（用专项拨款购入）	0
专用基金——修购基金（用修购基金购入）	0
贷：银行存款	120 000
借：固定资产	120 000
贷：固定基金	120 000

【例19-17】某事业单位接受外单位捐赠汽车一辆，其重置价值为150 000元。

借：固定资产	150 000
贷：固定基金	150 000

【例19-18】某事业单位融资租入设备一台，价款、运杂费及安装费共计300 000元，分5年支付其租金。

（1）租入时：

借：固定资产——融资租入	300 000
贷：其他应付款——应付租赁费	300 000

（2）分期支付租金时：

借：经营支出	60 000
（事业支出）	
（专用基金——修购基金）	
贷：固定基金	60 000
借：其他应付款——应付租赁费	60 000
贷：银行存款	60 000

【例19-19】某事业单位盘亏固定资产一项，账面价值50 000元。

借：固定基金	50 000
贷：固定资产	50 000

【例19-20】某事业单位经批准报废（出售）设备一台，其账面价值180 000元，收残值收入1 000元存入银行。

借：固定基金	180 000
贷：固定资产	180 000
借：银行存款	1 000
贷：专用基金——修购基金	1 000

三、专用基金核算

（一）专用基金的概念和内容

专用基金是指事业单位按规定提取、设置的有专门用途的资金。它包括事业单位按规定提取的修购基金、职工福利基金、医疗基金、住房基金等。

专用基金是具有专门用途的基金。事业单位应加强专用基金的管理，严格按照专款专用的原则使用该项基金，不能随意挪作他用。专用基金的管理原则是"先提后用，专设账户，专款专用"。

专用基金按规定一般不直接参加业务经营活动，其运动过程具有相对独立的特点：

①专用基金的取得，均有专门的规定。如修购基金、医疗基金、职工福利基金是根据一定的比例或数额提取，在相关支出中列支后转入的；职工福利基金还可根据结余的一定比例提取转入。

②各项专用基金，都规定有专门的用途和使用范围，除财务制度规定可以允许合并使用以外，专用基金一般不得互相占用、挪用。

③专用基金的使用，均属一次性消耗，没有循环周转，不可能通过专用基金支出直接取得补偿。

1. 修购基金。《事业单位财务规则》根据建立社会主义市场经济体制的要求，结合当前大多数事业单位自身都能组织一定收入，但还不能完全满足经常性支出，无法按折旧办法提取折旧的现实情况。为保证事业单位固定资产更新和维护有一个相对稳定的来源，统一规定了事业单位应按事业收入和经营收入的一定比例提取修购基金，统一用于事业单位的设备购置和房屋修缮。

2. 职工福利基金。职工福利基金是指事业单位用于改善职工福利方面所需的资金。事业单位职工福利基金的来源有两个：一是按工资总额比例从事业支出和经营支出中提取的国家工作人员福利费，用于单位职工基本福利支出的需要；二是按结余的一定比例提取的职工福利基金，主要满足不同单位的特殊福利支出需要。

3. 医疗基金。按照公费医疗管理制度的规定，享受公费医疗待遇的主要是全额预算管理单位的职工。未纳入公费医疗经费开支范围的事业单位，按当地财政部门规定的公费医疗经费开支标准提取医疗基金，并参照公费医疗制度的有关规定用于职工公费医疗开支。

4. 住房基金。住房基金是指按照国务院规定的住房公积金制度，由单位按照职工工资总额的一定比例提取的住房公积金，不包括个人缴纳的住房公积金。

国家为了保证和促进住房制度改革的顺利进行，实现住房商品化，加快住房建设，国家要求所有的行政和企事业单位及其职工均按照个人存储、单位资助、统一管理、专项使用的原则缴纳住房公积金，建立住房公积金制度。

住房公积金包括两部分：一是在职职工个人缴纳的部分；二是职工所在单位按职工工资总额的一定比例缴纳的部分，这部分就是用单位提取的住房基金缴存的。这两部分住房公积金都归个人所有，存入个人公积金账户。各级财政是住房公积金管理机构财务管理的主管部门。

（二）专用基金的核算

为了正确地核算和监督事业单位"专用基金"的提取、使用及结余情况，需设置"专用基金"账户。该账户贷方反映事业单位按照规定从各方面提取的医疗基金、职工福利基金、修购基金及收到的各项住房基金（不包括个人缴纳的住房公积金）；借方反映事业单位医疗基金、职工福利基金、修购基金及住房基金的使用情况；余额在贷方，反映事业单位专用基金结存数。

"专用基金"账户应按专用基金的种类分别设置"修购基金"、"医疗基金"、"职工福利基金"和"住房基金"等明细账户，对其分别进行明细核算。

事业单位提取医疗基金时，借记"事业支出——社会保障费"账户、"经营支出——社会保障费"账户，贷记"专用基金——医疗基金"账户。

事业单位提取修购基金时，借记"事业支出——修缮费、设备购置费"账户或"经营支出——修缮费、设备购置费"账户，贷记"专用基金——修购基金"账户。

年终，事业单位按规定比例从当年结余中提取职工福利基金时，借记"结余分配——提取职工福利基金"账户，贷记"专用基金——职工福利基金"账户。

事业单位收到各项住房基金收入（不包括个人缴纳的住房公积金）时，借记"银行存款"账户，贷记"专用基金——住房基金"账户。对于个人住房公积金缴存情况，单位应设置辅助账进行登记并核算其缴纳、使用及结存情况。

事业单位出售、报废固定资产所获得的收入借记"银行存款"账户，贷记"专用基金——修购基金"账户。

事业单位使用各项基金时，借记"专用基金——各明细"账户，贷记"银行存款"账户。

【例19-21】某事业单位按规定提取医疗基金60 000元，其中从"事业支出"中提取40 000元，从"经营支出"中提取20 000元。

借：经营支出——基本支出——社会保障费	20 000
事业支出——基本支出——社会保障费	40 000
贷：专用基金——医疗基金	60 000

【例19-22】某事业单位按规定提取修购基金100 000元，其中从"事业支出"中提取80 000元，从"经营支出"中提取20 000元。

借：经营支出——修缮费	10 000
——设备购置费	10 000
事业支出——修缮费	40 000
——设备购置费	40 000
贷：专用基金——修购基金	100 000

【例19-23】某事业单位从"事业支出"和"经营支出"中分别提取职工福利基金100 000元和50 000元。按规定从结余分配中定提取职工福利基金400 000元。

借：结余分配——职工福利基金	400 000

    经营支出——职工福利基金   50 000

    事业支出——职工福利基金   100 000

       贷：专用基金——职工福利基金   550 000

【例19-24】某事业单位收到上级拨入住房基金 100 万元。

    借：银行存款   1 000 000

       贷：专用基金——住房基金   1 000 000

【例19-25】某事业单位出售旧设备一台，获得收入 100 000 元，其账面价值 300 000 元，报废不能使用的设备一台，其账面价值 500 000 元，收到残值收入 2 000 元。

    借：银行存款   102 000

       贷：专用基金——修购基金   102 000

    借：固定基金   800 000

       贷：固定资产   800 000

【例19-26】某事业单位以银行存款 50 000 元购药品，职工报销医药费 10 000 元。

    借：专用基金——医疗基金   60 000

       贷：银行存款   60 000

【例19-27】某事业单位以银行存款发放职工福利补贴 500 000 元。

    借：专用基金——职工福利费   500 000

       贷：银行存款   500 000

【例19-28】某事业单位以修购基金购入设备一台，以银行存款支付全部费用 120 000 元。

    借：专用基金——修购基金   120 000

       贷：银行存款   120 000

    借：固定资产   120 000

       贷：固定基金   120 000

【例19-29】某事业单位随工资发放职工的住房补贴 20 000 元。

    借：专用基金——住房基金   20 000

       贷：银行存款   20 000

【例19-30】某事业单位维修固定资产支付银行存款 10 000 元，报废固定资产支付清理费 2 500 元。

    借：专用基金——修购基金   12 500

       贷：银行存款   12 500

第二十章　事业单位会计报告

　　事业单位会计报告是反映事业单位一定时期财务状况和预算收支执行结果的总结性书面文件。它由会计报表和财务状况说明书构成。

　　事业单位通过编制会计报告，可以了解事业单位资产、负债、收入、支出、结余的构成，分析资金利用效果及事业单位的社会效益和经济效益及管理水平；可以利用会计报告分析资料检查事业单位预算收支的执行情况，为编制下期预算提供所需要的信息；满足各会计信息使用者（包括主管部门、财政部门、税务部门、审计部门、银行及其他单位和个人）了解事业单位相关的财务信息。

　　事业单位的会计报告是主管部门和财政部门以及其他报表使用者了解事业单位财务状况和经营业绩的主要信息来源，也是事业单位加强内部管理、进行管理决策的重要依据，因此，事业单位必须全面、真实、及时地编制会计报告，并提供给有关部门和其他报表使用者。

第一节　事业单位会计报表概述

　　编制会计报告最主要的工作是编制会计报表。事业单位会计报表是根据日常核算资料，通过整理、汇总编制的，用来反映会计报表编制单位一定时期的财务状况和预算收支执行结果（收支情况）的书面文件。事业单位会计报表由资产负债表、收支情况表和有关附表组成。事业单位还可以根据其管理要求，自行设置一些辅助报表。

一、事业单位会计报表的意义

　　1. 事业单位会计报表全面、系统、总括地反映事业单位一定时期的经济活动情况和财务状况，事业单位可以据此查摆问题、分析原因，促进事业单位提高财务管理水平。

　　2. 财政部门和上级单位据此了解事业单位资产、负债、收入、支出、结余的构成，分析资金使用效果，掌握政策，指导事业单位预算执行工作，提高事业单位社会效益和经济效益。

3．投资人、债权人及关心事业单位的有关各方面可以据此了解事业单位的财务状况、结余情况及财务状况变动资料，这是作出是否出资、贷款的决策依据。

4．为事业单位编制下年度财务收支计划、制定中长期规划提供重要资料和科学依据。

二、事业单位会计报表的种类

事业单位会计报表根据需要和不同标准，可以作如下分类：

1．按会计报表的基本特征分为资产负债表、收入支出表、事业支出明细表、附表等。

2．按会计报表的编制时间分为月报、季报和年报（决算报表）。

3．按会计报表的编制层次分为本级会计报表和汇总会计报表。

4．按会计报表的报送对象分为对外会计报表和内部会计报表。

国有事业单位应按《事业单位会计制度》规定的格式、内容和期限向财政部门或主管单位报送会计报表。中央各部门，各省、自治区、直辖市财政厅（局）可根据工作需要增设会计报表。事业单位内部管理需要的特殊会计报表，由单位自行规定。

三、年终清理结算和结账

（一）年终清理结算

事业单位在年度终了前，应根据财政部门或主管部门的决算编审工作要求，对各项收支账目、往来款项、货币资金和财产物资进行全面的年终清理结算，在此基础上办理年度结账、编报决算。年终清理结算的主要事项包括：

1．清理、核对年度预算收支数字和各项缴拨款项、上缴下拨款项数字。年终前，对财政部门、上级单位和所属各单位之间的全年预算数以及应上缴、拨补的款项等，都应按规定逐笔进行清理结算，保证上下级之间的年度预算数、领拨经费数和上缴、下拨数一致。为了准确反映各项收支数额，凡属于本年度的应拨应缴款项，应在 12 月 31日前汇达对方。主管会计单位对所属各单位的拨款应截至 12 月 25 日止，逾期一般不再下拨。

2．清理、核对各项收支款项。凡属于本年的各项收入都应及时入账。本年的各项应缴预算款和应缴财政专户款的预算外资金收入，应在年终前全部上缴；属于本年的各项支出，应按规定的支出用途如实列报。年度单位支出决算，一律以基层用款单位截止到 12月 31 日的本年实际支出数为准，不得将年终前预拨下年的预算拨款列入本年的支出，也不得以上级会计单位的拨款数代替基层会计单位的实际支出数。

3．清理往来款项。事业单位的往来款项，年终前应尽量清理完毕。按照有关规定应当转作各项收入或各项支出的往来款项，要及时转入各个有关账户，编入本年决算。

4．清理货币资金和财产物资。年终前，事业单位应及时同开户银行对账，银行存款账面余额应同银行对账单的余额核对相符，现金账面余额应同库存现金核对相符。有价证券账面数字，一般应同实存的有价证券核对相符，应对各项财产物资进行清理盘点。发现盘盈、盘亏的，应及时查明原因，按规定作出处理，调整账务，做到账实相符、账账相符。

（二）年终结账

年终清理结算完毕，在办理 12 月份结账的基础上，即可进行年终结账。年终结账工作，一般分为年终转账、结清旧账和记入新账三个环节。

1．年终转账。账目核对无误后，首先计算出各账户借方或贷方的 12 月份合计数和全年累计数，结出 12 月末的余额。然后，根据 12 月末的余额，编制结账前的"资产负债表"，经试算平衡无误后，再将应对冲结转的各个收支账户的余额按年终冲转办法，填制 12 月 31 日的记账凭证办理冲账结转。

2．结清旧账。将结账后无余额的账户结出全年累计数，然后在下面划双红线，表示本账户全部结清。对年终有余额的账户，在"全年累计数"下的"摘要"栏内注明"结转下年"字样，再在下面划双红线，表示年终余额转入新账，旧账结束。

3．记入新账。根据本年度各个总账、明细账和日记账的账户余额，编制年终决算的"资产负债表"和有关明细表。将表内各账户的年终余额数（不编制记账凭证），直接记入新年度总账、明细账和日记账各账户预留空行的余额栏内，并在"摘要"栏注明"上年结余"字样，以区别新年度发生数。

单位决算经财政部门或上级单位审核批复后，应当调整上报决算数字时，还应当相应调整旧账，重新办理结账和过入新账手续。

第二节　事业单位会计报表的编制及审核分析

一、事业单位资产负债表的编制

资产负债表是反映事业单位一定时点财务状况的报表，又称财务状况表。它能够反映事业单位在某一时点占有或使用的经济资源和负担的债务状况，以及事业单位的偿债能力和财务前景。

资产负债表可向有关方面提供的信息资料包括：①事业单位掌管的资产分布结构和状况；②事业单位负债状况；③事业单位基金情况；④通过对资产负债表进行分析，可以提供事业单位财务实力、短期偿债能力和支付能力信息以及资产负债变化情况及财务状况的发展趋势。

资产负债表是根据"资产＋支出＝负债＋净资产＋收入"的平衡公式设置的，为账户式资产负债表。左方为资产及支出，右方为负债、净资产和收入，左右两方总额平衡。资产负债表的基本格式见表 20-1。

表 20-1 　　　　　　　　　　　　　　**资产负债表（结账前）**

编制单位：　　　　　　　　　　　　　　20××年 12 月 31 日　　　　　　　　　　　　单位：元

科目编号	资产部类	年初数	期末数	科目编号	负债部类	年初数	期末数
	一、资产类				二、负债类		
	流动资产			201	借入款项	280 000	240 000
101	现金	2 700	4 000	202	应付票据	20 000	47 000
102	银行存款	890 000	820 000	203	应付账款	500 000	456 000
105	应收票据	160 000	180 000	204	预收账款	68 700	10 000
106	应收账款	133 000	140 000	207	其他应付款	53 000	56 000
108	预付账款			208	应缴预算款		
110	其他应收款	32 000	75 000	209	应缴财政专户款		
115	材料	210 000	520 000	210	应交税金	28 000	64 000
116	产成品	180 000	230 000		负债合计	949 700	873 000
	流动资产小计	1 607 700	1 969 000				
117	对外投资	117 000	153 000		三、净资产类		
120	固定资产	4 523 000	4 765 000		事业基金	700 000	700 000
124	无形资产	110 000	110 000	301	其中：一般基金	583 000	547 000
	资产合计	6 357 700	6 997 000		投资基金	117 000	153 000
				302	固定基金	4 523 000	4 705 000
				303	专用基金	185 000	162 000
				306	事业结余		
				307	经营结余		
	五、支出类				净资产合计	5 408 000	5 567 000
501	拨出经费		170 000				
502	拨出专款				四、收入类		
503	专款支出		150 000	401	财政补助收入		750 000
504	事业支出		890 000	403	上级补助收入		230 000
505	经营支出		350 000	404	拨入专款		210 000
509	成本费用		11 000	405	事业收入		470 000
512	销售税金		102 000	409	经营收入		500 000
516	上缴上级支出		250 000	412	附属单位缴款		340 000
517	对附属单位补助		30 000	413	其他收入		60 000
520	结转自筹基建		50 000				
	支出合计		2 003 000		收入合计		2 560 000
	资产部类合计	6 357 700	9 000 000		负债部类合计	6 357 700	9 000 000

资产负债表各项目都设有两栏，即"年初数"和"期末数"，其中"年初数"即上年年末数，按上年决算后结转本年的各总账科目年初数填列。"期末数"表示报告期期末的财务状况，因而应根据截止报告月份的各项目的总账科目和明细账科目期末余额填列。具体填列方法是：

（1）直接根据总分类账户期末余额填列。事业单位资产债表的大部分项目都是根据各有关账户期末总账余额直接填列的。

（2）根据明细分类账户期末余额填列。如果事业单位没有设"预付账款"和"预收账款"，则"预付账款"应根据"应付账款"明细账户的期末借方余额之和填列。"预收账款"应根据"应收账款"明细账的期末贷方余额之和填列。"一般基金"、"投资基金"项目均要根据其明细账户的期末余额填列。

事业单位编制的年末会计报表亦称为决算报表，应根据年终转账后各账户期末余额填列。表 20-1 是结账前资产负债表的相关资料，年终时，通过编制一系列的转账分录，可以调整为结账后的资产负债表，具体格式如表 20-2 所示。

表 20-2　　　　　　　　　　　　资产负债表（结账后）

编制单位：　　　　　　　　　　20××年12月31日　　　　　　　　　单位：元

科目编号	资产部类	年初数	期末数	科目编号	负债部类	年初数	期末数
	一、资产类				二、负债类		
	流动资产			201	借入款项	280 000	240 000
101	现金	2 700	4 000	202	应付票据	20 000	47 000
102	银行存款	890 000	820 000	203	应付账款	500 000	456 000
105	应收票据	160 000	180 000	204	预收账款	68 700	10 000
106	应收账款	133 000	140 000	207	其他应付款	53 000	56 000
108	预付账款			208	应缴预算款		
110	其他应收款	32 000	75 000	209	应缴财政专户款		
115	材料	210 000	520 000	210	应交税金	28 000	93 040
116	产成品	180 000	230 000		负债合计	949 700	902 040
	流动资产小计	1 607 700	1 969 000				
117	对外投资	117 000	153 000		三、净资产类		
120	固定资产	4 523 000	4 765 000		事业基金	700 000	1 035 272
124	无形资产	110 000	110 000	301	其中：一般基金	583 000	882 272
	资产合计	6 357 700	6 997 000		投资基金	117 000	153 000
				302	固定基金	4 523 000	4 705 000
				303	专用基金	185 000	305 688
				306	事业结余		
				307	经营结余		
	五、支出类				净资产合计	5 408 000	6 045 960

科目编号	资产部类	年初数	期末数	科目编号	负债部类	年初数	期末数
501	拨出经费						
502	拨出专款				四、收入类		
503	专款支出		150 000	401	财政补助收入		
504	事业支出			403	上级补助收入		
505	经营支出			404	拨入专款		210 000
509	成本费用		11 000	405	事业收入		
512	销售税金			409	经营收入		
516	上缴上级支出			412	附属单位缴款		
517	对附属单位补助			413	其他收入		
520	结转自筹基建						
	支出合计		161 000		收入合计		210 000
	资产部类合计	6 357 700	7 158 000		负债部类合计	6 357 700	7 158 000

比较事业单位结账前和结账后的资产负债表，可以发现结账后的资产负债表大部分的收入和支出科目均无余额，只有存在尚未完工的专项项目时，"拨入专款"、"专款支出"和"拨出专款"可能存在余额；或者存在尚未完工的产品，使得"成本费用"有可能存在余额。这一点，与行政单位结账后的资产负债表不同，行政单位结账后的资产负债表中收入和支出均无余额。

二、收入支出总表的编制

1. 收入支出表主表的编制。收入支表主表是综合反映不实行成本费用核算的事业单位一定时期财务收支结果及财务状况的报表。它由收入、支出、结余及其分配三部分内容组成。通过收入支出总表，可以判断事业单位的经营成果，评价业绩、预测未来事业单位的发展趋势。事业单位收入支出表的基本格式如表 20-3 所示。

表 20-3　　　　　　　　　　　　　收入支出表

编制单位：　　　　　　　　　　20××年 12 月 31 日　　　　　　　　　　单位：元

收入		支出		结余	
项目	本年累计数	项目	本年累计数	项目	本年累计数
财政补助收入	750 000	拨出经费	170 000	事业结余	420 000
上级补助收入	230 000	上缴上级支出	250 000	1. 正常收支结余	420 000
附属单位缴款	340 000	对附属单位补助	30 000	2. 收回以前年度事业支出	
事业收入	470 000	事业支出	890 000		
其中：		其中：			

续表

收入		支出		结余	
项目	本年累计数	项目	本年累计数	项目	本年累计数
预算外收入	470 000	财政补助支出	547 350		
其他收入	60 000	预算外支出	342 650		
		销售税金	40 000		
		结转自筹基建	50 000		
小计	1 850 000	小计	1 430 000		
经营收入	500 000	经营支出	350 000	经营结余	88 000
		销售税金	62 000	以前年度经营	
小计	500 000	小计	412 000	亏损（一）	
拨入专款	210 000	拨出专款		结余分配	
		专款支出	150 000	1. 应交所得税	29 040
				2. 提取专用基金	143 688
小计	210 000	小计	150 000	3. 结转事业基金	335 272
总计	2 560 000	总计	1 992 000	4. 其他	

事业单位收入支出表的项目，应当按收入支出的构成及结余分配情况列示。

事业单位收入支出表是根据各收入支出的有关账户本期发生额和本期累计发生额填列的。其有关计算公式是：

收入－支出＝结余

结余－分配＝转入事业基金

收入支出表的具体编制说明如下：

（1）本表用于反映不实行成本核算的事业单位在月份，年度内经营收支和其他业务收支实现的情况。

（2）"本年累计数"栏反映各项目自年初至编报月份止的累计实际发生额。

（3）本表"事业收入"与"事业支出"、"经营收入"和"经营支出"栏下的项目，按单位的主要业务收支类别分别填列。单位上述各收入或支出没有分开设账核算的，可不分项填列。

（4）"事业支出"项下的划分"财政补助支出"和"预算外支出"两个细项列示。

（5）当年没有完成的专项工程或专项业务，其发生的支出及相关的收入当年不予结转。该表中"拨入专款"账户余额210 000元以及"专款支出"账户余额150 000元，由于项目尚未完成，所以并未结转。

（6）主管会计单位汇总编制时，应将"拨出经费"、"拨出专项资金"与所属单位"拨入经费"和"拨入专款"账户汇总数对冲；将对"附属单位补助"、"附属单位缴款"与所属单位"上级补助收入"、"上缴上级支出"账户汇总数对冲。

2. 收入支出表附表的编制。事业单位的收入支出表的附表主要有事业支出明细表和经营支出明细表。

①事业支出明细表的基本格式如表20-4所示。

表20-4   **事业支出明细表**

编制单位：   20××年12月   单位：元

项目	合计	基本工资	补助工资	其他工资	职工福利费	社会保障费	助学金	公务费	设备购置费	修缮费	业务费	其他费用	备注
列次	1	2	3	4	5	6	7	8	9	10	11	12	13
事业支出													
其中：													
1. 财政补助支出													
2. 预算外支出													
合计													

该表的项目应按"国家预算支出科目"列示。在事业支出表中，对于用财政拨款和预算外资金收入安排的支出应按财政部门的要求分别列示。

编表说明：

（1）表中"财政补助支出"是指事业单位用财政补助收入安排的支出。

（2）表中"预算外资金支出"是指事业单位用预算外资金收入安排的支出。

（3）在"财政补助支出"和"预算外资金支出"中对于财政部门指定用途的，应按指定的用途填列；对于没有指定用途的，按本表所列项目分别列示。

（4）本表按"款"填列，每款填一张报表。

（5）各事业单位对于上述两项支出可根据核定预算和实际使用情况，采用统计方法填列。

②经营支出明细表的基本格式如表20-5所示。

表20-5   **经营支出明细表**

编制单位：   20××年12月   单位：元

项目	合计	基本工资	补助工资	其他工资	职工福利费	社会保障费	助学金	公务费	设备购置费	修缮费	业务费	其他费用	备注
列次	1	2	3	4	5	6	7	8	9	10	11	12	13
经营支出													
其中：													
1.													
2.													
合计													

该表"经营支出"栏下可按经营业务的种类分别填列。实行内部成本核算的单位还应填列关于成本费用的补充资料；未结转到经营支出的成本费用，其项目也按照支出所列项

目分别列示。

三、事业单位其他附表

事业单位的附表是为了帮助报表使用者深入了解主要会计报表的有关内容和项目而以表格的形式对主要报表所做的补充说明和详细解释，是事业单位会计报表的有机组成部分。除了作为收入支出表附表的事业支出明细表和经营支出明细表之外，还包括固定资产分类表、往来款项明细表、专用拨款收支情况表以及基本数字表。

基本数字表是用于反映事业单位职工人员构成和数量以及事业成果等项指标的附表。由于该表提供了事业单位编制情况和开支执行情况，因此，可以用于分析事业活动的效果，从而为编制事业单位的年度预算提供依据。事业单位应该根据单位具体的业务性质编制各自的基本数字表，其格式可以不统一。

四、收支情况说明书

收支情况说明书是事业单位对一定期间（通常为一个会计年度）内收入以及支出、结余及其分配情况进行分析总结所做的数字和文字说明，也是事业单位会计报表的有机组成部分。

事业单位收支情况说明书一般包括的内容有：预算或财务收支计划完成情况；预算或财务收支计划执行过程中存在的问题；收支增减变化的情况和原因；在改善业务活动的管理、增收节支方面所做的努力以及取得的效果；目前在收支方面仍存在的问题以及今后改进工作的计划和建议等。

由于收支情况说明书能够在数字反映的基础上辅之以文字，因此，可以更为鲜明、具体地揭示出事业单位财务收支活动过程以及取得的成果和存在的问题，从而使使用者了解、评价事业单位财务收支情况、进行有关决策提供重要的参考资料。

五、事业单位会计报表分析

（一）会计报表分析的概述和内容

会计报告的主要内容是会计报表，其辅助内容是财务分析说明。事业单位财务分析是指运用事业计划、会计报表，其他有关核算资料，对一定时期内单位财务活动过程进行比较、分析和研究，并进行总结，作出正确评价，提出合理建议和措施的一种方法。

通过财务分析，可以客观地总结事业单位财务管理的经验，揭示财务管理工作中存在的问题，逐步认识和掌握财务活动的规律，改进财务工作，提高事业单位资金使用效率和经济效益。

财务分析的主要作用能促进事业单位加强预算管理，保证单位收支预算的实现；促进单位努力增收节支，提高资金使用效率；促进单位严格按照国家财务制度办事，维护财经纪律。

事业单位财务分析的内容很多，可以说涉及事业单位财务管理及相关经济活动的各个方面和各个环节。主要概括为：

（1）分析事业单位预算的编制和执行情况。

（2）分析事业单位资产、负债的构成及资产使用情况。

（3）分析事业单位收入、支出情况及经费自给水平。

（4）分析定员定额情况，促使单位合理定员，提高劳动效率。

（5）分析会计核算，财务管理制度是否健全，促进单位进一步完善各项规章制度和管理措施，提高财会工作的业务水平。

（二）会计报表分析方法

会计报表分析方法是做好财务分析工作的重要手段。通常采用的方法有：比较分析法、比率分析法和因素分析法。

1．比较分析法。比较分析法是将两个经济内容相同，但时间和地点不同的经济指标进行对比，以发现经济指标变动差异的一种方法。有比较，才有鉴别，只有通过比较，才能发现差异，以便进一步分析产生差的原因。比较分析法的分析方式有：本期实际与上期同期实际比，本期实际与预算（计划）比，本单位指标与同行业单位指标比。第一种比较可以了解指标的变动趋势；第二种比较能了解指标的预算执行情况；第三种比较能发现差距。

2．比率分析法。比率分析法是将两个经济内容相同或者相关的指标以除法的形式计算相对数分析的一种方法。比率分析通过计算有关比率指标发现指标之间的相互关系，掌握事物发展的规律。比率分析有相关比率分析、构成比率分析和趋势比率分析。

3．因素分析法。因素分析法又叫连环替代分析法，是对事业单位的综合经济指标的变动原因，通过各因素的相互联系进行查找原因的分析。因素分析法是在通过比较分析和比率分析发现差异的基础上，进一步查找原因的一种分析方法。因素分析法是在有产品生产和销售、计算成本的事业单位分析中经常用到的一种方法。

（三）会计报表分析评价指标

会计报表分析评价指标通常包括经费自给率、人员支出与公用支出占事业支出的比率以及资产负债率等。

1．经费自给率。经费自给率是事业单位用来反映其组织收入的能力和收入满足经常性支出程度的指标。它既是财政部门确定财政补助数的重要依据，也是财政部门和主管部门确定事业单位收支结余、提取职工福利基金比例的重要依据，因此，必须要正确计算，其计算公式为：

$$经费自给率＝（事业收入＋经营收入＋附属单位缴款＋其他收入）$$
$$×100\% ÷（事业支出＋经营支出）$$

2．人员支出与公用支出占事业支出的比率。人员支出与公用支出占事业支出的比率是反映事业单位事业支出结构的指标。其计算公式为：

人员支出比率＝人员支出×100%÷事业支出

公用支出比率＝公用支出×100%÷事业支出

分析这两个指标，可以了解事业支出的结构是否合理。事业单位由于所处行业的不同，这两个比率是否合理的判断标准也不同。从总体上看，人员支出比率不宜过高，否则会减少公用支出，从而导致不利于事业单位发展的结果。

3．资产负债率。资产负债率是反映事业单位利用债权人提供的资金开展业务活动的能力，以及反映债权人提供资金的安全保障程度的指标。其计算公式为：

资产负债率＝负债总额×100%÷资产总额

从事业单位的主体性质上看，资产负债率保持在一个较低的比例上较为合适。

事业单位会计报表分析评价指标的设置，还可以根据自身的业务特点和需要增加财务分析指标，从而构成事业单位完整的财务分析指标体系。

（四）财务分析报告的编写

财务分析报告（说明）是通过对事业单位财务状况进行分析后，所作的书面报告或说明。财务分析报告能对事业单位的财务管理工作作出正确的评价，并提出改进工作的建议和措施，为本单位未来改进工作、加强管理提供重要依据。

编写财务分析报告要求：抓住主要问题，如实反映情况，作出客观、公正、合理的评价；数字运用恰当、精确；文字精练、准确。

财务分析报告的具体内容一般包括：

（1）反映基本情况，说明分析对象的基本情况，列出主要数据。

（2）分析主要问题。对重点问题、关键性问题尽可能详细透彻地分析，找到具体原因。如增收、减收或节支、增支等具体数额和具体原因。

（3）总结经验，作出评价。通过分析后应作出客观评价，肯定成绩，指出问题。

（4）提出建议和措施。通过分析，应针对单位工作中存在的主要问题，提出切实可行的改进建议和措施。